战略稳定

理论与实践问题研究

STRATEGIC STABILITY

Concept and Practice

鹿音·著

时事出版社
北京

CONTENTS

目 录

第一章 绪论 …… /2
一、问题的提出 …… /2
二、研究现状与资料来源 …… /3
三、研究的基本思路与创新点 …… /7
四、相关理论与概念界定 …… /9

第二章 战略稳定理论的提出与发展 …… /13
一、战略稳定概念的提出 …… /15
二、战略稳定概念的发展 …… /23
三、战略稳定体系的确立 …… /38
四、结论 …… /48

第三章 对战略稳定的不同理解 …… /52
一、战略稳定概念辨析 …… /53
二、思考战略稳定的依据 …… /65
三、对战略稳定的不同理解 …… /73
四、对透明度的不同认知 …… /83
五、结论 …… /96

第四章　战略稳定关系演进的案例研究 …… /98
一、从历史考察经典危机稳定案例 …… /98
二、从大国关系考察战略稳定案例 …… /112
三、结论 …… /133

第五章　战略稳定关系的现状考察 …… /134
一、破坏战略稳定时代的开始 …… /136
二、不稳固的重返稳定时代 …… /142
三、令人担忧的不稳定时代 …… /153
四、变革中的未来时代 …… /173
五、结论 …… /177

第六章　全球战略稳定的未来框架 …… /181
一、美苏（俄）战略稳定关系的启示 …… /182
二、新技术挑战对战略稳定的影响 …… /188
三、建立新战略稳定关系的可能路径 …… /209

缩略语 …… /239

参考文献 …… /241

附　录 …… /253

后　记 …… /275

/第一章　绪论/

一、问题的提出

战略稳定理论，属于经典的军备控制与安全战略范畴。从冷战开始，战略稳定主要由美苏两国处理战略武器的一系列指导原则、军控条约及后续安排实现。美苏通过以战略稳定为目标的双边对话、军控谈判、签约以及履约核查等机制化的安排，使两个超级核大国避免了有可能导致人类社会毁灭的核战争，同时使两国围绕核武器的双边关系保持了稳定，并最终稳定了两国整体关系。

冷战结束后，世界力量格局向多极化发展，但全球核力量格局并没有发生根本性变化，依旧保持了两极结构。美俄基本继承了美苏战略稳定的框架安排，即以“相互确保摧毁”和力量平衡为基础，以危机稳定性与军备竞赛稳定性为主要内容，以危机稳定、军备竞赛稳定和防止核扩散为双方共同利益。这一战略稳定机制受两国各自的全球战略、对外政策及国内技术水平等因素的推动或牵制。进入21世纪以来，由于受到美俄矛盾及美国退出相关军控条约的影响，这一战略稳定机制不断面临挑战。

在联合国承认的全球五个有核国家中，中国的战略力量一直保持克制发展，相关政策也一直保持延续性，既保证了自身安全，也为全球战略稳定做出重要贡献。以超级核大国美国为参照，中美之间的战略力量对比存在着明显差距。冷战期间和冷战后相当长一个阶段，中美战略稳定关系实际存在于两国总体关系中，但其存在状态并非受到广泛认可的条约或机制安排，其在中美整体关系中也并没有成为特别引发关注的问题。在21世纪的第一个20年里，随着美俄战略稳定关系的变化，中美战略稳定关系也出现在全球战略稳定图景中，战略稳定格局开始进入调整阶段。

在某种程度上，战略稳定对中国而言是个“新”概念。从21世纪初开始，在中美涉及核战略核政策的对话与讨论中，间或出现关于中美战略稳定的说法，但直到奥巴马政府时期，美国官方才首次出现关于中美战略稳定的正式提法。2010年，美国国防部先后出台《弹道导弹防御评估报告》和《核态势审议报告》，首次提出与俄罗斯和中国保持战略稳定，并提议就战略稳定与中国进行对话。① 美国在其重要的战略报告中首次明确提出中美战略稳定，体现出美国愿与世界主要核国家对话以保持稳定关系的意愿。2013年9月美国国防部副部长小詹姆斯·诺西·米勒（James Northey Miller Jr.）在第14次中美国防部防务磋商中，提出愿与中方就战略稳定开始对话。这也是美国防务部门第一次正式提议，愿推动中美就战略稳定开展对话。2017年以来，特朗普政府出台的系列安全报告中，也继续涉及到与中国的战略稳定。② 但是，美国官方和学界对于中美战略稳定的概念界定、构成要素及维持途径等重要的实质性内容，并没有形成统一的看法，中国官方和学术界对此也没有建立一个较为统一和完整的思路。中方更未在公开的官方文件或报告中正式使用“中美战略稳定”的说法。

世界格局正在经历深刻的演变过程，中国的和平发展也进入关键阶段，这些变化同样对大国关系提出了新的挑战。战略稳定虽然在一个时期内没有成为中美关系中的重点讨论内容，但这并不意味着战略稳定关

---

① 2010 Nuclear Posture Review Report, http://www.defense.gov/npr/. 2010; 2010 Ballistic Missile Defense Review Report, www.defense.gov/bmdr/docs/BMDR_ 101_ MASTER_ 2_ Feb. pdf.

② 详见2017年美国《国家安全战略报告》以及2018年美国《核态势审议报告》，https://www.whitehouse.gov/wp-content/uploads/2017/12/NSS-Final-12-18-2017-0905.pdf. https://media.defense.gov/2018/Feb/02/201872886/-1/-1/1/2018-NUCLEAR-POSTURE-REVIEW-FINAL-REPORT.PDF.

系在中美关系中不重要。当前，国际力量对比的变化引发的权力转移与权力扩散仍在进行中，国际军控秩序也在经历重大变化。以美俄为代表的大国战略稳定体系能否保持传统轨迹尚待观察，中国作为最大的新兴大国和最大的守成大国，与美国之间的战略稳定关系已呼之欲出。中美战略稳定不仅在双边关系中意义重大，也必将成为推动国际战略格局走向的重要因素之一。研究大国战略稳定的理论与实践问题，首先需要厘清已有大国战略稳定关系的基本理论框架和实践经验，这也有利于规范新的大国战略武器关系的稳定。近年来，中美战略稳定关系在中美全面关系中的战略地位有所凸显，研究中美战略稳定关系的现状，将直接服务于中国战略力量的合理发展，服务于中美战略武器关系。其次，中美之间的战略稳定关系与中美军事及安全关系密不可分，与全球战略安全环境的变化密不可分。全面考察中美两国战略稳定关系的概念和实践，有利于提升大国军事与安全互信，增加透明度，防止误解误判，避免冲突对抗，稳定大国军事与安全关系。再次，中美同为有核国家，也同为联合国安理会常任理事国，构建一种更加适应新的安全环境的中美战略稳定关系框架，有利于中国继续坚持“不首先使用核武器”的政策，有利于推动美国限制使用核武器范围的政策导向，也有利于中美双方战略力量对比的稳定性，从长远看，将对大国的整体战略互动与全球战略态势走向起到积极作用。

本书试图通过对战略稳定的概念和政策辨析，沿历史发展纵轴，总结美苏（俄）战略稳定的经验与教训，并结合一定形式的案例分析，观察当前大国在全球战略稳定体系中的存在状态。从理论和实践两个层面探讨在当前及未来的国际安全环境中，如何界定大国战略稳定的基本概念、构成条件及影响因素等，同时就建立未来更加稳固的大国战略稳定关系提供一些可能的途径。

二、研究现状与资料来源

关于战略稳定关系，国内直接的研究成果并不丰富。涉及的间接研究成果，包括中国核力量的发展背景、核战略、核政策等，主要集中在老一辈国家领导人的论著、传记、年谱与回忆录中，如《毛泽东军事文集》《周恩来传》《聂荣臻回忆录》《张爱萍传》和《钱三强年谱》等；以及核工业部编撰的《秘密历程——记我国第一颗原子弹的诞生》、李觉等编撰的《当代中国核工业》、谢光主编的《当代中国的国防科技事业》等著作。这些著作的主要依据是对当事人的采访和对史料的梳理，具有史料研究价值，但重点不在学理研究。

20世纪80年代，随着中国核力量的发展，中美形成相互威慑态势。在美国，有关中国核战略的公开讨论逐渐增加；在中国，就是否继续坚持“不首先使用核武器”政策也有过一些讨论。例如，徐光裕撰写的《核战略纵横》一书，提出中国应采取“有限核威慑”战略；杨旭华、蔡仁照撰写的《威慑论》，提出增加一定的战场作战能力以增强核威慑能力等。但总体而言，这些讨论还是以常规武器的战略、战术思路来考虑核武器问题，并没有从核武器在政治和军事上的特殊性入手来开展研究，也没有改变中国官方和学术界在核战略政策上“不首先使用核武器”的主流意见。

从20世纪90年代末开始，核武器与军备控制领域的专业研究逐渐走向成熟，一部分涉及军控安全与战略稳定的研究成果散见于大量关于中美关系的研究论著中，但也有一部分专著、论著已取得相对系统和专业的研究成果。例如，潘振强主编的《国际裁军与军备控制》，较早向国内引入国际军备控制与裁军的专业知识，为我国战略武器与战略稳定研究打下理论基础。姚云竹的《战后美国威慑理论与政策》，系统分析梳理了美国的核威慑理论与核战略演进，对核领域最基本、最重要的理论进行了开创性研究。朱明权、吴莼思、苏长和的《威慑与稳定：中美核关系》，探索了中国和美国的核政策，将中国的核试验与中国核力量发展放到中美核关系演变的大背景中考察，提出核武器的特殊性质决定了它的主要功能是威慑，并通过威慑保证稳定关系，而不是将核武器真正用于战争；该书的研究成果部分涵盖了与中美战略稳定关系直接相关的重要内容。张曙光的《美国对华战略考虑与决策：1949—1972》，依据美国外交和安全档案，较早将中国的核试验与中美核关系置于美国对华战略决策的整体框架下，深入考察了美国对华核战略的演变。王仲春的《核武器核国家核战略》，将中国的核武器计划与美、苏（俄）、英、法作比较，认为中国发展核武器完全是为了打破核垄断和防御等。此外，一些学术论文也涉及中美战略稳定，如胡礼忠的《中国的核试验与中美核关系：中美学术界的相关研究评论》，邓峰的《艰难的博弈：美国、中国与朝鲜战争的结束》，赵学功的《核武器与美国对第一次台湾海峡危机的政策》等。

进入 21 世纪，国内对核问题的研究再次兴起，但大多数学者更关注于新世纪中美大战略博弈，对中美战略武器关系本身研究较少。值得关注的是，在战略军备控制领域出现了一批专业性强的学术研究成果，如刘华秋主编的《军备控制与裁军手册》和李彬的《军备控制理论与分析》，对军备控制相关理论进行了深入、系统的分析。这一时期，也出现了一些研究中国和美国核政策、核战略与力量发展的专著，如孙向丽的《核时代的战略选择——中国核战略问题研究》，从中国研发核武器的历史背景、战略思想脉络及学术理论支撑等角度分析了中国的核政策、核战略，梳理了可能影响中国核战略的各种要素。李彬、赵通主编的《理解中国核思维》，从思维方式和思想观念的维度考察了战略武器和战略武器关系的问题。国内对战略稳定关系的专题研究相对起步较晚，目前可查找到的学术论文相对有限，主要有李彬、聂宏毅的《中美战略稳定性考察》，樊吉社的《中美关系中的战略稳定问题》，鹿音的《如何构建中美新型战略稳定》，吴日强的《构建中美核武器领域战略稳定》，王志军、张耀文的《中美核战略稳定关系构建、分歧与对策研究》以及罗曦的《美国战略威慑体系的调整与中美战略稳定性》等。这些论文尝试从经典军控理论出发，结合新的安全形势及新技术挑战对战略稳定关系进行研究。但是，由于军备控制专业的应用性强，与军控相关的理论研究离不开来自军控领域的直接实践，而中美就战略稳定展开的互动与实践又非常有限，故国内尚未形成关于中美战略稳定全面的系统性研究。此外，关于中美战略稳定关系的军事与安全意义、历史脉络以及在新安全环境下的分析解读等，也缺乏系统和深入的研究。

国外学术界对战略稳定与军备控制的专业研究要早得多，其中也有部分是关注中国的核力量发展与中美在战略武器领域的政策互动的研究。美国对战略稳定的直接研究以及对中美战略稳定的间接研究可以追溯到20世纪50年代。对战略稳定的直接研究广泛出现在学术期刊中，而当时美国著名智库兰德公司等曾推出一系列关于中国核问题的研究论文。对战略稳定与军备控制的全面理论研究，首推托马斯·谢林（Thomas C. Schelling）的著作，其《冲突的战略》《战略与军备控制》及《军备及其影响》等理论著作，属于理解战略稳定与军控安全的经典书目。对战略稳定与军控实践的研究，比较典型的是约翰·纽豪斯的《苦寒的拂晓：限制战略武器会谈内幕》，虽然是讲述美苏第一阶段限制战略武器谈判的专著，但其中对美苏战略稳定实践及与中国有关部分的论述也很有参考价值。中国第一次核试验后，美国学术界又出现过一个研究中国核问题的高潮。第一部系统介绍中国研制战略武器决策过程、人才与机构建设及其历史意义的著作，应当是美国学者约翰·刘易斯（John Wilson Lewis）和薛理泰（Xue Litai）合著的《中国原子弹的制造》。冷战后，斯坦福大学教授张少书（Cordon Chang）的专著《朋友还是敌人？1948—1972年的美国、中国和苏联》，首次对美、苏、中三国互动关系进行研究，尤其披露了这一历史时期美国曾考虑对中国使用核武器的情况，以及苏联也有类似的考虑等。上述研究成果主要以研究中国的核力量、核政策、核战略为主，同时讨论中美在核领域的互动关系。20世纪90年代中后期，美国国家安全档案馆公布了一系列文件，包括《美国、中国和原子弹》《美国和中国核武器计划（1960—1964）》等专题研究中美核关系的文献。同期，华盛顿威尔逊国际学者中心冷战国际史项目与国家安全档案馆合作，于1996年编辑出版了关于美国对中国开发核武器政策的文件集。1998年美国国家安全档案馆高级研究员威廉·伯尔（William Burr）出版了《基辛格秘录》，首次披露尼克松和福特总统执政时期，中美在核军控问题上对话的详细内容。此外，美国“数字国家安全档案”（DNSA）也有一系列关于中美核战略武器关系的文献。

美国对外开放的网上学术资料，也有一部分涉及中美战略稳定关系的文章，更多的是从专业军控研究出发，涉及此内容的学术项目论文及智库报告近年来也不断涌现，数量颇多。其中有代表性的是：美国前防长佩里（William Perry）牵头撰写的《关于保持中美战略稳定的报告》，埃尔布里奇·科比（Elbridge A. Colby）和米歇尔·基尔森（Michael S. Gerson）共同编辑的论文集《战略稳定：争论中的理解》，哈佛大学肯尼迪政治学院贝尔弗中心发表的俄罗斯学者安德烈·科科申（Andrei Kokoshin）的《确保过去和现在的战略稳定：理论和实践问题》，菲奥纳·坎宁安（Fiona S. Cunningham）和傅泰林（M. Taylor Fravel）合著的论文《确保相互报复：中国的核态势与中美战略稳定》等。

三、研究的基本思路与创新点

本书主要研究战略稳定关系的理论发展脉络与实际存在状态，即从战略稳定的经典军控理论出发，研究这一理论的形成与变化过程，考察美苏（俄）战略稳定的发展态势，探讨战略稳定关系中的新因素与新变化，以及中美之间实际存在的战略稳定关系，进而分析研究此战略稳定关系是否可能具有更为合理的框架。具体而言，试图研究以下几个问题：

第一，追溯传统战略稳定理论的概念形成，以此作为全文逻辑起点，考察该理论逻辑是否存在，以及如何存在于当代大国关系之中；第二，大国对于战略稳定的理解与认知存在哪些特点和区别；第三，案例分析历史上美苏（俄）战略稳定中的古巴导弹危机，以及是否还出现过事实上的其他战略稳定关系，这样的战略稳定以什么样的形式存在；第四，大国战略稳定关系当前处于何种状态，有哪些关乎战略稳定的有利因素和不利因素；第五，基于美苏之间建立战略稳定关系的启示和中美战略稳定关系的实际状况，为构建新的大国战略稳定关系提供理论框架与可能的实践途径。

本书以辩证唯物主义和历史唯物主义的基本观点和方法，运用比较、演绎、归纳、系统分析及相关分析法等研究方法，从全球战略格局的视角，沿历史脉络对大国战略稳定关系的理论与实践问题进行分析，并着眼大国关系未来发展的可能趋势，研究构建中美战略稳定关系的理论和实践框架。此外，通过赴国内外相关机构进行调研，以及采用文献评估法（主要对官方文件、报告，学者的研究专著、学术论文及研究报告等文献进行评估）、专家调查法（访谈具有代表性的安全领域内专家，获得他们对涉及论文主题的具体看法，然后进行归纳和总结）等方式，着力提高本书材料及观点的可靠性、针对性和有效性。

本书的一个重要创新点在于，立足百年未有之大变局，立足新时代中国特色社会主义，系统梳理国际安全环境变化的新因素，重点分析大国力量格局的新变化，从而为传统的战略稳定理论与实践探讨新的出路。作为冷战期间美苏两个核大国之间比较成熟的理论与实践体系，在冷战结束后，也基本保留在美俄双边关系中。随着时代的发展，这一体系正面临逐步瓦解的重大危机：《反导条约》废弃时日已久，《中导条约》2019 年被退约，2020 年 11 月美国正式宣布退出《开放天空条约》，而《新削减战略武器条约》[①] 于 2021 年初到期。冷战时期基于条约安排的大国战略稳定体系已经很难找到新的条约支柱，且美国退出《中导条约》后，围绕中导的研发与部署有可能再次引发大国军备竞赛及相关地区的安全危机。在肯定传统战略稳定理论与实践历史价值的同时，需要立足于大国战略竞争性突出的国际安全环境，为当前和未来的大国战略稳定探索更适应时代需求的理论依据，进而推动大国实践。

本书的另一个创新点（也是难点）在于，努力探讨解决一些基础性问题，即厘清中美之间是否实际存在传统意义上的战略稳定关系，这样的稳定关系在当今大国战略稳定中扮演什么样的角色，同时探讨未来建立适应国际安全环境发展趋势的大国战略稳定关系，应包含什么样的战略稳定理论与实践框架，以及这一框架如何发展才能够真正有利于大国战略稳定和国家关系的整体稳定。中国的和平发展已经进入新时代，中国的发展引发全球关注，甚至有学者认为世界新两极格局已经开启。[②]

---

① 2010 年 4 月美俄签署《关于进一步削减和限制进攻性战略武器条约》，又称《新削减战略武器条约》（NEW START），后续统一使用《新削减战略武器条约》。

② 最早明确提出“两超多强说”的是清华大学的阎学通教授。后来参与进一步讨论的还有国际关系学院林利民教授等。参见林利民、王轩：“试析中美‘新两极’结构及其特点”，《现代国际关系》2019 年第 10 期，第 1—12 页。

中国的战略力量必将受到更大的关注。在大国战略稳定的棋盘中考虑中美战略稳定，也必然成为传统战略稳定历史沿革过程中的新产物。中美战略稳定之所以是“新”概念，一方面是美国官方直到2010年才在其《核态势审议报告》与《导弹防御评估报告》中正式提出中美战略稳定的官方表述，随之而来的官方实践也刚刚起步，美官方2013年首次向中国提议就美中战略稳定问题开始交流。另一方面，对中国而言，虽然中美防务部门已在对口磋商对话中开始就中美战略稳定关系进行探讨，但中方尚未在公开的文件中正式使用这一概念。中方对此问题的研究尚属起步阶段，即使是专业研究人员的研究也很有限。同时，随着中美关系的互动与调整、双方战略力量对比的变化，以及全球核态势中不断出现的新情况，关于如何看待中美战略稳定，成为中美之间越来越引发关注的问题。

四、相关理论与概念界定

由于在正文中专门涉及战略稳定理论的溯源与辨析，绪论中不再单独解释战略稳定的概念与理论，而重点列出其他直接相关的理论、术语及其定义。这些相关定义有理论界达成共识的一面，也有存在争议的一面，本书尽量依据存在共识的内容作为讨论基础。

战略：对于战略的概念讨论主要集中在范畴上，战略只属于军事范畴，还是包含更大的范畴，分歧一直存在。但战略的本义即具备长远性、稳定性，确定后不可随意更改的特点。《中国人民解放军军语》中对战略的定义是：（1）军事战略的简称。筹划和指导战争的方针和策略。分为进攻战略和防御战略。（2）泛指关于全局性、高层次、长远的重大问题的方针和策略。如国家战略、国家安全战略、经济发展战略等。[①] 具体讲，战略是对军事力量运用与建设全局的筹划和指导。在军事力量运

① 全军军事术语管理委员会：《中国人民解放军军语》，军事科学出版社，2011年版，第50页。

用方面，既要筹划和指导战争，也要筹划和指导非战争军事行动；既要筹划和指导军事对抗，也要筹划和指导军事合作。在军事力量建设方面，既要筹划和指导军事力量的整体建设，也要筹划和指导军事力量各要素、各部分的建设；既要筹划和指导打赢战争的能力建设，也要筹划和指导遂行非战争军事行动能力建设；既要筹划和指导当前建设，也要筹划和指导长远建设。① 简言之，战略是筹划指导以战争为核心的武装力量建设与运用全局的方针策略。②

威慑理论：威慑一词是核时代的产物。第二次世界大战前的国际关系或战略理论著作中没有这个词。威慑理论认为，有效核威慑需要不断进行高投入的技术革新，也即核武库的现代化，通过有计划地提高安全可靠的第二次打击能力，来维持国际战略稳定；由于威慑成功与否取决于潜在的进攻者的认知和评估，所以威慑既是军事技术概念，也是一种“心理—政治”概念。威慑的必要条件之一是威慑的可信性。当威慑的基础是建立在足以给进攻者以“难以承受的打击”的军事力量之上，同时又有明确的意图和坚定的政治意愿来实施这种惩罚时，威慑才是最可信的。核大国依靠威慑防止自己或盟友的重大利益受到核攻击，但也需要常规防御能力来对付常规军事威胁，以便在一些核威慑可信性很低的地区保护自身的重大利益。③

在某种意义上，相互威慑概念是古典均势概念进入现代后的形式。人们通常认为，均势并没有为外交政策的决策提供良好的理论基础，因为均势是不确定的（缺乏衡量相对权力的可靠标准），而且也是不真实的（因为认识到这种不确定性的国家不满足于实现均势，而是寻求一定的优势或一种有利的均势）。而核威慑中的不确定因素，加上错误估计带来的可怕后果，会促使人们采取谨慎和克制的态度，从而有利于国际稳定。④

① 肖天亮主编：《战略学》，国防大学出版社，2015 年版，第 10 页。

② 军事科学院军事战略研究部编著：《战略学》，军事科学出版社，2013 年版，第 4 页。

③ ［美］詹姆斯·多尔蒂，小罗伯特·普法尔茨格拉夫：《争论中的国际关系理论》，阎学通、陈寒溪等译，世界知识出版社，2003 年版，第 371、379—380 页。

④ ［美］詹姆斯·多尔蒂，小罗伯特·普法尔茨格拉夫：《争论中的国际关系理论》，阎学通、陈寒溪等译，世界知识出版社，2003 年版，第 381 页。

延伸威慑：美国的战略文献把通过提供安全保护，阻止对手对西欧和东亚盟国采取军事行动的威慑，称为延伸威慑。美国向盟国提供延伸威慑有三种政策选择：一是用核武器提供报复与拒止能力，使延伸威慑高度核化；二是加强美国和盟国部署在前沿的常规力量，尽可能提高核门槛；三是鼓励盟国发展包括核力量在内的军事力量，美国只提供针对大规模核攻击的核报复威慑。[①] 其定义为（1）延伸威慑是通过核报复导致无法承受的毁伤以威胁觉察到的或潜在的敌手，防止其对盟国进行核打击的战略。（2）以威胁核报复来防止对其或其盟友进行常规打击的战略。[②]

稳定：一些现实主义者声称，权力均等才会产生稳定；而另外一些现实主义者则认为，在一国权力处于领先地位，其他国家不敢攻击它的时候，才会出现稳定的局面。霸权稳定理论认为，权力不平衡会产生和平的局面。如果存在一个强大的主导国家，就会出现稳定的局面，而当这个国家权力衰落以及一个新的挑战国兴起的时候，就很可能发生战争。[③]

现实主义：现实主义认为，国家存在于一个无政府体系中，国家政策的基础是以权力为后盾的国家利益。由于体系结构包括权力分配，权力也就成为现实主义—新现实主义理论的核心概念。[④]

构建主义：一种分析国际关系的方法，强调观念、文化和社会层面因素的重要性。[⑤] 构建主义理论从人类存在的社会方面进行观察，认为人是社会的人，社会关系规定了人的社会存在，社会存在的人构成了整个世界。

军备控制：军备控制所寻求的减少战争危险的方式是，限制或减少潜在敌人的威胁，而不是单纯依靠对已察觉或已预计到的军事威胁的变化做

---

① 姚云竹：《战后美国威慑理论与政策》，国防大学出版社，1998 年版，第 107、110 页。

② 中国人民争取和平与裁军协会、美国国家科学院：《核安全术语》，原子能出版社，2008 年版，第 72 页。

③ ［美］小约瑟夫·奈：《理解国际冲突：理论与历史》，张小明译，上海人民出版社，2005 年版，第 75 页。

④ ［美］詹姆斯·多尔蒂，小罗伯特·普法尔茨格拉夫：《争论中的国际关系理论》，阎学通、陈寒溪等译，世界知识出版社，2003 年版，第 77 页。

⑤ ［美］詹姆斯·多尔蒂，小罗伯特·普法尔茨格拉夫：《争论中的国际关系理论》，阎学通、陈寒溪等译，世界知识出版社，2003 年版，第 318 页。

出单方面的军事反应。军备控制与军事准备不发生冲突，也不能替代军事准备。它是寻求在较低和较为安全的水平上提供更大的安全，以此作为对军事准备的补充。①

裁军和军备控制斗争是和平时期实现国家军事战略目标的一个主要途径。即使在战争和武装冲突时期，军备控制也往往用来稳定或缓和已经恶化的形势，不使危机进一步升级。② 长期以来，军备控制（简称军控）是根据目的与手段两个方面来给出定义的。目的有时指增加国家安全、有时指增加国际安全（减少战争），而手段主要是指合作性（例如，国家之间达成某些一致）。经典的军备控制著作《战略与军控》就是这样给出军备控制的定义：潜在敌手之间为降低战争的可能性、战争的范围与烈度（如果战争爆发的话）所进行的各种形式的军事合作。③

① ［美］军备控制协会著，军事科学院外国军事研究部译，《军备控制概论》军事科学出版社，1993 年版，第 7 页。

② 潘振强主编：《国际裁军与军备控制》，国防大学出版社，1996 年版，第 1 页。

③ 李彬：《军备控制理论与分析》，国防工业出版社，2006 年版，第 2 页。

第二章　战略稳定理论的提出与发展

战略稳定的历史几乎与核时代的历史一样长。在人类实现全面彻底销毁核武器、结束核时代、实现无核世界的理想之前，对战略稳定的讨论都不会过时。美国研究战略稳定概念的开端可以追溯至第二次世界大战结束时。在美苏两个超级核大国对峙的冷战时代，两个国家间的战略稳定关系是其军事与安全关系的核心内容，也成为整体上稳定美苏关系的基石。

传统的战略稳定理论属于经典军备控制理论，主要是指冷战期间美苏处理战略武器关系的一套指导原则和安排。这些原则和安排使国家间的战略武器关系达到一种稳定状态，即美苏（俄）之间，不论哪一方发起先发制人的核打击（即第一次打击）都无法彻底摧毁另一方的核报复能力，由于任何一方都承受不起遭到核报复的代价，因而双方都不会有发起第一次打击的动机。① 即使是敌对双方，其关系也因此呈现出一定的稳定性。经典的核军备控制理论认为，在两个国家核武器数量保持相互威慑的状态下，所谓的战略稳定包括危机稳定和军备竞赛稳定两种情况。危机稳定是指两国关系在因矛盾冲突陷入危机的时刻，双方都没有意愿和动机进行先发制人核打击的状态；军备竞赛稳定是指双方都不轻易采取会使对方大幅度发展军备的行动，从而不引发军备竞赛的状态。作为战略军备控制的一个核心概念，"战略稳定"常常被用来判断军控

---

① Thomas C. Schelling, *The strategy of conflict*, (Cambridge: Harvard University Press, 1960), pp. 232 – 234. Fred Charles Ikle, "Can nuclear deterrence last out the century?", *Foreign Affairs*, 1973, 51 (2): 269.

方案的优劣，并考察双方战略力量对比对两国关系造成的影响。[①] 一般认为，高水平的战略稳定减少了相关核国家之间关系的不确定性，并使各国政治领导人能够集中精力解决他们国家或整个世界出现的其他问题。高度的战略稳定也能为国家间关系和整个全球政治制度的民主化创造机会。[②] 所以，战略稳定既包括了方式手段，又是一种状态和目标。

以战略稳定为标志，美苏在战略武器领域的理论与政策互动，奠定了全球核问题研究、国际核军控与裁军研究的基础。“稳定”是核时代真正神圣的目标，是在双方都拥有可靠的第二次打击的核进攻能力局面下应运而生。这种进攻能力称为“确保摧毁”，是国防和军备控制界中占优势派系的最高信条。[③]

冷战结束后，全球核态势依然保持了两极状态，美俄之间基本延续了冷战时的战略稳定框架结构。同时，全球安全环境的整体变化，越来越多有核国家的出现以及新技术手段和新武器概念的出现，均推动了战略稳定概念内涵与外延的发展变化。2017 年特朗普政府执政后，在核军控安全领域的政策退步明显，先后退出《伊朗核协议》《中导条约》和《开放天空条约》，对于《新削减战略武器条约》的续约问题也表现消极，严重破坏了全球战略稳定与不扩散机制，引发了国际社会的严重关切，也反向推动了全球对战略稳定的再次关注与讨论。当前，无论是理论还是政策研究，可能都需要直面传统战略稳定的实践体系有可能走向瓦解的现实。本章通过追溯传统战略稳定概念的源起，战略稳定理论与实践的演进过程，厘清传统大国战略稳定的概念与影响要素，为深入分析战略稳定的历史与现状奠定理论基础。

---

① 李彬：《军备控制理论与分析》，国防工业出版社，2006 年版，第 66—68 页，第 83—84 页。

② Andrei Kokoshin，“Ensuring Strategic Stability in the Past and Present：Theoretical and Applied Questions”，http：//www. belfercenter. org/publication/ensuring – strategic – stability – past – and – present – theoretical – and – applied – questions.

③ ［美］约翰·纽豪斯：《苦寒的拂晓》，齐沛合译，生活·读书·新知三联书店，1974 年版，第 15 页。

一、战略稳定概念的提出

（一）战略稳定概念的提出背景

战略稳定概念的提出，可以追溯到20世纪50年代初，美苏之间核力量对比的变化是主要因素之一。当时的美国与苏联都处于建设核武库的初级阶段，美国在核武器数量和质量上占有绝对优势。比如在1951年，美国拥有428枚核武器，苏联只拥有25枚。但在美国看来，这种优势很快面临挑战。到了1953年，美国拥有1169枚核武器，苏联也已拥有120枚。在此阶段，美国在投送工具的数量上也占有明显优势。[①] 1953年，苏联成功进行了氢弹试验；1955年，苏联的远程战略轰炸机开始服役，中程导弹试验也获得成功。1957年，当苏联洲际导弹试验成功后，美苏都进入大量制造和部署洲际导弹阶段，从而都具备了对对方国土进行大规模核攻击的能力。双方在核武器上互为“人质”，相互威慑的关系开始形成。同时，由于第二次世界大战后美国国防开支大幅下降，常规军事力量发展不足，导致其与苏联在常规军事力量对比中处于劣势。美国越来越担心，在苏联已经拥有优越的常规武器能力的前提下，苏联在核武器领域的进步必将导致美苏双方军事力量平衡被打破。同时，美国认为，随着军事力量优势朝着有利于苏联的方向转移，这样的一种转移会给苏联政府提供发起侵略的强大动力。如何应对苏联战略武器的增长，以及苏联能力增长所激发的进攻意图，成为美国相关机构与人员越来越关注的问题。实际上，在苏联的战略力量明显增长之前，美国就已经开始对美苏战略稳定的基本要素进行前瞻性研究，尽管在初始研究阶段，美国不可能用到“战略稳定”这样的表述。在当时的历史背景下，美国更关心的是突然袭击及如何应对突然袭击问题。

---

① Robert S. Norris and Hans M. Kristensen, Global Nuclear Inventories, 1945－2000”, *Bulletin of the Atomic Scientists*, July/August 2010, p. 81.

第二次世界大战期间，日本对珍珠港发动的突然袭击，深刻影响了美国国内对战略、战争及相关理论的探索。来自敌国的先发制人突然袭击，成为美国人心中挥之不去的阴影。早在苏联拥有核武器之前，美国人就已认定其面临的主要威胁来自苏联的突然袭击，珍珠港遭到突然袭击已经充分暴露美国的弱点，这是必须吸取的历史教训。到了冷战时期，随着苏联核力量的逐步发展，美国感受到逐渐上升的核战争威胁，认为在苏联的核武器面前，无论是美国的城市还是军事力量都显得十分脆弱。苏联有可能发动突然袭击，并在突然袭击中先发制人使用核武器，成为美国不断增加的恐惧。这也导致美国战略研究领域对战略稳定的最初思考，基本集中在如何避免来自苏联核武器的突然袭击，进而引发了关于如何降低美国战略武器脆弱性的研究。这一研究逻辑成为美国对战略稳定概念探讨的开端，也逐步奠定了美国战略稳定概念的核心思想。

（二）战略稳定概念的基础研究

冷战期间美苏关系的敌对状态，使美国的战略与政策研究者首先考虑与苏联发生战争，甚至是核战争的风险。美国认为其核力量相对于苏联发动突然袭击（第一次打击）的脆弱性，是美国面临的巨大威胁，解决方案即是美国需要确保拥有核报复能力，从而在美苏之间发生军事或安全危机时，能够遏制苏联先发制人使用核武器的冲动。这一观点显然属于危机稳定性的范畴。美国对苏联发动突然袭击的恐惧与寻找解决方案的过程，构成危机稳定性研究的基础体系。学术界持此观点的早期代表著作，首推 1946 年伯纳德·布罗迪编撰的《绝对武器》[①] 和威廉·波顿撰写的《时光已逝》。[②] 不过，两本著作关于使用核武器及核武器基本作用等问题的主要观点，几乎完全相反。与此同时，美国官方的分析评估工作也逐步开始。比较有影响力的官方评估报告包括 1947 年美国参谋

---

① ［美］伯纳德·布罗迪：《绝对武器》，于永安等译，解放军出版社，2005 年版。

② William Liscum Borden, *There Will Be No Time, The Revolution in Strategy*, (The Macmillan Company, 1946).

长联席会（简称参联会）评估委员会出台的《关于原子弹作为军事武器的评估》绝密报告，以及1950年美国国家安全委员会出台的《美国国家安全的目标和计划》文件，即第68号文件（NSC－68）。这两份报告从不同角度得出如下相近的结论：由于成功的突然攻击能够获得极大的军事优势，这也同时会刺激战争的爆发；苏联发动突然袭击对美国构成的威胁十分严峻。① 对遭受突然袭击的担心，催生了艾伯特·沃尔斯泰特（Albert Wohlstetter）牵头为美国空军进行了关于战略空军基地问题的研究。当时，投送核武器的唯一手段是飞机。战略空军司令部在美国部署的一系列战略轰炸机基地，以及在欧洲拥有的基地网成为美国核威慑的核心。作为兰德公司研究员的沃尔斯泰特和他的研究团队得出以下研究结论：在苏联发动先发制人打击时，美国的核力量非常脆弱。②

到20世纪50年代中期，美国政界内外围绕"如何降低美国核力量应对突然袭击的脆弱性"这一问题继续展开辩论。1954年3月，根据美国总统艾森豪威尔的要求，由麻省理工学院院长詹姆斯·基利安（James Killian）牵头，美国科学顾问委员会开始就美国如何利用军事技术能力降低突然袭击的威胁问题开展研究，并于1955年2月提交了题为《应对突然袭击的威胁》报告（后来被称为《基利安报告》）。该报告对美国和苏联当前及未来的技术发展态势进行了评估，并基于核武器能力的可能发展，分析了美国面临的风险和机遇，认为美国战略力量的脆弱性会诱使苏联发动突然袭击，且苏联可能特别愿意在"我们获得百万吨级大规模能力前"实施打击。③《基利安报告》就降低突然袭击的威胁提出了一些建议，如扩展远程预警线、在距离美国大陆边界500—700海里处设立

---

① "The Evaluation of the Atomic Bomb as a Military Weapon", Report by the Joint Chiefs of Staff Evaluation Board on Operation CROSSROADS, Washington, DC: Joint Chiefs of Staff. 1947, p. 10. http://www.Trumanlibrary.org/whistlestop/study_collections/bomb/large/documents/pdfs/81.pdf.; & "A Report to the National Security Council by the Executive Secretary on United States Objectives and Programs for National Security", 1950pp. 37－38. www.Trumanlibrary.org/whistlestop/study_collections/coldwar/documents/pdf/10－1.pdf.

② Albert Wohlstetter, Harry Rowen, Campaign Time Pattern, Sortie Rate and Base Location. http://www.rand.org/about/history/wohlstetter/D1147/D1147.html.

③ "Report by the Technological Capabilities Panel of the Science Advisory Committee: Meeting the Threat of Surprise Attack". FRUS, 1955－57, Vol. 19, p. 42.

系列雷达站等以提升预警能力，以及建设更多供战略空军司令部使用的战略轰炸机基地等以加强反击能力。不过，该报告最重要、最有意义的建议是研发洲际弹道导弹。

艾森豪威尔接受了报告中的许多建议，要求妥善安排所需经费，指出美国必须“在今后60年左右，在预算幅度内思考此类问题”。[①] 但是，艾森豪威尔也意识到了《基利安报告》的关键局限性，也就是所谓一厢情愿的问题：所有的建议都单方面地考虑美国应该独自采取哪些行动，而没有去考虑苏联会怎么想、会怎么做的问题，如报告中完全没有提到美国也许能够通过与苏联缔结军控协议以化解双方的紧张态势。由此可见，《基利安报告》没有能够提出应对突然袭击问题的完整方案，或者说只提出了一半的应对方案。

当时，美国有很多人片面地认为，只要美国的核武库在规模上超过苏联，就足以对苏联可能发动的突然袭击形成有效威慑。鉴于此，1959年1月沃尔斯泰特在《外交》杂志发表了《恐怖的微妙平衡》的著名文章，[②] 再次提出并系统分析了涉及战略稳定问题的重要概念，即核力量面对突然袭击时的脆弱性问题。他认为，美国对苏联的威慑基础，是其能够承受第一次核打击并做出反击的能力，也就是通过提升美国核武库的生存能力和核报复能力，来解决美国核力量在面临突然袭击时的脆弱性问题。这一观点已经涉及“第二次打击能力”，即核报复能力的概念，对于战略稳定概念的初期发展具有重要意义。沃尔斯泰特促使美国政府和军队领导人认识到，美国的核力量在苏联先发制人的打击面前是脆弱的，也可能无法对苏联形成有效的核威慑。此外，随着苏联发明氢弹，以及远程弹道导弹时代的到来，特别是弹道导弹加载氢弹头时代的到来，美国发展一支具有生存能力的核力量将增加新的更大挑战。[③] 正是从“恐怖的微妙平衡”开始，关于脆弱性问题在美国的战略辩论中变得突

---

① “Memorandum of Discussion at the 270th Meeting of the National Security Council,” pp. 170 – 171.

② Albert Wohlstetter, “The Delicate Balance of Terror”, *Foreign Affairs*, Vol. 37, No. 2, January 1959, pp. 211 – 212. 该文在公开发表之前是作者为“突然袭击会议”做准备的材料之一。

③ Gregg Herken, *Counsels of War*, (Oxford, UK: Oxford University Press), 1987, p. 92.

出起来。[①] 随着研究的深入，美国官方逐步认识到，解决脆弱性问题既需要经费也需要时间，因此在之后一个时期内，美国的核力量仍将难以承受苏联先发制人的打击。在此情况下，最直接的解决方案是将美国的核力量置于高度戒备状态，并在获得苏联即将发起攻击的足够证据时立即发射。同时，美国应投入大量资源来提升预警能力和核力量的生存能力，以慑止苏联的核打击。基于上述考虑，美国政府和军队确定了两种短期应对方案。第一，密切关注苏联核力量的发展。一旦发现苏联准备发起攻击的迹象，美国的核力量可先行发起核攻击。美国必须在苏联发起攻击后立即让装载核武器的飞机起飞，从而确保在苏联的核武器抵达打击目标之前，美国的核武器已经在前往苏联（以及华约盟国）的途中，从而形成威慑。第二，在美国丧失威慑能力时采取先发制人的战略，即在苏联发射核弹之前先行对其核武库进行打击并予以摧毁。

托马斯·谢林在其著作《军备及其影响》中总结到：美国对脆弱性的关注，并不是着眼于在苏联对美国的城市发动突然袭击的情况下，妇女和儿童及他们生存手段的脆弱性，而是着眼于美国战略轰炸力量的脆弱性。所以这种对脆弱性的关注导致轰炸机预警状态的提升。[②] 这一时期，虽然美国战略家们对战略稳定问题的思考尚未成型，但是一些基础性研究，特别是对美国战略武器脆弱性问题的集中研究，在当时的历史条件下非常重要。这些研究与危机稳定的相关性更大，也为之后美国战略稳定概念的成型奠定了基础。同时应看到，美国这一阶段的研究依然比较片面，一个关键因素是不了解苏联对战略稳定问题的观点看法。美国掌握的关于苏联人如何思考这些问题的信息非常匮乏，关于苏联在面对美国发起突然攻击时会如何反应的研究也不多，且所做分析只是基于单方面的假设推理，而不是基于双方的互动，也缺乏其他更加充分的证据。

---

① Fred Kaplan, *The Wizards of Armageddon* (Stanford, CA: Stanford University Press. 1991), pp. 98 - 101; and Gregg Herken, *Counsels of War*, (Oxford, UK: Oxford University Press, 1987), pp. 89 - 94, p. 99.

② ［美］托马斯·谢林：《军备及其影响》，毛瑞鹏译，上海人民出版社，2011 年版，第 201 页。

苏联比美国晚4年拥有核武器，客观上其对战略稳定的基础研究会比美国起步晚，主观上与苏联战略思想的变化过程直接相关。斯大林时代苏联的战略思想相对固化。在斯大林的战略理念中，对美国发动突然袭击的可能性并不太担心，而是非常看重对美消耗战中最重要的因素。早在1942年，斯大林就列出了“永久性的作战因素”，认为这些因素决定了战争的胜利或失败。这些因素包括后方的稳定性、军队的士气、师的数量和质量、军队的武器以及指挥官的组织能力。除了这些永久性作战因素外，其他因素没有被计入战争的最终结果。斯大林认为，一些暂时性的因素，例如在军事上使用突然袭击等，其本身无法确定战争的结果。按照这样的逻辑，即使在苏联拥有核武器之后，用核武器发动突然袭击也不是决定性的方式。斯大林的战略信条意味着在永久性作战因素上，苏联将永远优于其他国家，因此能够自动赢得任何涉及苏联的战争。当苏联官方表示，苏联在永久性作战因素方面将永远处于优势地位时，也意味着社会主义社会固有的政治优势作用，远远超过了其可能处于劣势的经济实力。苏联的军事机构本身是根据斯大林的理论设计的，即基于苏联可以赢得与资本主义国家的消耗战，而且这是唯一的获胜途径。但不能否认的是，使用核武器可能将数年的正常消耗在几天内消耗殆尽，因此这样的理论或信条有着很大的局限性，导致苏联无法客观地评估自身面临的军事机遇与挑战。

斯大林去世后，苏联开始出现对核时代军事与战略的反思。这种反思主要从苏联军队的研究人员开始，并通过军事媒体反映出来。第一次公开讨论发生在1953年。1953年11月，苏联《军事思想》杂志编辑塔伦斯基（Talenskii）少将[①]发表一篇文章，其核心观点是：战斗力才是最重要的，军队必须将注意力集中在武装冲突本身。在战斗中，根据不同的情况，苏联军队可能会赢也可能会输。同时，塔伦斯基提出三个主要观点：第一，军事计划者必须放弃对永久性作战因素的盲目追随，不必

① 由于塔伦斯基是总参谋部的军事历史专家，之前又一直是国防部《红星报》的编辑，苏联读者很清楚他在为自己之外的其他人讲话，而他的文章确实开启了显然是四分之一世纪苏联最深远的军事理论讨论。

将其作为所有军事计划唯一可能的依据。第二，必须将讨论限制在军事因素上，避免所有政治上的考虑，因为政治上的考虑会自动得出苏联必胜的结论。军人和军事科学应该坚持军事事务，而将政治考虑留给苏联共产党领导层做决策。他指出，过去以马克思列宁主义教义为指导的军事理论家会自动得出这样的结论，即社会主义国家在战争中具有优势，因为其在政治实力上要优于其资本主义国家的敌人，但现在应秉持实事求是的态度，放弃苏联必胜的假设，这也是迈向现实主义的最重要一步。第三，必须坚持战争规则的本质特征。[①] 塔伦斯基坚定地认为，在武装冲突中，双方都应遵守同样的规则。鉴于此，苏联的军事学者再次将注意力集中在战斗层面，而不再看重资本主义与共产主义之间的社会与政治差异。塔伦斯基直言不讳地指出：斯大林关于永久性作战因素的信条不构成战争规则。他并不否认苏联的社会和制度的优越性，也坚持认为苏联必须是一个社会主义国家，而且必须始终保持这种社会和制度的优越性；但同时也强调，要取得胜利，必须积累力量，成为一个具备经济、政治和军事潜力的强国。塔伦斯基也倾向于打长期的消耗战，但并不排除在某些情况下，战争可以在短时间内结束。他认为，如果在防空和情报方面采取适当的措施，突然袭击就无法在战争初期确定谁输谁赢。塔伦斯基的文章并没有将短期战争与使用核武器联系起来。但随后的一年中，《军事思想》的其他作者提到了这种联系。直到 1955 年初，当塔伦斯基的新观点得到普遍接受后，大众媒体开始将突然袭击、核武器和短期战争这三者联系起来。罗特米斯特罗夫元帅撰写的《论当代战争中突然袭击的作用》一文，进一步强调了塔伦斯基的观点。比如塔伦斯基曾说过，制定基本战争规则并不排除存在一定条件的情况下、在一个有限的时间内造成对方决定性失败的可能性，这里暗含了突然袭击获得成功的可能性。罗特米斯特罗夫的观点则更加积极，认为“必须明确，在使用原子弹和氢弹武器的情况下，突然袭击是获得成功的决定性条件之一；不仅在战斗和战役中是这样，而且在整个战争中也是这样。但罗特米斯

---

① Herbert S. Dinerstein, “The Revolution in Soviet Strategic Thinking”, *Foreign Affairs*, January 1, 1958, https://www.foreignaffairs.com/print/1112766.

特罗夫的文章直到 1955 年 2 月，朱可夫元帅出任国防部长后，才得以印刷出版。

罗特米斯特罗夫首次指出，需要为制止突然袭击性质的核攻击做准备，而不仅仅是为了威慑。他还指出，如果美国发动进攻，苏联必须做好采取先发制人措施的准备，决不让敌人达到突然袭击的目的。显然，当时重点关注的是如何打核战争，而不是如何进行核威慑。到了 1955 年，苏共中央总书记赫鲁晓夫确信，即使发生战争的可能性很小，苏联也必须为核战争做好准备。基于此，苏联官方正式采纳了突然袭击或先发制人的"核战"战略。赫鲁晓夫和时任总理马林科夫一致认为，必须改变苏联的政策包括军事政策，以满足核时代的要求。从 1955 年开始，苏联投资数十亿美元，大力提升了苏联军队实施威慑和发动核战争的能力。苏军地面部队获得了大量先进设备；战略空军得以扩大，并采取了积极和被动的防空措施。苏联公开宣布拥有远程弹道导弹。为了体现出苏联在动力和制导系统方面的进步，苏联还成功发射了两枚重型卫星，作为能力展示。①

苏联国内对战略转变问题的讨论始于 1953 年底，到 1956 年初，苏联军事媒体已不再提及"永久性作战因素"，取而代之的是核时代先发制人的"核战"战略。赫伯特 · S. 迪纳斯坦将这个过程称作"苏联战略思考的革命"。他认为，"突然袭击"和"先发制人"这些概念，在苏联战略中经历了从最小化到最大化的转变，这的确是革命性的过程。虽然这一转变过程并未提及"战略稳定"，但确实开始涉及战略稳定的基本内容。至少，在美国因担心苏联发动突然袭击而不断进行理论与实战准备的同时，苏联也以同样的担心在调整自己的战略、政策与军力准备，总体上以先发制人来应对美国可能的突然袭击。

① Herbert S. Dinerstein, "The Revolution in Soviet Strategic Thinking", *Foreign Affairs*, January 1, 1958, https://www.foreignaffairs.com/print/1112766.

二、战略稳定概念的发展

20世纪50年代末期到60年代初，美国发展成为超级核大国，其核武器的规模和精确度都得到大幅度提升，苏联也进入大规模研发、生产和部署核武器的时期。俄罗斯学者认为，第二次世界大战后的几十年里，苏联不得不面对大量局部战争和中低强度冲突，但没有成熟的此类战争和冲突理论，没有完善的政治、军事、作战或战略管理体制，也没有相关的结论，无论是在理论上还是在应用上都是如此。只有在军事和战略军事均势中保持适当的实质性能力，并且定期高效地证明这种能力的存在时，危机管理机制才可能在对等基础上存在。这样的展示是"战略姿态"艺术一个非常重要的组成部分。"战略姿态"是苏联著名军事理论家、历史学家和政治学家亚历山大·斯维钦（Alexander Svechin）使用的一个术语。这种姿态包括成功试验洲际弹道导弹和潜射弹道导弹、新型弹头和远程巡航导弹，以及展示战略导弹潜艇在特别困难的航海条件下的行动能力，使对方反潜兵力难以搜索、探测和摧毁等。冷战时期，美苏双方多次做出（并不总是成功的）战略姿态，如提升军事力量（包括核力量）的战备状态，投送能够携带核武器的战略和战术航空资产，调动水面舰艇部队（包括携带核弹药的舰艇）等。这些姿态是基于实现某种政治结果的意图——要么是为了防止危机，要么是在双方共同接受的条件下结束危机。为了能够进行旨在防止对方升级支配的持续行动，有必要拥有最先进的常规力量和相关常规武器。如果没有这一点，俄罗斯与一个重大对手之间的任何政治和军事对抗都可能跃升到升级阶梯的核层面。①

关于苏联在这一时期对战略稳定的看法，托马斯·沃尔夫1964年4

① Andrei Kokoshin, Ensuring Strategic Stability in the Past and Present: Theoretical and Applied Questions, http://www.belfercenter.org/publication/ensuring-strategic-stability-past-and-present-theoretical-and-applied-questions.

月发表在《外交》杂志上的文章《苏联战略思想的转变》做了比较完整的表述。这篇文章分析总结了20世纪50年代末到60年代初苏联军事战略的调整及军队研究人员、地方学者、政府领导人的观点变化，也提及这一时期的苏联所面临的国际关系矛盾及其自身发展的矛盾，认为这些都对苏联战略思想转变的讨论产生了影响。在这一转变过程中，战略稳定所涉及的“先发制人”“报复性打击”或“二次打击能力”及“升级”等概念和政策，均成为苏联内部讨论的重点内容。

对于苏联领导人而言，1961—1963年是一个关键而艰难的时期。其国内面临农业和经济方面的严重困难，包括难以解决如何在相互掣肘的经济和国防需求之间分配资源的核心问题；在国际事务上，苏联面临与社会主义国家阵营的诸多矛盾，导致其全球共产主义运动的领导地位受到挑战。同时，1962年的古巴导弹危机是对苏联领导人应对能力的严峻考验。在与美国对峙后，苏联为纠正美苏之间的战略失衡而进行的努力也未能取得成功。这些困难加剧了苏联在战略领域中解决问题的难度，其在战略思想的转变过程中也出现了一些相互矛盾的观点。但这种思想转变还是比较明显的，即苏联从重视先发制人使用核武器，转变到重视报复性打击能力。这一时期，苏联总体上强调要坚持不懈地努力，以提升苏联在西方人眼中的威慑态势，并试图打消美国准备通过成功的第一次打击获得优势的幻想。在这一阶段的战略问题讨论中，苏联试图既通过其理论研究，也通过相当缜密的技术论证来证明苏联使用核武器进行报复性核打击的确定性。①

苏联战略思想的上述转变，在1963年11月出版的《军事战略》（修订版）中也得以体现。该书由索科洛夫斯基元帅（Sokolovskii）所领导的苏联军事专家组共同编写。该书第一版于1962年年中出版，被认为是过去三十多年来对苏联军事战略的首次全面论述。之所以在15个月后就出版该书的修订版，表明苏联要将其作为核时代战略问题内外交流的

① Thomas W. Wolfe, “Shifts in Soviet Strategic Thought” https://www.foreignaffairs.com/articles/russian-federation/1964-04-01/shifts-soviet-strategic-thought.

重要工具。[1]《军事战略》（修订版）对美国“打击军事力量”或“保护城市”战略的新论述进行了更为详细和客观的分析，回顾了上述战略的发展演变过程，分析了其必须满足的各种基本要求，以使其现实且实用。这些要求包括：（1）可靠的侦察；（2）大量具有高度可靠性和戒备状态的精确制导导弹，“因为军事目标比城市多得多”；（3）可靠的指挥控制，预警和通信系统；（4）谨慎协调使用导弹发起攻击和采取其他军事行动的关系；（5）突然袭击。这些分析尽管也有不足，但反映了苏联对美国核战略的更深层研究。[2]

《军事战略》（修订版）也明确展示了苏联进行报复性核打击的坚定决心。在该书的序言中，作者强调指出共产党国家不希望“……给敌人以任何幻想，让他们感到我们还没有准备好还击”。书中还引用了苏联国防部长马林诺夫斯基元帅的相关表态，即在苏联看来，最好的防御手段不是攻击，而是“警告敌人，只要敌人第一次尝试侵略行动，我们的力量和戒备状态就可以摧毁他们”。[3]索科洛夫斯基等苏联军事专家随后还指出：“这就是为什么我们没有掩盖我们对发动未来战争的性质和手段的看法，而是在《军事战略》一书中揭示了它们。”

《军事战略》（修订版）在批评美国仍在积极寻求实现“最大限度突然袭击”方法的同时，也让人们认识到，不断变化的情况可能会降低美国对突然袭击可行性的信心。[4] 另一篇强调苏联二次打击能力的文章于1963 年 11 月发表在《国际事务》上。值得注意的是，该文是由军地作者联合撰写。作者格拉戈列夫（L. Glagolev）是国际关系和裁军事务专家，一直以来积极促进与美国科学家及政府官员就裁军问题进行非正式

---

① Thomas W. Wolfe, “Shifts in Soviet Strategic Thought,” https://www.foreignaffairs.com/articles/russian-federation/1964-04-01/shifts-soviet-strategic-thought.

② Marshal V. D. Sokolovskii, et al., *Voennaia Strategiia"* (*Military Strategy*), second edition, (Voenizdat Ministerstva Oborony S. S. S. R., Moscow, 1963), pp. 3-4.

③ 此处所指的小册子是是马林诺夫斯基元帅的《对和平保持警惕》, Marshal R. Y. Malinovskii, *Bditel'no stoyat na strazhe mira* (Vigilantly Stand Guard Over the Peace), Voenizdat Ministerstva Oborony S. S. S. R., Moscow, 1962, p. 25.

④ Marshal V. D. Sokolovskii, et al., *Voennaia Strategiia* (*Military Strategy*), second edition, Voenizdat Ministerstva Oborony S. S. S. R., Moscow, 1963, p. 90.

讨论。作者拉里奥诺夫（V. Larionov）上校则是现役军人、军事专家，也是战略事务的多产作家。这样一种不太符合惯例的组合，目的还是在于增强文中观点的可信度。该文强调，苏联在军事上处于进行报复性第二次打击的有利位置，并指出“外国军事分析家”错误地得出以下结论：“……苏联核火箭武器极易受到伤害，是为先发制人而不是为反击而设计的。”苏联的核力量并不是为先发制人设计的，这是因为：其一，苏联采取分散、加固、隐蔽等方式降低了战略力量的脆弱性，意味着敌人“不可能指望同时打击苏联所有的反击手段”；其二，现代预警技术使防御者可以避免被突袭，甚至“在敌方导弹飞行路径的第一阶段就可以监测到”来袭导弹；其三，如果攻击者希望突然袭击的成功率是相对值而非绝对值，那应该使用相对规模较小的导弹初始打击。文章还认为，美军的轰炸机力量“……在现代意义上几乎不会成为任何突然袭击的要素”。①

针对西方有评论认为“苏联的战略概念是僵化的，在战争中对使用核武器没有任何限制”，该文批驳了这一“苏联会无限制使用核武器”的观点，指出苏联拒绝接受可能使核战争“合法化”的协议，实际上比西方国家倡导限制毁伤程度的主张更具人道主义意义。②

苏联战略思想的转变，还体现在对有限战争不断深化的认识。在过去的苏联军事文献中，苏联主要关注全面的核战争，对有限战争的关注度相对较低。苏联坚持认为全面核战争将是暴力性的和全球性的，拒绝讨论或接受在战争开始后限制其范围和破坏性的观点且认为通过强调无条件的苏联的核反应，才能够加强自身的威慑力。这包括在出现小规模战争风险时，苏联也会不断强调升级的巨大危险。

到20世纪60年代初，苏联对局部战争和有限战争的看法开始发生变化。虽然尚未形成关于有限战争的共识，但苏联越来越关注局部战争

---

① L. Glagolev and V. Larionov, “Soviet Defense Might and Peaceful Co - existence”, *International Affairs*, No. 11 (November 1963), pp. 27 - 33.

② “Soviet Defense Might and Peaceful Co - existence”，转引自：Thomas W. Wolfe, “Shifts in Soviet Strategic Thought,” https://www.foreignaffairs.com/articles/russian - federation/1964 - 04 - 01/shifts - soviet - strategic - thought.

升级问题。《军事战略》的第一版对该问题一带而过，而《军事战略》（修订版）和其他人撰写的一些文章则给予明显关注。1963 年 11 月，索科洛夫斯基等五位作者在《红星报》上发表了一篇联署文章，对苏联关于有限战争和升级的军事原则进行了重新定义。该文强调，苏联的军事学说并不认为有限战争升级为全面战争是“不可避免的”，批评美国有意忽略局部战争升级与核大国参与的关联性，潜台词就是如果核大国不参与局部战争，那么升级就并非不可避免。①

关于战争会不会很快发生的问题，苏联当时的观点并不完全一致。比较统一的看法是，随着东西方走向缓和，战争的危险有所减小，这在很大程度上要归功于“帝国主义阵营”对苏联军事力量的尊重。但在苏联《军事战略》（修订版）中，一些观点还存在分歧。比如，该书既对战争可能性做出了较为乐观的判断，认为各种维持和平因素的影响越来越大，但同时又继续强调西方对苏联发动进攻的危险。此外，苏联军方发言人更倾向于强调战争的危险永远存在，而当时的苏联政治领导人有时则会做出一些乐观的表态。1962 年春天，苏共中央总书记赫鲁晓夫就曾委婉地表示，来自美苏双方的战争威胁起到了相互抵消和稳定局势的作用。“他们用战争吓唬我们，我们一点一点地把他们吓退。他们用核武器威胁我们，我们告诉他们：‘听着，现在只有傻瓜才能这么做，因为我们也有核武器，而且规模不比你们的小，但我们认为比你们的更好。那你们为什么要做傻事，吓唬我们呢？’就是这么个情况，这就是为什么我们认为情况是好的。”②

总体而言，苏联在保留先发制人立场的前提下，表达了无意与美国开战的意愿。但同时，苏联在这个问题上的立场又保持了模糊性：既声称先发制人打击可以取得预期的实际结果，又同时否认苏联除了报复性

---

① *Red Star*, November 19, 1963, http://www.redstar.ru/.

② Remarks by Khrushchev in Maritsa, Bulgaria, on May 15, 1962, broadcast on that date by the Sofia domestic radio, but not circulated in the Soviet Union, https://books.google.com.hk/books?id=h6h-4hChiUIC&pg=RA4-PA3&dq=Remarks+by+Khrushchev+in+Maritsa,+Bulgaria,+on+May+15,+1962&hl=zh-CN&sa=X&ved=0ahUKEwiRxdP6x5LoAhXIa94KHad5CYkQ6AEIKzAA#v=onepage&q=Remarks%20by%20Khrushchev%20in%20Maritsa%2C%20Bulgaria%2C%20on%20May%2015%2C%201962&f=false

的打击之外会考虑其他任何手段。比如，索科洛夫斯基等在《红星报》发表的文章中否认苏联准备挫败敌人的攻击意味着先发制人，但《军事战略》（修订版）仍然强调“通过在适当时机给予敌人毁灭性的打击来打破其侵略计划”。①格拉戈列夫和拉里奥诺夫在其联合撰写的文章中也表示，苏联可以考虑采取一种近似于名义上或事实上的先发制人的战略。该文在讨论苏联防御的问题时指出，防御方的第一批火箭和轰炸机甚至会在侵略者的第一批火箭（更不用说它的轰炸机）到达目标之前起飞。从此文的观点来看，苏联对战略进攻的反应将是立即而且自动的，不必等待毫无争议的证据表明敌方已对己方目标发起了进攻。这一反应也不是完全意义上的报复性打击，因为一般认为，报复性或二次打击特指在接受敌人的全部初始打击力量后才发起打击。②

关于世界军事力量平衡问题，苏联当时讨论的焦点是，其最大利益究竟是追求对西方的军事优势，即便冒着刺激西方加强军事力量的风险，还是寻求保持仅次于美国的地位。更多的言论主张是要具备对西方的军事优势。与此同时，在苏联也有很多人认识到，如果苏联的军事力量过于强大，可能促使西方加强其军事力量，从而使苏联的处境比过去更加糟糕。鉴于苏联已经为武器竞争投入高昂费用并出现资源紧张，这是一个必须认真考虑的问题。苏联之所以开始营造缓和气氛，这可能也是主要原因。赫鲁晓夫多次阐明，和平共处政策本质上基于这样一个前提：苏联集团国家“拥有快速发展的经济并超越了帝国主义的军备和武装部队阵营”。1963 年年中，陆军元帅格列奇科曾明确表示苏联奉行军事优势政策，但他在 1963 年 12 月 22 日发表于《红星报》上的一篇文章中转变了语气。他对西方的军事准备表示关注，评论了美国新任国防部长罗伯特·麦克纳马拉（Robert McNamara）在 12 月北约理事会会议上关于“美国远程导弹的数量和空中预警的轰炸机的数量”的言论，但针对西方的准备是“获得对苏联的军事优势”这一问题，格列奇科没有继续强

---

① Marshal V. D. Sokolovskii, et al., *Voennaia Strategiia" (Military Strategy)*, second edition, Voenizdat Ministerstva Oborony S. S. S. R., Moscow, 1963, p. 260.

② L. Glagolev and V. Larionov, "Soviet Defense Might and Peaceful Co-existence", *International Affairs*, No. 11 (November 1963), pp. 27-33.

调苏联军队优于西方军队，而是做了相对克制的表态。他指出，苏联“有足够的手段制服任何侵略者，无论他拥有哪种核能”。苏联“对军备竞赛至少不感兴趣”，只是打算将苏联的防御“维持在确保和平的必要水平上”。①

苏联关于保持军事优势的政策受到诸多因素的影响。苏联不仅在资源上处于相对劣势，而且已经在相当长的一段时间内处于主要对手的战略劣势地位，但却并没有遭受到经常被预测的“帝国主义袭击”。在核时代军事力量存在局限性的历史背景下，苏联开始了一场内部讨论，主要探讨的问题包括：军事力量的使用或以使用武力相威胁，可否营造对自身有利的政治态势；战争或以战争相威胁可否继续作为一种政策手段；对自身军力发展的限制可否换取对方相应的军力发展限制等。

在这场内部讨论中，苏联认识到，如果战争能分出输赢，那么为争取打赢战争的战略和发展与这一战略目标任务相称的军事力量应是值得的。但如果核战争没有赢家，那么就应制定不同的政策。就苏联的军事政策而言，次要方案可能就是最佳方案。也就是说，苏联应采取长期性的威慑战略，尽管军事能力明显逊于对手，也应保持足够的威慑能力。然而，当时的苏联政治或军事领导人尚未就此问题下定决心。托马斯·沃尔夫认为，当时苏联人对西方的看法仍然被意识形态和狭隘的猜想所过滤，这些猜想产生了严重扭曲的画面，尤其是西方的动机和意图。但他同时认为，当时苏联对西方的看法已经开始趋于客观，特别是能够将美国视为强大而又负责任的对手，这本身可以看作是很小的进步。②

值得注意的是，苏联关于战略稳定基本内容的内部讨论，恰恰出现在美苏古巴导弹危机前后。可以说，这一危机促使美苏认识到就战略问题开展沟通对话的必要性。美国总统肯尼迪在危机化解之后的一次公开讲话中指出，“人类大家庭可以在种族和宗教的差异中生存下来。与赫鲁晓夫先生的主张相反，这个大家庭可以接受意识形态、政治和经济上

① *Red Star*, December 22, 1963, http://www.redstar.ru/.

② Thomas W. Wolfe, “Shifts in Soviet Strategic Thought”, https://www.foreignaffairs.com/articles/russian-federation/1964-04-01/shifts-soviet-strategicthought.

的差异，但却不能以我们所知的形式在一场核战争中生存下来，也不能长期忍受日益扩大的贫富差距。”① 到此阶段，美苏均认可开展双边战略对话是一种方法或手段，可以寻求澄清复杂性并减轻双方在核导弹时代战略关系的危险性。

对战略稳定研究思路的转变，美国比苏联略早。从 20 世纪 50 年代中后期开始，美国的核专家们决定超越过去的片面思路，即美国应如何独自应对突然袭击和解决脆弱性问题，而着手研究苏联会如何应对相同的问题。由此带来了美国关于战略稳定思考上的飞跃，出现“开放天空”倡议、《盖瑟报告》等，这些均在美国战略稳定概念的发展过程中起到重要作用。推动战略稳定概念发展的实践，则以美国与苏联开始在军控领域进行对话交流互动为标志。通过双边安全与防务交流，美国使苏联了解到其会对苏联的核攻击做出何种反应。

在这一时期，美国总统艾森豪威尔不仅意识到应推进战略稳定领域与苏联的互动，而且出台了一系列具体措施。在《基利安报告》完成后不久，艾森豪威尔就试图将美国单边的技术性解决方案与同苏联达成相关协议相结合，一方面，美国加强警戒和预警能力，继续研发供“北极星”级潜艇发射的弹道导弹等技术方案；另一方面，他首次倡议与苏联就突然袭击问题进行谈判并达成协议，以降低双方对对方可能发动突然袭击的担心。1955 年 7 月 21 日，艾森豪威尔在日内瓦峰会上指出，美国和苏联所拥有的大数量级核武器，会“在世界其他地方，或者说在美苏之间引发对突然袭击的恐惧，并激起突然袭击的危险”②。由于这些风险的存在，艾森豪威尔提出了著名的“开放天空”倡议：“我们向你们提供设施，用以空中侦察的足够设施，你们可以拍摄所有想拍摄的照片并将其带回本国进行研究；并且，你们也向我们提供完全类似的

---

① J. F. Kennedy, Remarks Before the Protestant Council, New York, November 8, 1963, https://www.jfklibrary.org/archives/other-resources/john-f-kennedy-speeches/protestant-council-nyc-19631108.

② “Statement by President Eisenhower at the Geneva Conference of Heads of Government,” July 21, 1955, reprinted in Documents on Disarmament, 1945-1959. Washington, D. C.: U. S. Government Printing Office. 1960.

设施。"[①] 艾森豪威尔的结论是，这样一种安排将"让全世界确信，我们之间相互展示设施将降低大规模突然袭击的可能性，于是降低危险并化解紧张局势"。[②]

"开放天空"倡议成为战略稳定概念发展中的一个重要里程碑。此前美国试图用先发制人的核战略应对突然袭击的威胁，从而保护美国的战略武器。而"开放天空"倡议的思路则完全不同。该倡议旨在通过开放透明的具体措施增进相互信任，消除对方发起突然袭击的意图，以降低对方发起突然袭击的威胁。"如果一项'开放天空'的协议能够使轰炸机和导弹更加安全，从而使报复威胁成为现实的威胁，那么不论是谁发动了战争，妇女和儿童的安全都将能够得到保证，这不是因为他们在战争来临时收到了警报，而是因为战争将更不可能会发生。"[③] 尽管苏联出于种种顾虑，当时拒绝了美方的倡议，但这一倡议表明，人们开始逐步认识到核时代的安全是一种相互依赖的安全，即美国之所以能够更加安全，不仅是因为美国得到了苏联不会发起进攻的保证，也是因为苏联得到了美国不会发起攻击的保证。一份为艾森豪威尔裁军政策做准备的专项研究报告建议，美国应"放弃对苏联发动突然袭击的机会，以换取苏联不对美国发动突然袭击的实质性保证"。[④] 这一观念是战略稳定思想的重要萌芽，最终成为战略稳定的关键概念之一。将这一观念具体化的军备控制与裁军谈判和双边安排皆源于此，包括后来越来越多的军备控制外围谈判中的建立信任措施，增加各国在军事领域的公开和透明度，限制军事部署和军事活动措施等，概括而言都是以一定的声明、条约及具体落实的措施，来增加各国在安全上的相互信任，减少误解误判引发

① "Statement by President Eisenhower at the Geneva Conference of Heads of Government," July 21, 1955, reprinted in Documents on Disarmament, 1945 – 1959. Washington, D. C.: U. S. Government Printing Office. 1960.

② Documents on Disarmament, 1945 – 1959. Washington, D. C.: U. S. Government Printing Office. 1960: 487 – 488.

③ [美] 托马斯·谢林：《军备及其影响》，毛瑞鹏译，上海人民出版社，2011 年版，第 202 页。

④ "A Progress Report on a Proposed Policy of the United States on the Question of Disarmament," Special Staff Study for the President, NSC Action No. 1328, May 26, 1955, FRUS, 1955 – 57, Vol. 20, p. 103.

冲突危险，降低任何一方发动突然袭击的能力与意愿。

《盖瑟报告》则标志着美国战略稳定概念的重大突破。1957 年由兰德公司创始人之一的 H. 罗恩·盖瑟牵头，以“盖瑟委员会”的名义，对核武库日益扩大带来的威慑和防御需求问题进行了广泛评估，递交了名为《核时代的威慑与生存》研究报告，即《盖瑟报告》。《盖瑟报告》在突然袭击等问题上呼应了两年前的《基利安报告》，认为对于美国战略空军面临突然袭击时的脆弱性，需要采取迅速的补救行动，这种行动包括缩短美国战略空军的反应时间，使足够数量（可能是500 架）的战略轰炸机可以紧急起飞发起攻击；将战略轰炸机疏散部署到更多的基地；在基地周围部署反导系统；建造更加坚固的战略轰炸机机库等。这些内容强调了与危机稳定性有直接联系的若干概念，例如提升战略武器的生存能力、提高预警级别、分散部署，以及加强第二次打击能力等。[①]

与《基利安报告》相比，《盖瑟报告》更重要的是在观念上有重大突破，即开始探讨与苏联就战略武器开展军控谈判的可能性。该报告强调，为就有限的军备达成可靠的协议而继续做出努力至关重要，认为美国应努力在今后的二至三年内与苏联通过谈判达成军控协议。其中的重要原因之一，是美国的战略轰炸机将在这一段时间内达到有效预警状态，甚至能够在受到突然袭击后进行有效的报复，即“由于美国的军事态势与苏联相比可能达到了最优状态，这将是凭借力量进行谈判的最佳时机”。[②] 但同时，由于缺乏与苏联的交流，《盖瑟报告》也不可避免地高估了苏联的实力，甚至有研究认为，“可以确定的是，这份报告极大地高估了苏联的能力”。[③]

在盖瑟委员会将其报告递交给艾森豪威尔后不久，美国和苏联再次进行双边互动。这次互动源于 1958 年上半年华盛顿和莫斯科之间一系列

---

① “Report to the President by the Security Resources Panel of the ODM Science Advisory Committee on Deterrence and Survival in the Nuclear Age,” November 7, 1957, FRUS, 1955 - 57, Vol. 19. pp. 638 - 653.

② Admiral Arleigh Burke to Flag and General Officers, CNO Personal No. 35, March 5, 1958, pp. 651 - 653.

③ ［美］安德鲁·克雷佩尼维奇，巴里·沃茨：《最后的武士：安德鲁·马歇尔与美国现代国防战略的形成》，张露等译，世界知识出版社，2018 年版，第 59 页。

信件和声明的传递。时任苏联外长葛罗米柯在1958年4月18日出台的一份文件中表示，苏联方面因为担心遭到突然袭击而做出反应，会导致两个国家都不愿意见到的冲突。① 葛罗米柯还对美国派出装载核弹的飞机飞越北极的行径提出抗议，他指出，如果苏联的空中军事力量完全像美国空军那样行动，会发生什么呢？苏联装载原子弹和氢弹的飞机朝着美国以及在其他国家的基地起飞，双方的空中编队在荒芜的北极某处观察到对方，必然会导致这样的结果，而且是此情形下非常自然的结果，即有理由断然对敌人发动攻击，而人类则会陷入核战争的漩涡。②

1958年底，"突然袭击会议"③ 终于在日内瓦召开。该会在战略稳定概念的发展上具有划时代的意义。会前，美国专门成立了一个跨部门工作小组，通过相关分析，加速推进降低突然袭击危险性问题研究，为美苏专家之间的讨论做准备。该工作小组指出：稳定性，也就是从突然袭击的威胁中解脱出来，不仅取决于对可能敌人的核查以及对其力量的限制，也很大程度取决于自身报复能力的脆弱性……为了维护报复力量的有效性，将这些力量的脆弱性降低到可以接受的水平，是至关重要的。④ 这是"稳定性"这一术语在美国政府文件中得以使用的最早情形之一。美国和苏联对此次会议有着不同的期待和目标，双方的分歧最终注定了"突然袭击会议"的失败命运。⑤ 但值得关注的是，从此以后，关于稳定性的讨论不再是单方面的，而是兼顾到美苏两个方面。直到20世纪60年代末，苏联和美国才开始认真讨论削减和限制战略武器（包括进攻性和防御性武器）问题，而且在20世纪60年代和70年代进行的讨

① Jeremi Suri, "America's Search for a Technological Solution to the Arms Race: The Surprise Attack Conference of 1958 and a Challenge for 'Eisenhower Revisionists,'" Diplomatic History, Vol 21, No. 3, Summer 1997, pp. 417 – 451.

② "Statement by the Soviet Foreign Minister, Gromyko, Regarding Arctic Flights by the United States Military Aircraft," April 18, 1958, Documents on Disarmament, p. 986.

③ 该会全名为"研究可能有助于防止突然袭击的可能措施和就此向政府递交报告做准备的专家会议"，此后人们一般称其为"突然袭击会议"。

④ "Report of the Interagency Working Group on Surprise Attack," August 15, 1958, p. 1 DDRS, p. 5.

⑤ Suri, "America's Search for a Technological Solution to the Arms Race," and Holst, "Strategic Arms Control and Stability."

论中使用了不同的术语，但这些双边讨论实际上构建了实现核武器领域战略稳定的主要框架内容。苏联著名学者科科申认为，这些讨论是在苏联和美国战略核力量结构以及双方政治和战略文化存在巨大差异的背景下进行的，不过美苏双方的精英（包括越来越多技术官员和新技术官员）都认识到核导弹领域技术演变的现实，这一演变逻辑与科学和技术发展逻辑相一致，从而弥补了这些分歧。[①] 当时，美苏双方还对使用核武器的战争将带来的令人难以置信的破坏性后果进行了延续性评估。双方政治领导人都能接受这样的评估，评估也在双方上述讨论中发挥了重要作用。

为推动具备战略武器生存能力的战略力量发展，美国于20世纪50年代末出台了新的、后来被称为“有限威慑”的核战略，这也反映出美国对如何提高其战略力量生存能力的深度思考。以作战部长阿里·伯克海军上将为首的美国海军，在阐明“有限威慑”时使用了战略稳定的核心逻辑，即为了实现有效防御，较小数量的、具备很高生存能力的、能够摧毁一批有限目标的核武器才是必要的。也就是说，与建造承受不起突然袭击的陆基核武库相比，“能够在遭到突然袭击时具有小规模报复能力，比准备大规模的力量来提供同样的‘冗余’能力更能实现有效威慑”。[②] 美国海军装备“北极星”级弹道导弹的潜艇部队，正好具备这种生存能力。伯克还从避免国家领导人发生战略误判的角度出发，强调了提高美国战略力量生存能力的重要性。他认为，在无法确认敌人是否发起攻击的情况下决定是否应发射导弹，是我们政治领导人所面临的难题。如果等待，已被对方掌握的弹道导弹可能被摧毁；如果基于虚假信息发射，我们就挑起了一场毁灭性的战争。[③] 海基核力量机动性强，生存能力高，以海军为中心的核战略可以摆脱这种困境。特别是“北极星”级

---

① Andrei Kokoshin, Ensuring Strategic Stability in the Past and Present: Theoretical and Applied Questions, http://www.belfercenter.org/publication/ensuring – strategic – stability – past – and – present – theoretical – and – applied – questions.

② Adaptation of the National Military Posture to the Era of Nuclear Parity; A Suggested Navy Position, “December 3, 1957, p. 3, http://www.gwu.edu/ – nsarchiv/nukevault/ebb275/02.pdf.

③ Admiral Arleigh Burrke, “Memorandum for All Flag Officers: March 4, 1959, p. 11, http://www.gwu.edu/ – nsarchiv/nukevault/ebb275/07.pdf.

潜艇能够装载弹道导弹且隐蔽性强，具有很强的生存能力，“不会在担心我们的报复能力会被突然袭击所摧毁的情况下，增加是否首先按下核按钮的精神‘压力’”。[①] 不可否认，建立生存能力强大的海基核力量总体上提高了核武器的生存能力，有利于危机稳定性。这种稳定如何从危急状态扩大到日常状态，发展成为两国军备控制日常的双边安排，并最终使两国的军备发展保持稳定，任何一方的军备发展都不引发另一方的军备扩张，这些都成为军备竞赛稳定性的内容，也是战略稳定概念进一步发展的必然需求。

回看历史，在美苏之间关于战略稳定的讨论尚无明显进展时，两国在实践中的安全互动已经走在了前面，尽管这一安全互动是以危机的方式出现。20 世纪 60 年代初的“古巴导弹危机”，是人类历史上距离核战争毁灭世界最近的一次。“古巴导弹危机”是一个转折点，也是一个典型案例。从战略稳定的视角看，这次危机可以为理论研究提供的“范本”也相当丰富。一方因为觉得自己的核力量受到威胁，就用提升核力量戒备等级作为反应。提升戒备等级距离准备使用核武器更进一步，美苏对于双方有可能爆发核战争的体会也更进一步。美国的核力量在古巴导弹危机期间不可避免地提高了戒备状态。美国当时能够保证在任何时候都有 48 架 B－52 轰炸机——总共 60 架——在空中待命，随时准备向苏联集团的军队发起进攻；还有 133 架 B－47 轻型机散布于美国 33 个民用和军用机场，随时可以在 15 分钟内起飞。危机期间，战略空军司令部处于战备状态的飞机、导弹和核弹头数量都达到历史峰值。据一份提交给总统的《古巴情况说明书》记录：10 月 28 日中午，战略空军司令部“上膛的”（准备好发射的）核打击力量将达到 162 枚导弹和 1200 架飞机，总共搭载了 2858 枚核弹头。[②] 人们普遍认为苏联的核力量在古巴导弹危机期间没有进入戒备状态，但五角大楼的文件却反映了不同的情况。1962 年和 1963 年的解密文件表

---

① Admiral Arleigh Burke to Flag and General Officers，CNO Personal No. 35，March 5，1958，p. 15. http：//www. ，gwu. edu/ – nsarchiv/nukevault/ebb275/03，PDF.

② ［美］迈克尔·多布斯：《午夜将至：核战边缘的肯尼迪、赫鲁晓夫与卡斯特罗》，陶泽慧、赵进生译，社会科学文献出版社，2015 年版，第 276 页。

明，苏联的核力量于1962年10月24日进入戒备状态。[①] 1981年，另有一份关于冷战期间军备竞赛的密级研究报告也提到，苏联的核潜艇在危机期间也进入了戒备状态。[②]

“古巴导弹危机”所揭示的事实是，尽管美国当时在核武器方面对苏联拥有17：1的优势，也不能对比较弱势的苏联导弹基地发动先发制人的攻击，双方都不得不防范局势失控的风险。[③] 据估算，如果苏联和美国之间发生核战争，将杀死1亿美国和苏联公民，并在西欧和东欧造成数百万人伤亡。[④] 这些风险进一步促使美苏两国认识到，不仅是美国，而是美苏两国都需要战略稳定的规则体系来防止核战争的爆发，这也逐渐成为两国领导人和战略界的共识。“古巴导弹危机”的爆发催化了美苏两国对双方可能发生核冲突的共同认知，更直接促成美苏两国首脑之间建立热线电话，为两国领导人探讨战略稳定增加了直接对话渠道。“古巴导弹危机”之后，美苏为减少双方发生核战争的危险，于1963年6月20日在日内瓦谈判签署了双边条约《美苏热线协定》（全称《美苏关于建立直接通讯联系的谅解备忘录》）。这是美苏关于战略稳定双边对话初步建立规则并真正取得成果的开始，该热线直到今天仍然可以使用。

“古巴导弹危机”极大激发了美苏两国学者对涉及战略稳定具体术语的研究，比较典型的是对升级及升级支配（escalatory domination）的研究。通过几十年的研究，美国在战略稳定领域开发出一套关于危机和冲突升级应用方面的理论，其中明确包含了军事要素。美国学者认为，危

① Scott D. Sagan, *The Limits of Safety*: *Organization*, *Accidents and Nuclear Weapons*, (Princeton, NJ: Princeton University Press, 1993), p. 144.

② Ernest R. May, John D. Steinbruner and Thomas W. Wolfe, History of the Strategic Arms Competition 1945 – 1972, http: //www. dod. gov/pubs/foi/homland_ defense/missile_ defense_ agency/226. pdf.

③ ［美］小约瑟夫·奈：《理解国际冲突：理论与历史》，张小明译，上海世纪出版集团，2005年版，第169页。

④ Allison and Zelikow, “Essence of Decision: Explaining the Cuban Missile Crisis,” 2nd ed. , (New York: Pearson Longman), 1999.

机是和平与战争之间的某个中间阶段，一种介于两者之间的灰色地带。①根据斯坦利·霍夫曼的说法，冷战期间，危机在很大程度上成为“核革命”战争背景下的一种替代品。② 这一表述在“古巴导弹危机”结束后，即1965年就被提出，在接下来的几十年里，至少在涉及苏联和美国以及以美苏为首的两个军事和政治集团之间的中心战争问题上，得以验证其正确性。1965年赫尔曼·卡恩（Herman Kahn）的基础性著作《论升级》出版，成为核升级问题的里程碑式研究。卡恩曾在兰德公司工作，后来创立了哈德逊研究所。《论升级》反映了他为美国国防部开展的一系列研究成果。研究过程中，卡恩引入危机情况下“升级阶梯”的概念，引发专家们的浓厚兴趣。这种升级阶梯由44个“台阶”和6个“门槛”组成，从第38级阶梯到最高门槛是瞄准城市的门槛——也就是开始对敌国城市发动核打击。③ 这些研发活动，为逐步改善美军战备系统奠定了基础。在国际政治危机期间发生的政治和军事对峙，美国高层领导人可以通过调整美军战备程度或戒备状态，向其对手以及其盟友和整个国际社会——发出关于美国意图的有价值信号。1978年8月，两艘苏联弹道导弹潜艇“危险地接近美国东海岸”，对五个战略空军基地造成的威胁显著上升，美国立即提升基地戒备等级，并疏散了基地停放的飞机。④ 苏联虽然没有明确所谓的“升级阶梯”，但也有升级行动出现。1983年11月，在北约进行“优秀箭手—83”演习时，苏联有可能令其部分核力量进入了戒备状态。⑤

---

① R. H. Betts, “Nuclear Blackmail and Nuclear Balance,” Washington: The Brookings Institution, 1987, p. 3.

② S. Hoffman, “The State of War: Essays on the Theory and Practice of International Politics,” New York: Praeger, 1965, pp. 236. 56.

③ Herman Kann, *On Escalation: Metaphors and Scenarios*, (Baltimore, Maryland: Penguin Books, 1968), p. 39.

④ David M. Alpern with David C. Martin, “A Soviet War of Nerves,” *Newsweek*, January 5, 1981, p. 21.

⑤ Director of Central Intelligence, “Implications of Recent Soviet Military - Political Activities,” Special National Intelligence Estimate 11 - 10 - 84/JX, May 18, 1984, para. http://www. foia. cia. gov/docs/DOC_ 0000278546/DOC_ 0000278546. pdf.

三、战略稳定体系的确立

如前文所述，《恐怖的微妙平衡》一文在美国战略稳定概念发展过程中起到了重要作用。该文实际上是一份为配合“突然袭击会议”而撰写的报告，不仅论述了美国战略武器的脆弱性，也论述了美苏双方都具备脆弱性所产生的后果。作者沃尔斯泰特认为，假定美国和苏联都有能力摧毁对方的报复性军事力量和场所，都有打出“第一拳”的机会，这种情形就像美国西部老式的持枪决斗，行动迟缓是极其危险的，因为先发制人不仅可以做到毫发无损，而且这是唯一可以期待生存下去的合理途径。显然，两国都可以先发制人摧毁对方的报复性军事力量和场所，谁先出手谁可获胜，但使用核武器先发制人打击后是毁灭性的后果，这种情况极其不稳定。此外，“如果主动进攻的一方会因其主动进攻的行径而遭到灾难性的报复打击，那么尽管他能够对对方造成巨大伤害，但考虑到自己被报复而承受的灾难性损失，他还是会有不发起主动攻击的强大理由。所以，受到保护的报复能力有利于战略稳定，不仅对理性攻击形成威慑，而且对双方的力量施加影响以降低发生偶然性战争的机率”。[①] 沃尔斯泰特上述观点，在古巴导弹危机期间得到证实，对战略稳定理论的发展具有巨大影响，这其中也包括对托马斯·谢林及其观点的影响。

当时还是哈佛大学教授的托马斯·谢林在这篇论文的启发下，为兰德公司撰写了题为《突然袭击与裁军》的论文。谢林基于战略力量的相互脆弱性，探讨了核战争的因果关系，阐述了对敌人即将发动核战争的恐惧如何成为发动核战争的最初动机。他认为，那种关于美苏核关系最简单的分析，仅仅建立在各自核武库的规模之上，缺乏一个关键点：并不是“平衡”——在此情形下的完全平等或对称——能够构成“相互威

---

① Albert Wohlstetter. “The Delicate Balance of Terror”, *Foreign Affairs*, Vol. 37, No. 2, January 1959, p. 230.

慑”，而是平衡中的稳定构成了“相互威慑”。如果任何一方能够通过先发制人而摧毁另一方的反击能力，这种情形是对称的（平衡的），但并不是稳定的；当双方都无法摧毁另一方，无论是先发制人还是后发制人，也就是说，任何一方的先发制人攻击都无法摧毁另一方的反击能力，这种情形就是稳定的。换言之，防止核战争的关键，不仅在于拥有安全的、具有生存能力的报复力量，而且在于确保对手对其自身的报复能力有着同样的信心。谢林指出，在核时代，美国必须不仅关注“用我们的眼睛确信对方没有在做攻击我们的准备，我们也必须关注确保通过对方的眼睛确信我们没有在做蓄意攻击对方的准备”。[①] 毋容置疑，这一思想是对战略稳定概念发展的诸多独特贡献之一。

谢林的另一重大创新，是将某些核武器的类型归纳为“好的”和“坏的”。他指出，一种“好的”核武器，是指“只会对人造成伤害，不可能对另一方的战略打击力量造成伤害”，即以“打击城市工业财富”（counter - value）为目标；相比之下，一种“坏的”核武器，是指能够获得先发制人的优势，且提供这么做的诱因，即后来演变为以“打击军事力量”（counter - force）为目标。因此，相互脆弱性是战略稳定的中心元素，这实际是指社会的脆弱性，即社会中的人与财富，而不是指武器的脆弱性。谢林后来将其称作“战略脆弱性”（strategic vulnerability）。这一核心观点成为“相互确保摧毁”概念的逻辑支柱，而且作为主要论据，被用来反对建立以“打击军事力量”为目标的政策。麦克纳马拉任肯尼迪政府国防部长时，曾试图建立“避开城市”和“打击军事力量”的核战略，但因为难以实施，后来也逐渐放弃了这一战略。不过，麦克纳马拉的研究为“打击城市工业财富”确立了“不可承受的损失”的标准。[②] 在他提出“不可承受的损失”概念之前，对获得胜利所需的损害程度就有各种估计。例如，按照所谓的杜鲁门标准，400 枚核弹足以摧

---

① T. C. Schelling, *Surprise Attack and Disarmament*, (Santa Monica, CA: RAND, 1958), p. 4.

② 即“麦克纳马拉标准”，按照这个标准，不可承受的损失被估计为三分之一的人口、二分之一的工业。这将需要 400—500 枚核弹头，每枚 100 万吨当量。但很多中国专家都认为这个标准过高。参见李彬：《军备控制理论与分析》，国防工业出版社，2006 年版，第 82—88 页。

毁一个国家。而根据其他估计，达到此目的100枚核弹就已足够。20世纪50年代的美国研究表明，50枚核武器可能导致40%的人口损失和60%的工业能力损失。而根据赫尔曼·卡恩的说法，歼灭50%—100%的人口将停止一个国家的历史发展。①

谢林的著作一直在探讨关于稳定的逻辑。1960年发表的《冲突的战略》讨论了“突然袭击的相互恐惧”“威慑与稳定的关系”等内容。②1966年发表的《军备及其影响》进一步探讨了影响先发制人动机的各种因素。在他看来，双方不仅面临决定是否动用核力量的极其困难境地，而且这些决定必须迅速做出，以免等待太长而成为承受先发制人打击的一方。他认为，在战争爆发的情况下，发动战争的一方，或者说未实施首先打击但进行快速报复的一方所获得的优势（也称作“仓促行动获得的奖励”）既是军事行动最大的危害，又是和平迅速演变为全面战争的最重要原因。③谢林关于战略稳定的著作在战略研究界引发巨大反响，为此他也获奖无数。除了一系列其他重大的专业奖项外，由于在方法论领域，特别是博弈论领域的开创性贡献，以及在增进人们对冲突与合作问题理解方面的重要贡献，谢林于2005年获得诺贝尔经济学奖。

战略稳定理论为核时代关于安全的思考提供了全面的理论框架，成为评估核力量的重要标准，也是涉及新型核能力部署与发展的重要指导思想。与此同时，稳定性成为美苏核军控的新的思维方式。一批防务分析家和学者开始认为，核时代军控的目的应是通过限制双方的核武库以降低核战争的风险，同时在危机时刻可以将对突然袭击的恐惧降到最低限度，确保双方都拥有二次打击能力。④这种关于军控的观点很快被人们所接受，从而把军备控制稳定与危机稳定结合起来，整体提升了战略稳定的重要性。

---

① Pavel Zolotarev, “Strategic Stability Revisited. Prospects of U. S. – Russia Talks on Nuclear Weapons”, https://www.eng.globalaffairs.ru/number/Strategic – Stability – Revisited – 19265.

② ［美］托马斯·谢林：《冲突的战略》，赵华等译，华夏出版社，2011年版。

③ Thomas Schelling, *Arms and Influence*, (New Haven, CT: Yale University Press, 1966), p. 227.

④ Thomas C. Schelling and Morton H. Halperin, Strategy and Arms Control, New York: The Twentieth Century Fund, 1961.

到了20世纪60年代末，战略稳定的概念体系，或者说基本理论已经得到确立。专家学者继续就美苏核关系中的稳定性进行辩论，但没有人再否认战略稳定的概念已经成为核问题讨论的重要内容。同时，对战略稳定的思考在核问题研究界开辟了新的领域，也激励着战略研究人员在考虑如何应对蓄意核攻击的同时，认真考虑核战争可能由于误解误判或事故而爆发。此外，对危机期间稳定性的重视，使人们将心理状态、紧张情绪和战略文化等引入战略平衡的理论范畴。更多学者与政策分析人员参与进来，将稳定性问题与他们的研究工作结合起来。[①] 不过，美国官方在正式文件中接受战略稳定的概念仍花了较长时间。1963年美国总统肯尼迪在美利坚大学发表的演讲已经谈到有必要稳定美苏的战略关系。[②] 但在美国政府内部，直到1969年关于稳定的概念才正式出现在国防部长向总统递交的年度报告中，即《关于战略攻击和防御力量的总统备忘录草案》。该报告提出计划中的核力量态势和采购决定纲要，回顾了稳定性在军备控制中逐步上升的作用。报告指出：得到充分保障的军控协议……可以帮助我们达到基本的战略目的，并提升我们的威慑稳定性。[③]

战略稳定在实践中也得到逐步认可，主要体现在美苏（俄）达成的一系列战略武器条约中。双方涉及军备控制的内部讨论与彼此磋商谈判，“稳定”都成为有关核问题辩论的中心内容。美苏双方着眼解决危机稳定性问题的相互透明、现场核查、通知通报等谈判内容，不可避免地成为双方长期军控谈判的内容，也成为双方军事力量特别是核力量保持稳定发展、一方的发展避免刺激另一方扩军的谈判内容。在美苏《反导条约》《美苏限制进攻性战略武器的某些措施的临时协定》（SALT I）和《美苏限制进攻性战略武器条约》（SALT II）等双边军控条约谈判过程中，战略稳

① Henry A. Kissinger, “Arms Control Inspection and Surprise Attack,” *Foreign Affairs*, Vol. 38, No. 4, July 1960, pp. 557 - 575.; Glenn H. Snyder, *Deterrence and Defense: Toward a Theory of National Security*, (Princeton, NJ: Princeton University Press, 1961), pp. 107 - 108.

② Arthur Schiesinger Jr. *A Thousand Days: John F. Kennedy in the White House*, (Houghton Mifflin Co, Boston, MA, 1965), p. 769.

③ “Draft Presidential Memorandum on Strategic Offensive and Defensive Forces,” January 9, 1969, p. 2, http://www.dod.mil/pubs/foi/homeland_defense/strategic_offensive_defensive_forces/324.pdf.

定理论都发挥了重要作用。到20世纪80年代初期，稳定性概念被官方广泛接受。在与参与军控谈判人员谈话时，美国总统罗纳德·里根就曾指出，《美苏关于削减和限制进攻性战略武器条约》（START）的目标是“通过对最为不稳定的核系统进行实质性的削减来增进威慑和实现稳定性”。[①]各方尽管对稳定性在美国核政策中的作用各执己见，但还是达成了一些重要共识。里根向时任总统战略力量委员会主席布伦特·斯考克罗夫特（Brent Scowcroft）表示，“稳定性应成为我们战略力量现代化和军控提议的主要目标”。[②] 之后，“战略稳定”这一术语继续在1987年的《美苏中导条约》（INF Treaty）和1991年的《第一阶段削减战略武器条约》（START I）中得到使用。1990年6月1日，美国和苏联签署了一项关于未来核武器和天基武器谈判以及进一步加强战略稳定的特别联合声明。声明称，未来关于削减战略核武器的谈判，应以“进一步降低战争风险，特别是核战争风险，并通过进一步稳步削减两国战略武器库的方式，提升战略稳定性、透明度和可预测性”为目的。这将通过寻求增加生存能力、消除一次核打击动因以及提升战略攻防手段相关性等安排来实现。[③] 1991年，美国总统布什就《美苏关于削减和限制进攻性战略武器条约》（START I）致参议院的信中也指出，“《美苏关于削减和限制进攻性战略武器条约》的基本前提是，尽管存在较大政治分歧，美国和苏联在……加强战略稳定方面拥有共同的利益”。[④]

关于战略稳定的理论讨论和美苏双边军控谈判的实践，形成互相补充与相互加强的态势，这一时期，美苏（俄）也达成了一系列核军备控制条约。这些条约大体包括以下几类：

---

① Us. Approach to START Negotiations," National Security Directive No. 33, May 14, 1982, p. 1, DDRS.

② Report of the President's Commission on Strategic Forces, April 1983, p. 3.

③ “美国关于未来核武器和太空武器谈判及进一步增强战略稳定的联合声明”，1990年6月1日，声明原文参见“Soviet - United States Joint Statement on Future Negotiations on Nuclear and Space Arms and Further Enhancing Strategic Stability”, https://www.bush41library.tamu.edu/archives/public-papers/1938.

④ “Beyond New START: Advancing U. S. National Security Through Arms Control with Russia”, Washington, D. C.: Center for Strategic and International Studies, 2011, pp. 3-4.

1. 限制（和削减）战略核武器数量。属于这一类条约和协定的有1972年美苏签署的《美苏关于限制反弹道导弹系统条约》（ABM）和第一阶段限制战略武器协定，即《美苏关于限制进攻性战略武器的某些措施的临时协定》（SALT－1，又称《第一阶段限制进攻性战略武器协定》）。1979年6月18日美苏在维也纳签署的第二阶段限制战略武器条约，即《美苏关于限制进攻性战略武器条约》（SALT－2，又称《第二阶段限制进攻性战略武器协定》）。1987年12月8日，美苏签署《美苏消除两国中程和中短程导弹的条约》即《中导条约》（INF）。1991年7月31日，美苏正式签署《第一阶段削减战略核武器条约》（START　I）。

2. 减少美苏之间发生核战争的危险。属于这一类的条约有1971年9月30日美苏签署的《美苏关于减少爆发核战争危险的措施的协议》和1973年6月22日签署的《美苏关于防止核战争协定》。

3. 限制核试验。属于这一类的条约有1974年6月27—7月3日美国总统访苏期间，两国签署的《美苏限制地下核武器试验条约》和1976年5月28日签署的《美苏和平利用地下核爆炸条约》。

表2—1　美苏（俄）主要的双边核军控裁军条约体系

签署时间	条约名称	备注
1972年	《美苏关于限制反弹道导弹系统条约》（ABM）	2002年美退约
1972年	《美苏关于限制进攻性战略武器的某些措施的临时协定》（SALT－I）	至SALT－II
1973年	《美苏关于防止核战争协定》	
1974年	《美苏限制地下核武器试验条约》	
1976年	《美苏和平利用地下核爆炸条约》（PNE）	1981年到期
1979年	《美苏限制进攻性战略武器条约》（SALT－II）	1986年美退约
1987年	《美苏消除两国中程和中短程导弹的条约》（INF）	2019年美退约
1991年	《第一阶段削减战略武器条约》（START I）	2009年12月到期
1993年	《第二阶段削减战略武器条约》（START II）	2002年俄退约
2002年	《美俄削减进攻性战略武器条约》（SORT）	2012年12月到期
2010年	《新削减战略武器条约》（New START）	2021年2月到期

《美苏关于限制反弹道导弹系统条约》即《反导条约》是美苏两国达成的第一个严肃的、有核查机制的双边军备控制条约，在美苏确立战略稳定关系的过程中发挥了基石作用。考察《反导条约》签署的历史进程，有利于具体了解战略稳定体系最终得以确立的过程。

早在美苏围绕限制导弹防御系统启动对话谈判之前，双方就彼此战略力量及毁伤效果的学界研讨就已经开始。时任美国国防部长罗伯特·麦克纳马拉（Robert McNamara）在20世纪60年代就试图证明，美国和苏联都不需要任何大规模的导弹防御。他还认为，如果双方都相信自己可以免受报复性打击，就会出现岌岌可危的状况，因为这样的理念会导致危机升级速度更快。麦克纳马拉的想法很大程度上来源于兰德公司的研究，此项研究基于复杂系统分析和运筹学的方法。此外，美国在与苏联的战略军控谈判中，这些类型的研究模型被用于为美国的谈判提供分析支持。基于已有的专业研究，美方提议对美国和苏联的导弹防御系统予以限制。这一建议，首先由麦克纳马拉在1967年的美苏格拉斯伯勒首脑峰会上，向苏联总理阿列克谢·科西金（Alexei Kosygin）提出。麦克纳马拉还试图提请科西金注意这样一个事实，即国家导弹防御系统将招致巨大成本。然而，科西金并没有被说服。在与麦克纳马拉会谈后的新闻发布会上，科西金表示："……哪些武器应被视为加剧紧张局势的因素——进攻性还是防御性？我认为，防范进攻的防御系统不是军备竞赛的原因，而是防止人类死亡的一个因素。一些人提出以下论点：拥有哪种武器更便宜？能够摧毁城市和整个州的进攻性武器还是能够防止这种毁灭的防御性武器？目前在某些群体中流传着一种理论，认为应该开发这两种系统中耗资较少的那种。……也许导弹防御系统比进攻系统花费更多，但它被设计用来拯救人类生命，而不是用来杀人。"① 然而，由于苏联一些顶尖科学家和专家提出了导弹防御系统破坏稳定性的观点，苏联官方的态度很快出现转变，接受了导弹防御系统应被视为不稳定因素的逻辑。

1968—1969年，美国哈佛大学由莫顿·哈尔佩林（Morton Halperin）

---

① Kokoshin, "Political Science and Social Science in Military Strategy", Moscow: Lenand/URSS, 2005, pp. 285 - 286.

领导的一个专题研究小组，对美苏战略平衡的长期前景进行了研究。该项研究分析了弹道导弹、战略轰炸机和其他核弹头的数量等组成部分，分析了力量平衡和改变常规武器平衡的可能性，同时也分析了双方科技能力以及与美苏军事力量发展相关的经济和政治因素。哈尔佩林认为，"我们得出了一个不可避免的结论，即美国现有的任何战略计划都无法带来我们在50年代曾经拥有的优势"。① 根据哈尔佩林小组的报告，也基于其他来源提供的数据和评估，曾在哈佛与哈尔佩林共事，并于1969年成为美国总统国家安全顾问的亨利·基辛格得出结论，美国对苏联的战略主导地位是无法实现的，至少在20世纪70年代会是这样。基辛格向尼克松（Richard Nixon）总统介绍了他的观点。尼克松也同意了基辛格的这一结论。既然无法在进攻性武器上取得绝对优势，如果再允许双方继续投入导弹防御的研发部署，可能将美苏拖入旷日持久却收效甚微的军备竞赛中去。这样的思路推动形成了双方具体的政策互动。1972年，在美苏格拉斯伯勒首脑会晤5年后，美国总统尼克松和苏共中央总书记列昂尼德·勃列日涅夫在莫斯科会晤，签署了《反导条约》（ABM Treaty）和《美苏关于限制进攻性战略武器的某些措施的临时协定》（SALT－I）。1974年签署的《反导条约议定书》（ABM Treaty Protocol）对缔约方在这一领域的活动设置了更多限制。

1972年的《反导条约》政治和军事意义巨大。该条约成为透彻阐述诸多军事、技术和法律问题的教科书式范例。在双方严格遵守平等和安全原则基础上，该条约对美苏两国导弹防御系统数量、一些组成部分结构、质量特点和部署等方面，都予以重大而严格的限制。该条约规定反导系统只能是陆基的和固定的，禁止开发、试验或部署其他种类导弹防御系统，无论是海基、空基、天基还是机动陆基，以及禁止开发覆盖全国领土的导弹防御系统或将其部署到两国领土以外。鉴于此，该条约允许"基于其他物理原则"的反弹道导弹系统和部件的"高级开发"，只

① Andrei Kokoshin，"Ensuring Strategic Stability in the Past and Present：Theoretical and Applied Questions"，http：//www. belfercenter. org/publication/ensuring－strategic－stability－past－and－present－theoretical－and－applied－questions.

要它们是陆基的和固定的，只要条约签字国同意这种部署的参数。不过，任何情况下，这些系统只能部署在一个区域。在条约签署后的十多年中，相关限制事实上阻止了这一领域军力发展和武器现代化，但这些限制并不妨碍实验室和设计中心的技术项目开发。根据《反导条约》，双方只能在半径为150千米的两个区域部署其导弹防御系统或其部件，即能够跟踪和辨别来袭战略目标并引导防御性拦截器的反弹道导弹雷达，但在允许防御的半径150千米区域外则禁止部署。在每个部署地点，拦截弹不得超过100枚，发射器不得超过100个。① 条约规定，缔约国有义务将其部署的反弹道导弹系统限制在两个地点：一个在国家首都周围，配备不超过100个反导发射装置和不超过100枚反导拦截导弹；另一个在洲际弹道导弹发射井周围，配备不超过100个反导发射装置和不超过100枚反导拦截导弹，并要求两个地点相距不少于1300千米。② 该条约还对上述两个地点反弹道导弹雷达的数量和质量限制作出规定。“禁止开发、测试或部署一次发射一枚以上的反弹道导弹、自动或半自动或其他类似系统的反弹道导弹发射器，以及带有一枚以上独立制导弹头的反导导弹。缔约方进一步承诺，除反弹道导弹拦截导弹、反弹道导弹发射器或反弹道导弹雷达外，不赋予导弹、发射器或雷达对抗战略弹道导弹或其在飞行轨道上的部件的能力，不以反弹道导弹模式进行试验，以及不在未来部署预警雷达，除非部署在其国家领土周边和向外的地点。”③

为审议有关履约所承担义务问题，并提高《反导条约》可行性，美苏两国成立了位于日内瓦的常设协商委员会。根据1974年7月3日签署的《反导条约议定书》，双方承诺只拥有《反导条约》规定的两个反导部署地点中的一个。苏联选择维持其对莫斯科的反弹道导弹防御，美国选择维持其位于北达科他州大福克斯的“民兵”洲际弹道导弹发射基地

---

① “The Anti – Ballistic Missile（ABM）Treaty at a Glance”，https：//www. armscontrol. org/factsheets/abmtreaty.

② Teaty on the Limitation of Anti – Ballistic Missile Systems，https：//www. nti. org/learn/treaties – and – regimes/treaty – limitation – anti – ballistic – missile – systems – abm – treaty/.

③ Treaty Between The United States of America and The Union of Soviet Socialist Republics on The Limitation of Anti – Ballistic Missile Systems（ABM Treaty），https：//2009 – 2017. state. gov/t/avc/trty/101888. htm/.

的防御。双方有权改变其最初选择的反弹道导弹地点，并在条约规定的其他区域部署其反弹道导弹系统或其部件（即美国可以重新部署其洲际弹道导弹发射井系统，苏联可以重新部署保护其首都的系统），前提是拆除或销毁在最初选择区域部署的系统。① 考虑到覆盖洲际弹道导弹基地的导弹防御系统将大幅度提升陆基战略核力量的作战稳定性，美国选择的部署地点为导弹发射基地而非首都等重要城市。当然，这还有另外两个方面考虑：一方面，美国政界人士表示，由于国内政策原因，任何一位美国总统都无法接受在不保护美国其他大城市的情况下保护首都；另一方面，从军事和技术角度看，与保护像大型城市人口中心这样的软目标相比，保护位于坚固发射井中的洲际弹道导弹更容易做到。1976 年，反导系统高昂的维护成本和有限能力迫使美国将其关闭。位于大福克斯的反弹道导弹主雷达站成为北美防空系统（NORAD）的一部分。苏联选择在莫斯科周围部署反弹道导弹系统也是合理的，该系统使企图对苏联国家政府和军事指挥部发动先发制人斩首打击的袭击者面临更大不确定性。②

1972 年和 1974 年的条约，对反弹道导弹系统施加了严格的数量和质量限制，这使将一场核战争的损失降低到可接受程度的希望成为泡影，也消除了任何期望在核战争中真正取胜的想法。既然无法减少另一方报复性打击所造成的损害，那么一次打击实际上就变得毫无意义。上述关于限制反弹道导弹系统的战略观察与观点，虽然在美国和苏联没有得到默认或达成广泛共识，但在缓解国际紧张局势方面发挥了重要作用。它们有助于在一定程度上减轻两国之间的相互恐惧和猜疑，粉碎有可能在核战争中生存下来的危险幻想，并同时消除了美苏双方关于核威胁无论有效与否，都能在政治上运用的观念。因此，尽管双方官方文件都没有明确战略稳定的原则，但美国和苏联确保军事战略平衡的总体方法在条约框架内形成了正式文字。

1983 年，美国里根政府正式推出“战略防御倡议”计划，因其对

---

① ABM Treaty Protocol, https://www.2009-2017.state.gov/t/avc/trty/101888.htm.

② Andrei Kokoshin, “Ensuring Strategic Stability in the Past and Present: Theoretical and Applied Questions”, http://www.belfercenter.org/publication/ensuring-strategic-stability-past-and-present-theoretical-and-applied-questions.

《反导条约》的潜在破坏，从一提出就备受争议，更遭到许多美国知名科学家的反对，其中包括与泰勒一起参与开发美国热核武器项目的科学家们。特别是美国科学家联合会、美国国家科学院、忧思科学家联盟和国会技术评估办公室的科学家们。他们针对反导防御和战略核武器问题开展了大量严肃的研究活动。这项研究包括大量计算和技术细节，进而在美国参众两院特殊目的委员会的公开和闭门会议上开展积极讨论。在20年前美国国家安全局的保罗·尼采提出的观点在此时也发挥了重要作用。尼采认为，导弹防御系统必须符合成本效益标准，换言之，该系统应该比被设计用来加以摧毁的进攻性武器更便宜。成功的反导系统需要满足三个标准，即确实有用、生存性高且边际成本效益高。这意味着增加导弹防御所需费用应少于增加核进攻的费用。1985 年，尼采标准在美国第 172 号国家安全决策指令中正式确定，该指令对“战略防御倡议”项目的最终终止起到了重要作用。① “战略防御倡议”计划无疾而终，《反导条约》挺过了冷战，直到 2002 年小布什政府最终退出。作为美苏（俄）战略稳定的基石，《反导条约》的历史经验与教训，直到今天，对研究如何继续保持大国战略稳定仍有参考价值。

四、结论

军备控制是应用性很强的领域，其相关概念主要来自实践，然后经由实践去验证，而非由学者先行假想定义。战略稳定概念也是如此。在美国，战略稳定被确认为一个战略概念，基于美国战略武器发展及其与苏联战略互动的实践，并且经过了长期的讨论和论证过程。20 世纪 50 年代后期和 60 年代初期，首先在核术语中出现了“稳定性”概念。当时，人们非常关注危机中的稳定问题和决策问题，因而逐步形成“危机稳定性”概念。后来，人们开始对核技术革命、战略武器的

① Michael Krepon, “Nitze's Strategic Concept”, https://www.armscontrolwonk.com/archive/402822/nitzes-strategic-concept/.

脆弱性、突然袭击的挑战、可能使用核武器打击的目标种类、可能进行核战争方式和对可靠威慑的需求等问题进行系统思考，将危机稳定性问题研究延伸到军备控制领域，并发展为条约形式的双边军控安排，因此在这一过程中逐渐孕育了包含危机稳定性与军备竞赛稳定性的完整战略稳定概念。

美国战略稳定概念体系的形成大致分为两个阶段。第一阶段是美国的单边探索过程，从第二次世界大战结束到20世纪50年代中期。这一阶段，美国主要单边探索了与危机稳定性相关的基本内容。比如，如何应对战略武器脆弱性的问题，即在苏联可能使用核武器对美国发起突然袭击的情况下，美国如何以核武器进行应对。美国国内相关人士开始不但从美国的角度进行思考，而且也试图去考虑苏联的政策和意图，并逐渐认识到，随着城市人口与经济的发展，两国都无法承受核打击的灾难，因此产生了相互脆弱性的概念。第二阶段则是美苏双边互动过程，从20世纪50年代中后期一直延续到冷战结束。这个阶段的时间相对漫长，伴随着两国核力量发展、两国关系调整及国际安全环境的变化，美国对战略稳定的研究从危机稳定性拓展到军备竞赛稳定性，并进一步将战略稳定上升到政策层面。在此阶段，美苏开始就稳定问题进行双边接触与沟通，从武器系统的脆弱性扩大到城市人口与工业财富的脆弱性，直到双方最终通过军控谈判和对话固化了基于“相互确保摧毁”的战略稳定关系。

苏联对战略稳定的研究与美国密切相关，一开始不接受战略稳定的基本内涵，到后来与美国就战略稳定进行理论与实践互动，这也反映了苏联自身战略思维的调整过程。《反导条约》的签署对苏联的战略稳定理论与实践起到极大的正面推动作用，后来美国里根政府的“战略防御倡议”计划则起到了显而易见的反作用。

在美苏战略稳定理论形成过程中，虽然发挥作用的因素比较复杂，但主要因素是三个方面：一是两国力量对比的变化。从美苏冷战期间围绕战略武器的互动看，两国核力量有比较明显的差距时，美国反而更担心承担突然袭击的后果，因此把重点放在危机稳定性的应对研究上，美苏双方很难就双边军备控制和裁减进行对话谈判。恰恰是在20世纪60

年代初以后，当两国核力量发展到相互威慑、互为“人质”，谁都没有把握发起突然袭击，谁都无法承受对方报复性打击带来的损失时，美苏真正取得实质性军控谈判进展，达成明确的军备透明和军备控制条约，危机稳定性有所提高。同时，如何控制双方核力量无限制的发展，也使军备竞赛稳定性凸显出来。

二是两国关系的缓和。1962 年的“古巴导弹危机”使美苏双方意识到爆发核战争的巨大风险，双方都惧怕势均力敌的军事对抗引发危机可能导致核战争，所以需要做出努力来缓和紧张关系。从《外空条约》《美苏热线协定》等条约开始，到《美苏关于限制进攻性战略武器的某些措施的临时协定》《美苏关于限制反弹道导弹系统条约》《美苏限制进攻性战略武器条约》《美苏关于削减和限制进攻性战略武器条约》和《中导条约》等，美苏不断达成新的双边军控条约，两国关系也随之逐渐缓和，军备竞赛稳定性与危机稳定性都得到不同程度的提高。美国在危机稳定与军备竞赛稳定领域的实践，推动其逐步建立起战略稳定的理论体系。

三是国际社会的压力。作为两个冷战时期的超级核大国，美苏大量积累的核武器足够毁灭人类若干次，这种核武器的“超杀”能力给国际安全带来巨大压力，遭到绝大多数无核国家的反对。美苏为缓解绝大多数无核国家的批评与反对声浪，通过谈判对双方核武器发展做出控制性的双边安排，是两个超级核大国平息不利舆论、摆脱负面形象的共同需要。

冷战期间美国对战略稳定的思考与探索及美苏双边互动的实践，产生历史性的多方面影响。其中一条非常重要的经验是，在战略武器领域，了解相关方就某一具体问题的想法，并开辟增进相互了解的互动渠道，对双方或各方同样重要。另一条经验是，所谓“神在细节间”。各方对概念、术语和实践互动中细节的研究非常重要，没有细致的评估与梳理，就不可能出现真正意义上的谈判与条约，更没办法执行后续安排。

就中美战略稳定而言，既然战略稳定的概念已经出现在中美双边关系中，双方都应尝试了解对方如何理解这个概念，思考战略稳定如何在中美之间形成概念和付诸实践，双方决策层对中美战略稳定的看法等，这对双方都同样重要。不论当前还是未来很长一个阶段，在中美战略竞争的大背景下，中美在战略武器以及更为广泛的军事安全领域增进相互了解，细致梳理共识与分歧并逐步建立信任，有效管控竞争，避免冲突对抗，将是走向两国积极的战略稳定关系的必经之路。

第三章　对战略稳定的不同理解

在冷战时代，战略稳定的主角显然就是美国和苏联这两个超级核大国。当美苏就战略稳定的概念及双边安排进行讨论和谈判时，中国虽然已经拥有了核武器，但因处于早期发展阶段的核力量尚不足以对美国构成实质性威胁，所以并没有引发美国过多的关注。冷战后，大国力量格局向多极化发展，而核力量格局依旧保持了冷战时的两极结构，未发生根本性变化。美国与俄罗斯基本继承了美苏战略稳定的框架，美俄战略武器关系仍是两国关系的重要内容。[①] 因此，在冷战后相当长的一个阶段，全球战略稳定的焦点，仍是这两个超级核大国之间的双边战略稳定。中美之间的核力量对比在冷战后依然存在悬殊差距，中美之间的战略稳定问题并未引起官方重视或关注。冷战后，在两个超级核大国的双边战略稳定格局之外，关于中美战略稳定的讨论开始出现。从本质上看，传统理论的战略稳定以美苏（美俄）战略武器关系为基础，是一种“势均力敌”的战略稳定，而中美之间的战略稳定则呈现“力量悬殊”的特点。本章将探讨冷战结束至21世纪初的大国战略稳定观，包括对战略稳定中新的关系状态的不同理解，同时考察影响大国思考战略稳定问题的依据。[②]

---

① 从经典战略稳定性理论出发，作为战略军备控制理论中的一个核心概念，“战略稳定”长期被用于判断军控方案的优劣，同时也用来考察双方战略力量对比对两国关系的影响。李彬：《军备控制理论与分析》，国防工业出版社，2006年版，第66—68页。

② 本章观点部分使用了作者本人在《对战略稳定性的思考》一文中的成果，详见李彬、赵通：《理解中国核思维》，社会科学文献出版社，2016年版，第92—108页。

一、战略稳定概念辨析

冷战结束至今，大国对战略稳定的看法经历了不同程度的调整，既不可避免地打上大国关系演进的时代烙印，又受到战略文化、传统观念和技术发展等因素的影响。关于传统战略稳定，也就是美苏（俄）战略稳定的讨论，俄罗斯与美国的观点趋同存异。俄罗斯关于战略稳定的核心思想仍关注传统威慑概念，如重视数量平等，包括常规力量与核力量结合后实现的平衡，相互确保摧毁和保留第二次打击能力，使第一次打击的动机最小化等。这些也都是苏联时代的主要观点。[①] 俄罗斯关于战略稳定的核心思想本质上延续了这一脉络，强调第二次打击的稳定性以及整体力量的平衡。不过，俄罗斯在评估战略平衡或讨论战略稳定时，考虑的因素也更加多样化，体现出比较明显的安全顾虑。俄罗斯学者的观点主要集中在以下几个方面。

1. 任何一方都没有任何首先使用核武器的动机，这样一种政治条件的存在是战略稳定最重要的前提之一。在当前国际政治背景下，实际上没有首先使用核武器的动机；但是，这种动机最终可能会在危机发展到一定阶段并升级为核冲突的背景下出现。尽管存在干扰因素，但没有首先使用核武器的动机，这种情况下产生的任何战略稳定，都会保持相对较长一段时间。[②]

2. 大多数俄罗斯专家仍认为，不可承受之损失的标准无法固定：在不同国家，不可承受损失之程度由政治、社会、历史和经济因素决定。此外，即使是同一国家，其领导层的不同成员，对不可承受损失之规模

---

① V. I. Lumpov and V. V. Karpov, "The American Strategic Deterrence Concept," *Military Thought*, Vol. 3, July – September 2012b; V. I. Lumpov and V. V. Karpov, "On the U. S. New Strategic Triad," *Military Thought*, Vol. 1, January – March 2012a.

② Andrei Kokoshin, "Ensuring Strategic Stability in the Past and Present: Theoretical and Applied Questions", http://www.belfercenter.org/publication/ensuring-strategic-stability-past-and-present-theoretical-and-applied-questions.

也可能有不同看法。在核时代，核攻击的有效性主要取决于攻击者打击对方核资产的能力——这一结果在很大程度上取决于攻击者控制系统的有效性，无论是绝对规模还是相对规模。反过来，成功的防御取决于战略力量的生存能力，即使是在遭受突然袭击的情况下也能生存下来，并进行毁灭性报复打击。这是核力量平衡的主要保护因素。

3. 深入分析与确保战略稳定相关的因素及条件，可以观察到以下情况：如果双方中的一方在其力量遭受先发制人（一次）打击后，仍然能够立即通过实施一次报复性打击使侵略者的相关力量瘫痪，恢复被打破的均势，则局势可以被认为是稳定的。从科学、技术、作战、战略和管理角度看，最困难的任务是确保后一种标准。稳定意味着两个大国对双方核威慑潜力的可靠性相互信任。①

4. 在一些俄罗斯学者看来，俄罗斯话语中的战略稳定已经成为一个抽象的概念，它意味着国际秩序中的一种普遍均衡状态，在这种状态中，军事、政治、经济和其他因素正在降低军事威胁和冲突的总体水平。从这个角度看，战略稳定就变成了总体上削弱美国相对实力的问题。

5. 也有俄罗斯学者从破坏战略稳定的因素入手，认为从 2014 年起俄罗斯与美国/北约之间的对峙导致首先使用核武器的可能性增加，新的作战概念和武器系统的开发模糊了传统的常规武器与核武器、进攻性和防御性武器以及局部、地区及全球冲突之间的界限。在此背景下，目前的军备控制和防扩散机制正在瓦解。专家认为，为应对这些挑战，当代的俄罗斯和美国领导人应毫不含糊也毫无保留地再次确认双方前任领导人在 20 世纪 70 年代和 80 年代确立的信念，即核战争不会胜利，也决不能进行核战。除了再次确认外，俄方学者建议将美苏 1990 年联合声明中提出的战略稳定概念扩大到一种战略关系状态，这种关系正在消除第一次核打击和第一次使用核武器的动机。优先考虑减少打击军事设施（counter - force）能力，承认战略进攻武器与战略防御武器之间的关系，

① Andrei Kokoshin, “Ensuring Strategic Stability in the Past and Present: Theoretical and Applied Questions”, http://www.belfercenter.org/publication/ensuring - strategic - stability - past - and - present - theoretical - and - applied - questions.

限制或禁止太空打击、反卫系统及网络战威胁指挥、控制及通信情报系统。①

6. 目前的战略稳定状况显然变得更加复杂、难以管理，更容易受到非核因素和第三方的各种事故和影响。核战争和人类毁灭的威胁普遍增加，尽管俄美双方都不打算发动核战争。战略形势发生了根本变化，变得更加复杂，需要对“战略稳定”一词有新的定义和理解，以及减少核战争风险的新方法。② 俄罗斯的官方分析经常强调战略稳定有两个组成部分——军事战略稳定和军事政治稳定。从目前俄罗斯的角度来看，这两个因素在 20 世纪 90 年代都失去了平衡，造成了不稳定。俄方认为，美国信息运作——尤其是美国所谓“促进民主”活动——是乌克兰和格鲁吉亚“颜色革命”的根源。按照这种思路，信息领域对军事政治稳定至关重要。没有对信息领域的控制，俄罗斯领导人担心他们将永远无法在国内或邻国实现政治稳定。没有政治稳定，冲突将无处不在，战略稳定是不可能的。③

俄罗斯对战略稳定的官方表述有着比较宽泛的内涵，在某种程度上，俄罗斯的战略稳定概念不再意味着共同努力避免核战争，而是变成了一种“外交填平的糨糊”，涵盖了所有俄罗斯的安全问题。比如，俄罗斯政府希望把信息领域作为战略稳定的一个关键因素，这大大拓宽了讨论的范围，超出了核问题的范畴，同时也让俄罗斯官员对战略稳定的看法与美国政府长期以来对民主运动和信息自由的支持产生了分歧。这使有关战略稳定的讨论变得极为复杂。④

在美俄就战略稳定的互动中，美国人也认为，美国与俄罗斯在战略

---

① Arbatov, Dunn argue for updating of the concept of strategic stability, http: //www. pircenter. org/en/news/6987 - 3585846.

② Sergei A. Karaganov, Dmitry V. Suslov, “The New Understanding and Ways to Strengthen Multilateral Strategic Stability”, https: //www. svop. ru/wp - content/uploads/2019/09/REPORT_ Eng_ 1. pdf.

③ “Russian National Security Strategy,” Russian Federation, approved December 31, 2015, http: //www. ieee. es/Galerias/fichero/OtrasPublicaciones/Internacional/2016/Russian - National - Security - Strategy - 31Dec2015. pdf.

④ Christopher S. Chivvis, Andrew Radin, Dara Massicot, Clint Reach, Strengthening Strategic Stability with Russia, http: //www. D: /NEW%20%20DOWNLOADS/RAND_ PE234. pdf.

稳定问题上找到共同点面临的一个主要挑战是，俄罗斯领导人倾向于就战略稳定问题给出一个包罗万象的定义，而美国人则很难接受这个定义。例如，2010 年 7 月，俄罗斯外长谢尔盖·拉夫罗夫（Sergey Lavrov）对“可能破坏战略稳定的所有因素”表示担忧，包括“外空武器化的前景、建立非核战略导弹系统的计划、单方面的战略导弹防御系统建设以及常规武器领域日益加剧的不平衡”等。① 美方学者认为，这种可能“破坏战略稳定”的概念，也许会导致重新建立对导弹防御的政治甚至法律约束，并极大地限制美国控制地区大国发展这种防御的能力。此外，俄罗斯的做法可能会阻碍美国及其盟国发展其他能力，从而有助于确保其国家安全并促进全球战略稳定。因此，重要的是努力使关于战略稳定和相关思想的思考和论述清晰，并批判性地审查作为行动基础的概念的实际含义。② 例如，2016 年，俄罗斯总统普京和中国国家主席习近平签署了《关于加强全球战略稳定的联合声明》，体现出俄罗斯对战略稳定的最新理解。根据该声明，俄罗斯现在不仅将战略稳定定义为进攻性核能力的可预测性和平等性，而且还将其定义为“一种具有以下特征的国际关系状态：在政治领域，所有国家和国家集团应恪守国际法和联合国宪章关于使用武力和强制措施的宗旨和原则，尊重所有国家和人以后在解决国际和地区热点问题时的合法权益，反对干涉他国政治生活。在军事领域，所有国家应将军事能力维持在保证国家安全需要的最低水平；不实施任何有可能被国际社会其他成员视为威胁其国家安全、迫使其为恢复被破坏的平衡而采取反制措施等类似的军事建设及建立和扩大军事—政治同盟的行为；应通过积极和建设性对话解决分歧，增进彼此互信与合作”。③ 美国认为这一定义的政治含义部分与军备控制几乎没有关系，如

---

① Foreign Minister Sergey Lavrov, “The New START Treaty in the Global Security Matrix: The Political Dimension”, Mezhdunarodnaya Zhizn, No. 7, July 2010, http://www.mid.ru/brp_4.nsf/e78a48070f128a7b43256999005bcbb3/25909cfe1bbd1c6ec325777500339245?OpenDocument.

② David S. Yost, “Strategic Stability in the Cold War, Lessons for Continued Challenges”, Winter 2011, https://www.ifri.org/sites/default/files/atoms/files/pp36yost.pdf.

③ Pursuing Enhanced Strategic Stability Through Russia – US Dialogue – Recommendationsby Russia – US Working Group, reported by Adlan Margoev, May 2019, p. 15. http://www.pircenter.org/media/content/files/14/15565442740.pdf.

果对战略稳定使用如此广泛的定义，那么稳定本身就几乎无法实现。为了使军备控制取得进一步进展，专家们必须根据技术参数制定一个狭窄但最新的战略稳定定义。① 也有美方学者认为，2018 年美俄两国都完成了《新削减战略武器条约》所规定的核武器裁减数量，经过美俄军控谈判裁减后的核武器库，让当今世界比 1986 年美苏核武器达到峰值时的世界更加安全，这是毫无争议的事实。②

在本世纪初美国退出《反导条约》前后，中国研究军控的学者对当时的大国战略稳定，即美俄战略稳定有过一轮讨论，仍保持传统战略稳定的思路，认为大国战略稳定框架是全球战略稳定的基础。这一大国战略稳定框架有三个要素：（1）主要大国在力量和利益基本平衡和妥协的基础上建立一种稳定的相互关系；（2）由于各自的利益或共同的利益都愿意在一个较长时期内维持这种相互关系，没有足够的刺激因素促使它们使用武力改变；（3）使这种战略稳定机制化，形成一个能为各方接受的框架，包括有约束力的行为规范、国际协定或条约等。③

关于中美战略稳定的讨论从 20 世纪末已经开始，主要是在涉及中美双方核战略、核政策的对话与讨论中，陆续出现了中美战略稳定的提法。但对于中美战略稳定的概念界定、构成因素及维持途径等重要的实质性内容，美国政府和学术界并没有形成明确的思路。

美国官方没有正式宣示过关于中美战略稳定的政策考虑，但在为数不多的官方报告中，除了 2010 年先后出台的《弹道导弹防御评估报告》和《核态势审议报告》外，2014 年美国国防部出台的《四年防务评估报告》中，再次表明要与俄罗斯和中国保持战略稳定。④ 2010 年《核态势

① Pursuing Enhanced Strategic Stability Through Russia – US Dialogue – Recommendations by Russia – US Working Group, reported by Adlan Margoev, May 2019, p. 15. http://www.pircenter.org/media/content/files/14/15565442740.pdf.

② 1986 年美苏核武器达到峰值时超过 8 万枚，其中美国有 23000 枚，苏联有 40000 枚。Michael Moran, "2020: The End of New START, or the Start of Something New?" https://www.foreignpolicy.com/2019/12/20/new – start – expires – 2020 – united – states – russia – talks – arms – race/.

③ 夏立平：《论构建新世纪大国战略稳定框架》，《当代亚太》，2003 年第 2 期。

④ "2014 Quadrennial Defense Review Report", http://www.defense.gov/pubs/2014_Quadrennial_Defense_Review.pdf.

审议报告》涉及的相关内容有：美国现在重要的是发展这样一种战略稳定的概念，这种战略稳定既可以使大国之间爆发大规模战争，包括核战争的可能性降到最低，又可以确保美国能够实现其延伸威慑的目标。逻辑地看，当今，并且在可预见的将来，美国必须接受战略稳定关系的国家有俄罗斯和中国。[①] 在特朗普政府2018年《核态势评估》报告中也六次提及“战略稳定”，从上下文看与中国相关的描述如下：本评估旨在客观分析评价俄罗斯、中国及其他国家的战略政策、项目及能力带来的挑战，尤其是核领域。它展示出美国当前核能力的灵活性、适应性及弹性，这一能力现在需要保护美国、盟国及伙伴国家，同时促进战略稳定。[②] 美国官方也曾对战略稳定的含义做出更为宽泛理解的表述，比如，奥巴马政府支持批准《全面禁止核试验条约》（CTBT），部分原因是该条约“促使我们敦促那些未加入《不扩散核武器条约》的国家，在该条约所认可的核武器国家的领导下形成自愿的、至此暂停核试验的阵线，从而通过降低核武器在国防战略中的重要性以增进战略稳定”。[③] 美国的官员在提及这一概念时，有时也暗示其内容涵盖了除核武器外的其他领域，给予更为宽泛的定义。比如，2011年美国副国务卿罗斯·戈特莫勒曾指出，冷战的结束并不意味着我们能够将核关系理顺。事实上，与俄罗斯建立确定的稳定关系，而不是核武器对峙状态下的相互威慑关系，是我们正在认真从事的事务。这是因为，尽管这在整个冷战期间避免了相互交火的战争发生，但我们感到，那种核恐怖不是我们想要的环境。[④] 2020年，美国国防部负责核事务的助理国防部长帮办办公室（The Office of the Deputy Assistant Secretary of Defense for Nuclear Matters）最新发布的

---

① U. S. Department of Defense, Nuclear Posture Review Report, Washington, D. C.: U. S. Department of Defense, April 2010, pp. x - xi.

② U. S. Department of Defense, Nuclear Posture Review Report, Washington, D. C.: U. S. Department of Defense, January 2018, p. VI.

③ U. S. Department of Defense, Nuclear Posture Review Report, Washington, D. C.: U. S. Department of Defense, April 2010, p. 13.

④ The interview with Rose Gottemoeller on “Washington Journal,” C - SPAN, December 23, 2011, http://www. c - span. org/Events/Washington - Journal - Friday - December - 23/10737426583/.

非正式《2020核问题手册》再次指出，美国必须保持可用于作战的必要的核武器数量，以确保对其核威慑可靠性的信心，保持与俄罗斯和中国的战略稳定，并保证美国向盟国提供核保护伞的可信性。①

近年来，美国国内关于明确的中美战略稳定的讨论更多集中在学术领域，包括一些专门研究中美双边战略稳定的报告和论文。其中，对中美战略稳定的内涵或概念范畴，形成的主要观点如下：（1）需要在三个层面上密切关注中美战略稳定：一是亚洲地区的平衡；二是美中战略核力量的平衡；三是包括政治、经济和价值观层面的总体双边关系的平衡。上述三个层面都是动态的、相互交织的，在能够产生战略影响的太空、网络和反进入/区域拒止（A2/AD）能力方面特别如此。美国与中国发展战略关系的目的：一是稳定的、合作性的双边关系；二是战略核力量之间的关系，旨在鼓励节制、克制和避免刺激中国战略核力量扩张，促进推动不扩散标准、和平解决争端、透明度和克制发展战略力量；三是在亚洲保持美国存在和地区平衡。②（2）中美战略稳定中的关键因素是中国是否会放弃长期奉行的确保拥有报复能力的核战略，转向进攻性的核态势。美国的战略态势已经对中国如何落实其确保拥有报复能力的战略产生了巨大压力，但中国的战略尚未发生改变。③（3）保持美中核武器关系稳定对美中今后的利益至关重要。关于稳定的概念，两国核力量结构、态势和装备能够形成这样一种态势：一方无法对另一方进行毁灭性打击，或者说一方在另一方面前存在脆弱性，从而能够避免危机。在此框架下，双方可继续展示其核力量的威慑力，同时认识到任何关于使用核武器的决定都将是极其危险的，充满着不可估量的后果。④（4）美

① Office of the Deputy Assistant Secretary of Defense for Nuclear Matters: Nuclear Matters Handbook 2020, https://www.fas.org/man/eprint/nmhb2020.pdf.

② "Report on Maintaining US – China Strategic Stability", https://www.state.gov/documents/organization/200473.pdf.

③ Fiona S. Cunningham&M. Taylor Fravel, "Assuring Assured Retaliation: China's Nuclear Posture and U. S. – China Strategic Stability", *International Security*, Vol. 40, No. 2 (Fall 2015), pp. 7 – 50.

④ Elbridge A. Colby&Wu Riqiang, "U. S. – China Relations in Strategic Domains", http://www.nbr.org/publications/specialreport/pdf/Free/06192016/SR57_ US – China_ April 2016. pdf.

中有着广泛的共同利益（multifaceted，shared interests），以相互确保摧毁为内涵的战略稳定概念太狭窄，中美战略稳定概念远远超出核关系的范畴，反映出美中之间是竞争性的、但不是敌对的关系（competitive，not adversarial）。[①]（5）战略稳定作为一个组织概念（organizing concept），在奥巴马政府2009年和2010年的核态势审议中发挥了核心作用。奥巴马政府将战略稳定作为变化的安全环境下制定政策的指南，并特别重视推进与俄罗斯和中国的合作。[②]（6）“当前安全环境下的战略稳定不再沿用冷战时期的‘两国一武器’模式（the two state - one weapon model），即美苏两个超级核大国加上核武器的模式。战略稳定涉及的国家出现分散化趋势，国际社会公认的有核国家和实际上的有核国家使全球战略稳定的体系出现微妙的联动关系——两国互动导致的安全变化可能会影响第三方的安全，战略稳定的双边天平有可能成为三角困境。”[③]

同时，对中美战略稳定的讨论也频繁出现于中美之间半官方（1.5轨）政策对话和学者（2轨）的会议讨论中。这些对话与讨论渠道主要包括“中美核关系与战略互信”国际研讨会、中美战略对话、中美核战略核政策研讨交流（仅在2008年举行过一次），以及中美军控裁军和防扩散会议等；还有一些讨论战略稳定的专业学术项目，比如美国乔治亚理工大学与蒙特雷国际问题研究所共同组织的“战略稳定评估项目”（POSSE）等。这些对话与交流显示，美方对于中美战略稳定性的内涵与外延仍旧没有形成明确的设想，比较集中的观点有：（1）冷战期间美苏保持稳定的两种主要手段，即危机稳定性和军备竞赛稳定性，仍适用于中美战略稳定，但其发挥作用的方式应与冷战期间大不相同。（2）战略稳定性中最重要的特点：一是可预见性，二是防止误判形势。（3）尽管在处理方法上不一定完全相同，但美国与中国保持战略稳定关系与美俄

---

① “Strategic Stability in U. S. - China Relations”，speech by Frank Rose，http：//www. spacenews. com/commentary - strategic - stability - in - u - s - china - relations/.

② Brad Roberts：“Strategic Stability Under Obama and Trump”，*Survival* - - Global Politics and Strategy，Routledge，Vol. 59，No. 4 August - September 2017，pp. 47 - 74.

③ Frank A. Rose，“The Impact of Emerging Security Challenges on Strategic Stability”，https：//www. 2009 - 2017. state. gov/t/avc/rls/264756. htm.

之间保持这种关系同等重要。（4）中美战略稳定既可以是目标，也可以是过程。（5）对于美国来说，稳定并不是指没有分歧，战略稳定关系指的是双方的分歧不会影响两国关系的总体发展。（6）中美之间增强危机稳定性的一个重要渠道是官方就战略稳定展开对话，只有将一轨对话谈起来，双方才会真正明白两个有核国家的危机管控究竟怎么管，才可能发现通过合作避免冲突的领域。（7）中美没有任何一方会故意挑起核战争，但中美之间存在潜在的常规冲突风险，包括受到第三方因素的影响而使常规冲突升级，比如中国台湾、朝鲜等问题都可能成为影响中美危机升级的第三方因素，且普遍认为在有可能导致中美冲突升级的问题中，中国台湾问题的负面影响在增加。①

可以看出，美国政府和学术界对美中建立战略稳定的观点比较集中在建立有利于稳定性的政治与安全关系，致力于防止战略误判，建立对话渠道；在安全危机出现时，不至于升级为冲突，进而导致核升级等内容。这些观点既体现了传统战略稳定的概念范畴，特别是对危机稳定性的强调，又涵盖了内容更为广泛的、从战略安全层面考虑的双边关系的稳定。

中国官方在谈及中美战略稳定性时，基本是从中美关系及全球安全保持稳定或全球战略稳定的大局出发。中方关于核武器的官方看法或政策宣示，大多出现在联大裁军与不扩散的相关会议发言及讨论中。与战略稳定性相关的基本表述为：“对军控与裁军至关重要的是，维护全球战略稳定，巩固军控和裁军领域业已形成的条约体系，不向太空引进武器或武器系统，全面禁止和彻底消除一切大规模杀伤性武器，并在此进

① 以上观点主要来自“中美战略核关系与战略互信”国际研讨会，以及“中美战略对话”。“中美战略核关系与战略互信”国际研讨会得到中国外交部大力支持，由中国国际战略研究基金会与美国战略与国际问题研究中心（CSIS）共同举办。会议采取北京与夏威夷两地轮流开会的办法，而该会议在美方称作“中美战略对话”，是美国国防部降低国务威胁局提供经费的重要项目，由美国海军研究生院与太平洋论坛联合主办。这两个年度国际会议的参会代表都是两国核及安全领域的资深专家和学者，也有相关领域的现役和退役高级军官。会议设置议题也都主要围绕维护中美战略稳定展开，是讨论中美战略稳定比较有代表性的中美双边会议。——作者注。

程中防止这些武器及其运载工具的扩散。[①]”“核武器国家应尽早承诺不首先使用核武器。国际社会应尽早就无核武器国家安全保证问题谈判缔结国际法律文书。应放弃谋求绝对战略优势的做法，不发展破坏全球战略稳定的导弹防御系统，不在外太空部署武器。”[②]“要遵循‘维护全球战略稳定’和‘各国安全不受减损’原则。核裁军与国际战略安全形势密切相关，营造良好的国际和地区安全环境是核裁军进程取得进展的重要前提。”[③]“维护国际和地区的战略平衡与稳定，有助于降低核战争风险，中国主张核武器国家共同为此做出努力。一是倡导共同安全，明确战略稳定目标。核武器国家应当摒弃冷战思维和零和观念，放弃以先发制人为核心的核威慑政策，遏制核军备竞赛冲动，停止发展和部署全球反导系统，降低核武器在国家安全政策中的作用，以切实减少核战争风险。二是持续增进互信，筑牢战略稳定根基。核武器国家应加强核战略与核政策对话，客观看待彼此战略意图，尊重彼此安全关切，妥善管控分歧，防止战略误判引发意外和危机，避免大国竞争成为自我实现的预言。三是信守规则和承诺，维护战略稳定框架。中国鼓励美俄继续通过谈判协商解决分歧，争取保留《中导条约》，推动《进一步削减进攻性战略武器条约》延期。同时，核武器国家应共同维护和加强《条约》审议进程，坚持循序渐进核裁军原则。四是加强沟通交流，凝聚战略稳定共识。核武器国家应从战略力量、政策取向、战略互信等角度，循序渐进地讨论战略稳定内涵和要素，逐渐凝聚共识，扩大利益汇合点。”[④]这些关于国际军控安全与战略稳定的官方政策表态，没有直接提及具体国家间的双边战略稳定，而是整体上表达了中国对维护一个相对和平稳定的国际战略形势及大国战略稳定的愿望，在一定程度上也体现了对中美

① “中国裁军大使胡小笛在裁谈会三期会全会上的发言”，http://www.news.mod.gov.cn/acd/2009-07/08/content_3048436.htm.

② “杨洁篪在裁谈会阐述中国核裁军政策”，http://www.news.mod.gov.cn/acd/2009-08/12/content_4024403.htm.

③ “中国代表团张钧安参赞在第68届联大一委关于核裁军问题的专题发言”，http://www.china-un.org/chn/zgylhg/cjyjk/ldyw/t1092701.htm.

④ “关于中华人民共和国履行《不扩散核武器条约》情况的国家报告”，https://www.fmprc.gov.cn/web/wjb_673085/zzjg_673183/jks_674633/fywj_674643/t1659431.shtml.

战略稳定的追求。

中国对于中美战略稳定的专业性讨论中，散见于各种学术杂志与书籍的军控专业领域学者的学术观点主要有：（1）基于总结冷战时期战略稳定的积极与消极作用，提出重建全球战略稳定要以新安全观寻求建立新的战略稳定。这一稳定的框架要让所有在其中的国家都有充足的安全感。[①]（2）有必要建立中美之间的战略稳定框架，这个框架应该包括两个组成部分，一是两国在安全领域的合作协调机制，二是两国危机预防机制。[②]（3）维持中美战略稳定性仍是维护稳定的中美核威慑关系。[③]（4）核禁忌对于维护中美战略稳定关系重大，但是目前受到了一些边缘性的挑战。中美在防扩散等合作中建立的互信有助于双边战略稳定性，但仍需加强沟通。[④]（5）中美需要以"核武器的唯一作用就是遏阻核攻击"为目标，建立新型战略稳定框架，这个框架能够管控双方的安全意外与危机，总体上有利于双边关系稳定。[⑤]（6）中国核武器生存能力的提高有利于中美战略稳定性，中美应就战略稳定和危机管理问题达成整体谅解。[⑥]（7）维持中美战略稳定的除了核因素，还有共同的敌人（现在已经被日益增加的共同利益、日益加深的经济和政治相互依赖，包括中美之间的相互依赖和中美两国对国际体系的相互依赖等所取代）。[⑦]集中梳理中国军控专业领域的学者观点，可以发现，对中美战略稳定性的

---

① 潘振强："关于重建全球战略稳定的理论思考"，《国际问题研究》，2002 年第 4 期，第 1—6 页。

② 夏立平："论构建新世纪大国战略稳定框架"，《当代亚太》，2003 年第 2 期，第 48—55 页。

③ 朱明权、吴莼思、苏长和：《威慑与稳定——中美核关系》，时事出版社，2005 年版，第 292—312 页。

④ 李彬、聂宏毅："中美战略稳定性的考察"，《世界经济与政治》，2008 年第 2 期，第 13—19 页。

⑤ 鹿音："如何构建中美新型战略稳定"，《现代国际关系》，2012 年第 10 期，第 31—37 页。

⑥ Wu Riqiang，"Issues in Sino - US Nuclear Relations：Survivability，Coercion and Escalation"，https：//www. gov. uk/government/publications/issues - in - sino - us - nuclear - relations - survivability - coercion - and - escalation.

⑦ ［美］托马斯·芬加，樊吉社："中美关系中的战略稳定问题"，《外交评论》，2014 年第 1 期，第 43—55 页。

理解很难只局限于战略武器关系的稳定性上。中美政策分析人员和学者关于中美战略稳定的讨论，为深入研究中美战略稳定性的内涵与外延奠定了理论基础。因此，在进一步研究中美战略稳定性时，可以将战略武器关系作为基本内容，同时涵盖与战略武器关系密不可分的国家间军事与安全关系。也就是说，分析中美战略稳定应以战略武器关系稳定为重点，以中美军事与安全关系稳定为基本条件，同时考察核战略与核政策的稳定性。

关于中美战略稳定性的讨论，中方的观点在专业涉核对话中比较倾向于政策层面，集中体现在以下四个方面：（1）冷战后，核武器在国际政治中特别是大国关系中的地位和作用明显降低，大国战略关系也大大超出“核”的范围，核战略稳定越来越成为中美总体战略关系的一个部分。（2）传统上的战略稳定性概念可能需要扩展为“大战略稳定性”概念。此概念包括三个元素，第一个元素是传统意义的战略稳定性，第二个元素是两国在核不扩散及反核恐怖主义中所建立的相互信任和信心，第三个元素是两国在民用核领域的商业和技术交流中所发展起来的相互依赖。（3）中美应探索实现战略稳定性的新思路，逐步建立一个长期合作而非对抗的战略框架。（4）要增进中美战略稳定性，美方应承认中国的二次打击能力，且如果要保持中美战略稳定，美方就不应破坏中国的这种能力；战略稳定需要政治稳定，相互信任基础上的合作，核领域的透明度和关于双边稳定性的可持续讨论；战略稳定的目的是降低使用核武器的动机；近年来双方的军事交流增进了危机稳定性。[①]

从中国官方及学者对中美战略稳定的观点可以看出，随着美国政府在核战略与安全领域的官方文件中不断提及与中国的战略稳定关系，中国国内对于中美战略稳定性的思考与讨论也呈上升态势。无论是从经典军备控制理论的战略稳定性概念出发，还是从国家间双边政治与安全关系稳定出发，中国政策分析者和学者对战略稳定性的思考主要依据三方面因素：第一，核禁忌对保持战略稳定性的积极影响；第二，核讹诈对

① 以上中方观点主要来自“中美战略核关系与战略互信”国际研讨会、“中美战略对话”以及“ 中美军控裁军和防扩散会议”。

战略稳定性的破坏作用；第三，中美两国客观上高度的相互依存性。

二、思考战略稳定的依据

在思考战略稳定性时，中国的历史文化渊源和战略文化传统潜移默化地影响着中国人的思维方式。早在春秋战国时期，中国古代著名的思想家、教育家孔子提出了“大道之行也，天下为公，选贤与能，讲信修睦。”[①] 著名思想家墨子提出了“兼爱”“非攻”的主张[②]，倡导“亲邻善仁”“协和万邦”[③]。在处理国家和民族关系上，中国历来崇尚“以德服人”，讲求“布恩信”，“怀远人”。中国文化传统的核心是“和合”思想，主要表现为三大理念和追求：“贵和慎战”“兼爱交利”“包容并蓄”。[④] 这不仅体现在中国老一辈领导人的思想中，也体现在当今中国领导人所倡导的安全观念中。在2014 年5 月北京举办的第四次“亚信”峰会上，中国国家主席习近平提出以“共同安全、综合安全、合作安全和可持续安全”为主要内容的亚洲安全观。在2014 年底召开的全国外事工作会议上，习近平主席又提出构建以“合作共赢”为核心的新型国际关系。[⑤] 2012 年，党的十八大报告明确提出要倡导“人类命运共同体”意识，在追求本国利益时兼顾他国合理关切。[⑥] 2017 年习近平总书记在十九大报告中提出，坚持和平发展道路，推动构建人类命运共同体。同时倡导构建人类命运共同体，促进全球治理体系变革。[⑦] 2018 年 10 月，在

① 胡平生、张萌译注：《礼记 · 礼运篇》，《礼记》，中华书局，2017 年版。

② 《中国历代名著全译丛书——墨子全译》，贵州人民出版社，1995 年版。

③ 韩愈请上尊号表，《韩昌黎全集》中国书店，1991 年版。

④ 傅立群：“中国选择和平发展道路的历史文化因素”，《学习时报》，http：//www. china. com. cn/xxsb/txt/2006 – 08/09/content_ 7066448. htm.

⑤ “2014 年习近平主席在中央外事工作会议上的讲话”，http：//www. china. cnr. cn/news/201411/t20141130_ 516925272_ 1. shtml.

⑥ “中共首提‘人类命运共同体’倡导和平发展共同发展”，十八大专题报道，http：//www. cpc. people. com. cn/18/n/2012/1111/c350825 – 19539441. html.

⑦ “习近平在中国共产党第十九次全国代表大会上的报告”，http：//www. cpc. people. com. cn/n1/2017/1028/c64094 – 29613660. html.

第八届北京香山论坛开幕式上，习近平主席向论坛致贺信，指出“中国坚持共同、综合、合作、可持续的新安全观，愿以更加开放的姿态与各国同心协力，以合作促发展、以合作促安全，推动构建人类命运共同体”。[①] 无论持理想主义还是现实主义态度，中国官员和学者关于战略稳定性的思考终究离不开中国传统文化的基因。追求和平与稳定的安全环境，不搞军力扩张与军备竞赛，防御性的军事战略等，这些有利于战略稳定的思想观念都包含在中国传统文化与思维方式中，也同样引领中国政策层与学术界对保持战略稳定性的持久追求。

（一）根深蒂固的核禁忌观念

经典的战略稳定性理论建立在威慑的基础上，是确保相互摧毁的威慑。核禁忌理论认为，即使核进攻有助于本国获得现实利益，核武器国家也难以做出核进攻的决定。不使用核武器是一种强烈的禁止性规范。这种强烈的禁止性规范又被称为禁忌。[②] 核禁忌是反对使用核武器的社会态度，是一种国际规范，它具有预防核战争的作用，也是中国制定其核战略的一个重要依据。[③] 美苏（俄）之间的相互确保摧毁实际上建立在两国数量巨大的核武库基础之上，远远超出最低核威慑所需。中美之间不存在相互确保摧毁的核力量平衡，中国作为力量弱的一方，也是作为承诺不首先使用核武器的一方，并不追求这样的力量平衡，所以核禁忌在中美战略稳定性中发挥的作用更加重要。

核禁忌对中国核战略的影响根深蒂固。核武器是特殊武器，不是拿来使用的，这个观点在中国几代领导人的战略思考中都有所体现，既保证了中国核战略本身的一贯性与稳定性，也体现出中国领导人对战略稳定性的深度认识与思考。早在中国拥有核武器之前，中国第一代领导人

① “习主席贺信在第八届北京香山论坛与会代表中引发热议——推动构建人类命运共同体”，http：//www. mod. gov. cn/jmsd/2018 - 10/26/content_ 4827898. htm.

② Peter J. Katzenstein，ed.，*The Culture of National Security*，*Norms and Identity in World Politics*（New York：Columbia University Press），1996，pp. 124 - 125.

③ 李彬：“中国核战略辨析”，《世界经济与政治》，2006 年第 9 期，第 16—22 页。

毛泽东在1960年与美国记者斯诺交谈时就曾说过："原子弹哪能乱摔呢？如果我们有，也不能乱摔，乱摔就要犯罪。""我们的国家将来可能生产少量的原子弹，但是并不准备使用……我们是用它作为防御的武器。"[①] 20世纪70年代，毛泽东在提及核武器的作用时明确指出："大国打世界大战的可能性是有，只是因为多了几颗原子弹，大家都不敢下手。"[②] 邓小平时代，中国开始改革开放，集中力量发展经济，为保障经济优先发展，军队要顾全大局，"大局好起来了，国力大大增强了，再搞一点原子弹、导弹，更新一些装备，空中的也好，海上的也好，陆上的也好，到那个时候就容易了"。[③] 邓小平还认为，"战略武器，威慑力量，吓唬点人，决不能先打就是，但我有了就可以起作用"。[④] 他同时指出，"从长远看，中国拥有核武器只是象征性的……如果中国在这的力量太多，也会制约自己"。[⑤] 1986年9月，邓小平宣布："今天中国有实力来保卫祖国了，一旦受到外国的核袭击，我们能对该国做出核反击。"[⑥] 这也是中国官方的公开政策宣示：中国真正形成了可靠的核报复能力，具备了可信的核威慑能力。以毛泽东为代表的老一代中国领导人在中国面临特别困难的安全环境、军事反击手段也非常有限的历史条件下，仍坚持了核禁忌，坚持了无条件不首先使用核武器的政策，等到中国真正形成可靠核威慑，可使用的军事手段也更加多样化之后，当然更不会轻易改变不首先使用核武器的政策。这就不难理解为什么中国核战略及核政策从

---

① 中华人民共和国外交部、中共中央文献研究室：《毛泽东外交文选》，中央文献出版社，1994年版，第453、540页。

② 中国核工业总公司：《毛泽东与中国的原子能事业》，原子能出版社，1993年版，第13、42页。

③ 中共中央文献编委会：《邓小平文选》（第三卷），人民出版社，1993年版，第99—100页。

④ 中央军委办公厅编：《邓小平关于新时期军队建设论述选编》，八一出版社，1993年版，第43页。

⑤ 中共中央文献编委会：《邓小平文选》（第三卷），人民出版社，1993年版，第115页。

⑥ 任无逭：《二炮成立40周年回顾 外媒称具备精确打击能力》，《军事世界画刊》，2006年第8期，第2页。

20世纪60年代至今，一直保持了高度稳定。[①] 肯尼迪和约翰逊的国家安全事务助理麦乔治·邦迪后来也表示，中国发表的声明与以后的行为是一致的，除了准备应付核攻击以外，中国从没有进行过核威胁，中国的核部署也是有节制的。[②] 同样是在20世纪80年代，随着中国核力量的发展，有关中国核战略的公开讨论逐渐增加，对中国是否要坚持"不首先使用核武器"战略也有过一些讨论。有观点认为中国应采取"有限核威慑"战略，也有人提出发展一定的战场作战能力来增强核威慑能力等。[③] 但这些讨论还是在按照常规武器的战略、战术思路考虑核武器的问题，并没有意识到核武器在政治与军事上的特殊性。更重要的是，上述观点没有改变中国官方和专业学术研究领域关于中国核战略、核政策的主流观点。应该说，核武器特殊的威慑能力与中国决策层对核禁忌的坚守，共同促成中国核战略与核政策最显著的特点，即承诺无条件不首先使用核武器，坚持核战略自卫防御的性质，坚持精干有效的原则。

不首先使用核武器政策本身就可对保持大国间的战略稳定起到积极作用。它不仅是一种政策宣示，更与中国的核力量发展态势直接关联。由于坚持不首先使用核武器的政策，中国不需要具备美国基于"核作战"（warfighting）战略的核打击能力，不必为了发动先发制人的核打击而将核武器置于预警即发射、一触即发的高戒备状态，也不必发展一个庞大的核武库。这些都有效保证了中国核武器的安全可靠，使中国不必卷入核军备竞赛，也可避免因为误判导致误发射，从而提高了军备竞赛的稳定性和危机稳定性，全面、有效保障了中美双方的战略稳定性。

同样，自20世纪40年代美国为结束第二次世界大战对日本使用过核武器后，朝鲜战争的经验再次说明，核武器似乎成为一种禁忌，最终

① 英国核战略学家劳伦斯·弗里德曼说："自从广岛和长崎被原子弹炸毁以来，没有任何国家比中国更接近于遭受核袭击。"这可以视为对中国安全环境极端恶劣的描述。参见劳伦斯·弗里德曼著，黄钟青译：《核战略的演变》，中国社会科学出版社，1990年版，第323页。

② ［美］麦乔治·邦迪：《美国核战略》，褚广有等译，世界知识出版社，1991年版，第714页。

③ 徐光裕：《核战略纵横》，国防大学出版社，1987年版，第366—370页；杨旭华、蔡仁照：《威慑论》，国防大学出版社，1990年版，第407—411页。

没有人去使用它。[①]至今，再也没有一个有核国真正使用过核武器。尽管美国核战略中有一些挑战核禁忌的倾向，比如说边缘行为，比如说对首先使用核武器的辩护，[②] 再比如说降低核武器使用门槛等，但经过逐步调整的美国核战略，特别是在奥巴马政府时期，在一定程度上降低了核武器在美国国家安全中的地位、作用，限制了使用核武器的范围。这些政策与美国近年来加强发展常规武器的政策有一致性，也体现出美国政府对核禁忌的重视。美国核战略调整过程中的积极动向也影响到中国对战略稳定的看法，中方学者更倾向于相信美国政策调整体现出核禁忌仍在发挥重要作用，相信"核禁忌"已经保持了71年，必将继续保持下去。[③] 这促使中方继续坚持中国现有的核政策，整体上对保持中美双边战略稳定有利。

（二）对核讹诈破坏作用的高度重视

核讹诈导致核恐惧，恐惧引发危机升级甚至是核战争，对战略稳定性的破坏作用巨大。中国对遭受核讹诈的体会可能比任何国家都要强烈，所以对核讹诈的破坏作用也比任何国家理解更深刻。英国核战略学家劳伦斯·弗里德曼说："自从广岛和长崎被原子弹炸毁以来，没有任何国家比中国更接近于遭受核袭击。"[④]回顾历史，中国在冷战期间不断遭受来自超级核大国的核打击威胁，在朝鲜战争、越南战争，甚至是20世纪50年代的台海危机期间，来自美国的核打击威胁在当时核力量非常弱小的中国看来，都已经十分严重。[⑤] 约翰·加迪斯在其著作《长和平——

---

① ［美］劳伦斯·弗里德曼：《核战略的演变》，黄钟青译，中国社会科学出版社，1990年版，第91页。

② 李彬，聂宏毅："中美战略稳定性的考察"，《世界经济与政治》，2008年第2期，第13—19页。

③ Andrew F. Krepinevich, "Rethinking Armageddon", Center for Strategic and Budgetary Assessments, 2016, http://www.csbanoline.org.

④ ［美］劳伦斯·弗里德曼：《核战略的演变》，黄钟青译，中国社会科学出版社，1990年版，第323页。

⑤ "A Chronology of Nuclear Threats", Science for Democratic Action 6, No. 4/7, No. 1 (October 1998), http://www.ieer.org/ensec/no-6/threats.htm.

冷战史考察》中这样描述：在危及美国及其盟国在朝鲜半岛、印度支那和台湾海峡的地位的有限战争中，并不缺少使用核武器的机会。1953 年前的战略原则含糊地假定，一旦战争发生则可使用核武器；1953 年后，该假定变得明确了。我们现在知道，在 1954 年的战争中，向总统提议使用核武器的不下五次。① 而 1969 年中苏边境冲突时期，来自苏联的核打击威胁则接近于实战。就在 1969 年 10 月，毛泽东认为苏联的打击迫在眉睫，命令所有中央领导人撤离与疏散。② 1969 年 10 月 18 日，在中苏边境危机的顶点，由于担心苏联迫在眉睫的核攻击，中国国防部长命令中国的核力量进入戒备状态。③

关于核讹诈造成的恐惧心理，毛泽东说过：“丢原子弹谁也害怕，……中国人也怕。”④ 在这种核讹诈的阴影下，即使是在中国已经成功试爆原子弹的 1965 年，周恩来还曾说过：“美国也许在越南用战术原子武器，以后用到中国头上。”⑤ 遭受超级核大国的核讹诈实际上成为中国发展自身核力量最重要的外部因素。时任美国国家安全事务助理的麦乔治·邦迪后来也承认，中国发展核力量的真正兴趣在于使自己不受核威胁。⑥ 冷战后陆续有更多美方观点评价中国的核政策及“最低核威慑”战略，认为“中国的全部威慑战略都是为防止核讹诈而设计的”。⑦ 中国遭受核讹诈的历史决定了中国对核讹诈的强烈反对态度。从官方到学界，中国一直强烈批评核讹诈行为，批评首先使用核武器和炫耀核武力的行为。这也坚定了中国一直坚持不首先使用核武器政策的决心，决定了中

---

① ［美］约翰·刘易斯·加迪斯：《长和平——冷战史考察》，潘亚玲译，上海世纪出版集团，2011 年版，第 141 页。

② 中共中央文献研究室：《周恩来年谱（1949—1976）》，中央文献出版社，1997 年版，第 329 页。

③ Michael S. Gerson， “The Sino – Soviet Border Conflict： Deterrence， Escalation， and the Threat of Nuclear War in 1969，” Alexandria， VA： Center for Naval Analyses， 2010.

④ 中共中央文献研究室：《毛泽东文集》（第六卷），人民出版社，1999 年版，第 484 页。

⑤ 中共中央文献研究室：《周恩来文化文选》，中央文献出版社，1998 年版，第 626 页。

⑥ ［美］麦乔治·邦迪：《美国核战略》，褚广有等译，世界知识出版社，1991 年版，第 714 页。

⑦ JamesA. Sands， “Evolution of China’s Nuclear Capability，” USAF， 14 April 1995. http：//www. fas. org/nuke/guide/china/doctrine/index. html.

国对保持中美战略稳定性所持有的基本态度。

（三）对大国相互依存的深刻认识

中美相互依存性的广泛存在也是中美战略稳定与美苏（俄）战略稳定的一大客观区别。在思考包括中美战略稳定关系在内的中美关系时，中方更倾向于将中美广泛的相互依存作为基础。冷战后至今，中美两国最高领导人频繁接触，两国政府间曾建立起90多个对话协商机制，两国密切的经济和社会文化关系，两国民众之间广泛的人员往来等，构成了两国总体关系保持稳定的基本要素。根据中美官方发布的数据，美国与中国的经济关系要比它与其大部分盟友如英国、法国、德国和日本之间的关系更为密切。在特朗普政府执政前，甚至有学者评论说，中美相互间的经济依赖如此深刻，可以认为，两国在经济上已经是紧密的盟友了。[①] 中美在经济上相互深度依赖的同时，政治上也有广泛合作。从应对全球金融危机到反恐和防扩散，从打击海盗到抢险救灾及解除人道危机，从应对气候变化到能源合作，中美几乎在所有的全球性问题上展开了合作。[②] 在2014年的APEC会议期间，中国国家主席习近平在会见美国总统奥巴马时强调，“去年，双边贸易额超过5200亿美元，双向投资存量超过1000亿美元，人员往来超过400万人次。……事实证明，中美构建新型大国关系，符合两国人民根本利益，有利于维护亚太地区和世界和平、稳定、繁荣”。奥巴马总统表示，“我期待美中关系发展为两国、为世界带来更多福祉。……美国有诚意同中国在亚太构建合作而不是竞争的关系，共同维护地区安全稳定”。[③] 尽管自2015年开始，美国战略界对华战略大讨论越来越显示出

---

① 楚树龙、应琛：“中美长期关系的两根支柱”，《现代国际关系》2013年第3期，第1—8页。

② 袁鹏：“战略互信与战略稳定——当前中美关系面临的主要任务”，《现代国际关系》，2008年第1期，第31页。

③ “中美签署军事行动通报机制海空军事安全行为准则”，http：//www. news. ifeng. com/a/20141112/42453871_ 0. shtml.

不利于中美相互依存的趋势，并由此引发中国学界对中美关系悲观预期的倾向，但此番大讨论及围绕讨论的中美互动，是否会实质性地影响中美战略稳定关系还有待观察。可以预见的是，两国关系的整体困难客观存在，而两国官方表态，特别是两国元首的会晤及成果又体现出两国相互依存的客观现实。两国关系有可能如一些学者所言，既不如媒体期待的那么完美，也确实不像一些学者担忧的那么糟糕。[①] 或者更具体地说，中国虽然已被定性为美国主要的战略对手，但却是一个全新的对手，是美国历史上面临的首个"势均力敌"的对手。这个对手汇聚了以往对手的各种优势，同时与美国已然实现利益深度捆绑，且始终坚持和平崛起与和平发展。[②] 可以说，今天中美战略稳定关系的基本前提条件，仍是两国关系的相互依存性。

中国对战略稳定的思考，起点就是"不首先使用核武器"政策，并倾向于相信其他有核国也不会贸然使用核武器。这本身是一个很高的认识起点。中国思考战略稳定的基础也是报复性使用核武器，而非美国的早期思路，即用发起突然袭击的第一次打击来防止被打击、避免被突然袭击。中国的核政策与核战略决定了中国不存在第一次打击的可能性。除非美国对中国首先使用核武器进行打击，否则中美之间一次打击稳定性或危机稳定性几乎天然存在。中国的传统文化与历史经验，中国领导人对核武器的本质及不能首先使用核武器的极具前瞻性的认识，加上核禁忌在中国政策层与学术界比较牢固的影响，从某种程度上讲，这些都保证了中国对战略稳定的认识一直"保持稳定"。此外，中国的核力量发展始终处于十分克制的状态，冷战时没有成为超级核大国的持久关注对象，冷战后美国对中国核力量的发展虽加强了关注，甚至出现一些夸大中国核能力的评估，但基本接受中国核力量发展保持克制这一结论。中国自身基于历史上受到的侵略与遭受核讹诈的经历，为了应对相关国家，特别是美国有可能出现的重大战略失误，必须具备可靠的二次打击

---

① 王在邦："中美关系划时代转型的观察与思考"，《现代国际关系》，2015 年第 11 期，第 14—21 页。

② 袁鹏："中美关系进入新阶段"，《现代国际关系》，2018 年第 6 期，第 2 页。

能力，以确保中美力量不平衡条件下的战略稳定。

三、对战略稳定的不同理解

美国对战略稳定的理解与讨论经历了漫长冷战的实践，形成了一整套相对规范和专业的战略稳定理论与实践。但是，对于战略稳定的思考与政策辩论并没有随冷战结束而结束，只是一度不像冷战时期那样突出而已。进入 21 世纪，全球政治与安全环境不断出现新的挑战，引发美国政府和学术界对战略稳定的概念、要素等问题的争论升温，可以称之为新一轮对战略稳定的讨论。中国的崛起与综合国力的增强，以及随之而来的各国对于中国军事力量发展的关注，成为这一轮讨论的重要背景与重点内容之一。美方对中美战略稳定的思考，既受其在安全领域追求绝对优势的一贯思路影响，又必须面对现实中美竞争与合作的复杂因素，在理解中美战略稳定时呈现出矛盾的心态。

（一）质疑传统战略稳定的有效性

近年来美国质疑传统战略稳定的讨论，与美国对中美战略稳定的思考在时间上有所重合，在内容上相互影响。对传统战略稳定质疑的声音中有批评论者，也有放弃论者，其质疑至少包含了两方面内容：一是适应于国际安全环境及国家关系的变化，认为传统战略稳定思路无法适应新的安全环境。这一派观点强调，在冷战逻辑基础之上发展起来的战略稳定，不能把当今武器技术领域很多新的发展考虑进去，当前的国家关系与国际环境也更加复杂，与冷战时的国际关系差距很大，传统战略稳定的思路与当今的相关性实在太远。① 还有观点认为，“冷战时可以得到的任何有效的战略稳定，在与冷战形势不同的现代全球安全环境中已经完全蒸发”。② 冷战期间曾经推动美国核战略的战略考虑已经被推翻，俄罗斯现在正建设旨在对抗其想象中的美国常规力量优势的核能力。另外，为了取得成功，俄罗斯已经采取了依靠核升级提升战略能力的军事战略。③

二是不确认美苏（俄）之间的相互脆弱性和相互确保摧毁。一部分美国学者得出的结论是：美国官方在是否承认与苏（俄）的相互脆弱性上也有不确定性。他们认为，美国尽管有公开宣布的政策，但还是拒绝接受相互脆弱性并奉行以核战争取胜的战略。④ 同时认为美国对战略稳定的传统想法根本没有得到主要对手的认可。在冷战期间的美苏关系方面，戴维·约斯特进一步发展了这一观点，并列出一些至关重要的证据，以说明“苏联的政治和军事领导人似乎拒绝了‘相互确保摧毁’的观点”。其中一个重要“证据”，即在获得可靠的二次打击能力后的很长一段时间内，苏联继续扩大其核力量，并有充分证据表明苏联奉行了“核作战”的理论（war – fighting doctrine）。他认为，这导致苏联为了降低在核战争中可能受到的损失而寻求核优势。⑤ 据此可以推论，苏联或俄罗斯有可能并不认同美国所界定的战略稳定概念。这个原因虽然没有被频

---

① Colin Powell, prepared statement to the hearings before the Committee on Foreign Relations of the United States Senate on “Treaty on Strategic Offensive Reduction,” S. HRG. 107 – 622, July 9, 2002, http://www.access.gpo.gov/congress/senate/senate11sh107.html; Camille Grand, “Ballistic Missile Threats, Missile Defenses, Deterrence, and Strategic Stability,” International Perspectives on Missile Proliferation and Defenses, Occasional Paper 5, Monterey, CA: Monterey Institute for International Studies, 2001, pp. 5 – 11, http://www.cns.Miis.edu/opapers/op5/op5.pdf; and Thomas Scheber, “Strategic Stability: Time for a Reality Check,” *International Journal*, Vol. 63, No. 4, Autumn 2008, pp. 893 – 915.

② Frank P. Harvey, “The Future of Strategic Stability and Nuclear Deterrence,” *International Journal*, Vol. 58, No. 2, Spring 2003, p. 327.

③ Office of the Deputy Assistant Secretary of Defense for Nuclear Matters: “Nuclear Matters Handbook 2020”, https://fas.org/man/eprint/nmhb2020.pdf.

④ Yost, Strategic, *Stability in the Cold War*, p. 22. Robert Jervis, *The Illogic of American Nuclear Strategy*, (Ithaca, NY: Cornell University Press), 1984, ch. 3; Scott D. Sagan, *Moving Targets: Nuclear Strategy and National Security*, (Princeton, NJ: Princeton University Press), 1989, ch. 1.

⑤ Yost, Strategic,” Stability in the Cold War”, pp. 19 – 23.

繁提及，也没有阻止冷战期间和冷战后美苏（俄）达成增进战略稳定的条约，但却始终存在。美国国内对传统战略稳定内容的质疑，使美国思考中美战略稳定的逻辑起点更加模糊，思路也不会非常清晰，从而导致中美战略稳定的思考基础更加不确定。

（二）寻求绝对优势的惯性思维

自美国开始全球扩张的战略，其追求并保持军事与安全领域绝对优势的思维方式一直没有实质性改变。“美国人千差万别，但美国的全球领导地位不可替代却是团结美国国民的国家共识。”① 这一点或许是民主党执政与共和党执政的共性，区别只在于实现的途径与方法。布什政府2002 年出台的《国家安全战略》明确指出，“我们的力量将足够强大，可化解潜在敌手追求军力发展以超过或与美国的力量相匹敌的企图”。奥巴马政府2015 年新出台的《美国国家军事战略》中，再次对美国享有、保持全球军事优势并预防该优势受到挑战做出全面阐述，认为美国不仅要在传统领域，也要在新兴领域保持军事优势，以继续保持为……全球最强大的国家，享有独一无二的技术、能源、联盟与伙伴优势及人口优势。② 为达到此目的，美国正在现代军事技术的每一个领域包括常规武库和核力量，公开寻求优势地位。“要用科学技术革新确保美国军事优势……让美国具备领导世界的力量”。③ 在这样的思维方式中，追求绝对核优势的观点在美国国内并不是少数，这样的观点始终将美国赢得绝对核优势视为积极进展。这样的思维方式到特朗普政府时期成为不加掩饰的政策口号，以“美国优先”当上总统的特朗普本人也是追求美国绝对优势的支持者。2018 年美国《核态势审议报告》认为，美国应具备

---

① National Security Strategy, 2015, https://www.whitehouse.gov/sites/default/files/docs/2015_national_security_strategy.pdf.

② The National Military Strategy of the United States of America 2015. http://www.jcs.mil/Portals/36/Documents/Publications/2015_National_Military_Strategy.pdf.

③ National Security Strategy, 2015, https://www.whitehouse.gov/sites/default/files/docs/2015_national_security_strategy.pdf.

绝对优势的核攻击、核反击能力和核力量生存能力，以确保敌手不敢发起先发制人战略打击。①

一是继续奉行“核作战”战略。② 美国一直没有放弃“核作战”战略。美国国防部近年来的两版《核态势审议报告》均未改变以打赢核战争为目标的“核作战”战略实质。2010 年《核态势审议报告》对美国核力量结构与核态势调整做了较为详细的描述。整体看，新老“三位一体”构成全部被保留，戒备状态维持现状，在核力量规模、结构、部署态势等方面，2010 年核态势评估继承了美国原有政策。评估虽然提到要在执行美俄《新削减战略武器条约》（NEW START）基础上继续双边核削减，但从该条约规定以及美国后续计划看，美国在削减部署核武器数量的同时，明确要保存很强的迅速上载能力，这仍是为“核作战”准备。2018 年《核态势审议报告》认为，美国应继续保持“三位一体”的核力量并逐步实现升级换代，实现核力量指控系统的现代化，包括发展新的低当量核武器。尽管该报告辩称其发展新的低当量核武器等并不是意图或准备发动“核作战”，而是扩大灵活的美国核选择，包括低当量的选择，③ 但发展低当量核武器就是降低使用核武器的门槛，该报告中的解释显然无法回避外界对其正在准备“核作战”的质疑。

回顾历史，以打赢核战争为目的的美国“核作战”战略已经持续了半个世纪。这一战略，以冷战时有限核战争理论支持下的“统一作战行动计划”（SIOP）为典型。冷战期间美国对于使用核武器的讨论与政策规划奠定了美国核战略的基础。作为美国先发制人使用核武器的战争理

---

① 2018 Nuclear Posture Review, https://www.dod.defense.gov/News/SpecialReports/2018Nuclear-PostureReview.aspx.

② “核作战”（war-fighting）战略，属于西方核战略领域的一个流派，是指将核武器用于并力图打赢各级别核战争的战略理论与能力，包括战场作战与控制升级的能力。也有中方学者建议将 war-fighting 译为“打核战”或“核战”。参见孙向丽：《核时代的战略选择》，中国工程物理研究院战略研究中心，2013 年，第 167 页；李彬：《军备控制理论与分析》，国防工业出版社，2006 年版，第 70 页。

③ 2018 Nuclear Posture Review, https://www.dod.defense.gov/News/SpecialReports/2018Nuclear-PostureReview.aspx.

论之一，以美国故意挑起针对苏联的突然袭击式的战争为主要特点的“预防性战争”，被艾森豪威尔政府完全拒绝，并在其基础性的国家安全政策文件中表述为“美国与其盟国必须拒绝核战争的概念，或故意进行有意挑起战争的行动”。[①] 同时，在美国国家安全委员会的第 68 号文件中，预防性战争也以“总体而言不能让美国人接受”为由予以排除。[②] 尽管如此，先发制人进行核打击仍成为关于核战争一些早期思想的重要组成部分，甚至深植于美国军事与安全战略的宏观概念中。“打击军事力量”的有限核战争理论后来也没有得到美国政府的政策支持，但打击军事力量的选择却保留在美国政府制定的关于核战争的“统一作战行动计划”（SIOP）中。[③] 由于突然袭击的巨大优势，前文提及的参联会 1947 年的报告仍建议基于“核战争的现实……进攻性手段将成为唯一总体有效的防御性手段；在潜在敌人对我们造成严重伤害之前，我们做好使用该手段的准备”。在过去，总统“只能在美国人的生命财产受到损失后才能采取行动；未来必须赋予总统相应职责，使其针对即将到来或有迹象的核武攻击保卫好国家”。[④] 多年的核禁忌保证了美国在第二次世界大战后没有使用过核武器，但美国的核战略与核作战计划却从来没有忘记纳入如何先发制人使用核武器的“核作战”内容。美国在战场使用战略武器的“核作战”思想从冷战延续至今，美国的核作战计划——“统一作战行动计划”（SIOP）也是美国 1961—2003 年期间的核战争总计划。该计划整合了战略轰炸机、陆基洲际弹道导弹（ICBM）和海基潜射弹道导弹（SLBM）等三位一体的核能力，为美国总统提供了一系列的目标选择，并说明了发射程序和发射核武器的设定目标。“统一作战

---

① David A. Rosenberg, “The Origins of Overkill: Nuclear Weapons and American Strategy, 1945 – 1960,” *International Security*, Vol. 7, No. 4, Spring 1983, p. 34, 以及 Marc Trachtenberg, “Preventive War and U. S. Foreign Policy,” *Security Studies*, Vol. 16, No. 1, January – March 2007, pp. 1 – 31.

② NSC – 68, http://www.trumanlibrary.org/whistlestop/study_collections/coldwar/documents/pdf/10 – 1. pdf.

③ [美] 劳伦斯·弗里德曼：《核战略的演变》，黄钟青译，中国社会科学出版社，1990 年版，第 286 页。

④ “The Evaluation of the Atomic Bomb as a Military Weapon,” http://www.trumanlibrary.org/whistlestop/study_collections/bomb/large/documents/pdfs/81. pdf.

行动计划”是一份高度机密的文件，也是美国国家安全政策中最秘密和敏感的问题之一。第一份名为SIOP－62“统一作战行动计划”于1960年12月14日完成，1961年7月1日开始实施。这一行动计划每年更新一次，直到2003年2月并入“作战计划”（OPLAN）8044，且仍是“作战计划”中高度保密的独立部分，不像其他作战计划由战区制订，而是由参联会直接制订。自2012年7月起，美国的核战争计划为OPLAN 8010－12，即战略威慑和武力运用。[①] 美国持续保有并更新核作战计划，不利于创造积极的战略安全环境，缓解复杂的安全矛盾。这种进攻型的核战略与作战计划，显然也不利于大国间的战略稳定。

美国近几年出现的对使用或“有区别使用”核武器的讨论同样值得关注。2015年5月，美国战略与国际问题研究中心（CSIS）联合其他三家美国智库共同出台的报告——《原子项目：为2025—2050年定义美国核战略与核态势的竞争性战略途径》[②]，认为美国应该扩大使用核武器范围，同时设计了若干使用核武器的可能情景。其主要观点是，在人类已经进入第二核时代的今天，核扩散已不可避免，有核国只增不减，事实上的核国家会追求更强的核力量。为此，美国受到先发制人核打击的可能性增加，有限核战争不可避免。为保卫美国的安全，美国在政策上坚持的核禁忌可以突破，美国应该思考“有区别地使用”核武器（discriminate nuclear options），并对美国使用核武器的范围保持“战略模糊”，使美国可以用核武器进行有节制的反应（measured response），以确保美国可以选择使用核武器，报复无论是对美国或其盟国使用核武器的情况。同时认为，正是因为美国在常规武器上的优势，才使美国的对手们为了取胜而不把使用核武器当作最后手段，而会提前使用。美国只有设定一整套与威胁相适应的核反应，比如低当量核弹头等，使有区别使用核武器成为可能，才可降低其他国家以核来升级战争的可能性，美国也才有可能提高核门槛。这似乎是种悖论，但悖论恰恰是核时代的特殊产物。

① “Military Operation Plan”, https：//en. wikipedia. org/wiki/Single_ Integrated_ Operational_ Plan；“Operation Plans”, https：//www. globalsecurity. org/military/ops/oplan. htm.

② CSIS：Project Atom，Stimson Center，the Center for a New American Security（CNAS），and the National Institute for Public Policy（NIPP）. 2015，5.

到特朗普政府，这种理论讨论已经成为政策。美国2018年的《核态势审议报告》已公开宣扬发展低当量核武器，降低核武器使用门槛，为确保美国的绝对优势，以升级促降级。①

二是放弃“相互确保摧毁”而追求绝对优势。“相互确保摧毁”并不值得肯定，但考虑到美苏（俄）两个超级核大国就战略稳定达成一致时已经趋于数量平衡的核武库，那么控制两国继续扩大核武库，互不刺激对方发动先发制人的核打击，强调数量平等的报复能力等，至少体现了对首先使用核武器发动核大战的克制。在坚持“相互确保摧毁”的基本要求下，只是在作战方案中假定各种情况，包括首先使用核武器的情况，来体现追求核优势的思维，尚可被视为有节制的追求，那么放弃“相互确保摧毁”作为战略稳定的基础，转而发展美国绝对核优势，则体现出美国无节制地追求核优势的倾向。现实是美国确实有坚持这一观点的人。他们认为，“相互确保摧毁”确实令美国遗憾，因为这使美国在核攻击面前呈现脆弱性，进而认为，如放弃“相互确保摧毁”，华盛顿将拥有战略家们所称的“危机升级中的主导地位”（escalation dominance），即在任何烈度上具备打赢核战争的能力。② 同时，他们也认为“相互确保摧毁”的时代行将结束。如今，几乎是50年以来的首次，美国已非常接近占据核优势，也许美国很快就可能通过第一次打击摧毁俄罗斯或中国的远程核武库。这个核力量平衡的巨大转折源于美国核武器系统的一系列改进、俄罗斯核武库的急剧紧缩和中国核力量现代化的缓慢步伐。除非华盛顿改变政策或莫斯科等采取措施扩大其核力量的规模和战备水平，否则俄罗斯和其他国家将在未来很多年里被笼罩于美国的核优势之下。③

① 2018 Nuclear Posture Review, https://www.dod.defense.gov/News/SpecialReports/2018 Nuclear-PostureReview.aspx.

② Keir A. Lieber and Garyl Press, “The Rise of U. S. Nuclear Primacy,” Foreign Affairs, Vol. 85, No. 2 (March/April 2006), pp. 42 – 54.

③ Keir A. Lieber and Garyl Press, “The Rise of U. S. Nuclear Primacy,” Foreign Affairs, Vol. 85, No. 2 (March/April 2006), pp. 42 – 54.

（三）对构建大国战略稳定的矛盾思路

首先，大国之间力量对比与政治安全关系对美方思考大国战略稳定有直接影响。无论是否接受各种批评与质疑，经典战略稳定的概念与要素在美国的学术界与政策圈都得到相当程度的认可，否则也不会有美苏（俄）两国的军控条约谈判的实践进程。正如力量对比与政治安全关系对美苏（俄）战略稳定的影响一样，美方对中美之间战略稳定的思考也与两国力量对比和政治安全关系的变化有直接联系。2010 年，中国的国内生产总值（GDP）跃升为全球第二；同期，中方又积极倡导中美之间应建立新型大国关系。从这一阶段开始，美方对中美战略稳定的看法变得活跃起来，相关讨论日益增多。美方认为，在中国崛起为大国、核武器扩散以及存在先进常规武器的情况下，美国常规军事力量的优势在下降，因此关于战略稳定的辩论具有新的重要意义。[1] 美方同时感到大国之间的大规模战争依然有可能爆发。由于这种可能性将长期存在，且无人能够提供这种可能性消失的证据，美国需要建立并采取一种概念框架，这一框架内的政策能够保护美国及其盟友的重大利益，并且可以降低使用核武器的理由和可能性。显然，美国国内对中美战略稳定的关注与中国国力的上升，与中美两国关系的变化直接相关。

其次，美方在思考新安全环境下的中美战略稳定时心态矛盾。美方认为，美国必须接受战略稳定关系的国家是那些能够对美国发动毁灭性核攻击的国家，而且在美国蓄意进行旨在解除其核能力的第一次打击后仍能这么做。当今，并且在可预见的将来，属于该范畴的国家有俄罗斯和中国。虽然在美国的官方报告中也承认俄罗斯和中国都是美国必须接

---

① Andrew F. Krepinevich, Jr. et al. , "Strategy for the Long Haul: The Challenges to U. S. National Security", Washington, DC: Center for Strategic and Budgetary Assessments, 2008; Andrew F. Krepinevich, Jr. , "The Pentagon's Wasting Assets: The Eroding Foundations of American Power," *Foreign Affairs*, Vol. 88, No. 4, July/August 2009, pp. 18 – 33; Paul K. Davis and Peter A. Wilson, *Looming Discontinuities in U. S. Military Strategy and Defense Planning: Colliding RMAs Necessitate a New Defense Strategy*, (Santa Monica, CA: RAND Corporation), 2011.

受战略稳定关系的国家，但对于美国是否与中国存在相互脆弱性的情况，美国国内存在意见分歧。一部分观点认为，美国拥有绝对的核优势，中国的核力量根本不对美国形成报复能力，美中之间不存在相互脆弱性。[①]另有一种观点考虑到美国的延伸威慑政策，认为大国之间爆发大规模战争依然有可能，由于美国继续将数十个国家置于其核保护伞之下，包括数个国家非常坚决地要求华盛顿做好为他们使用核武器的准备，那么这些问题就非常严重。[②]美国在亚洲的盟国，特别是日本不能产生“安全赤字”，要让美国在亚洲的盟国继续信赖其核保护伞有效，当然也不该承认美国和中国有相互脆弱性。[③] 显然，这几种观点都不支持中美之间的相互脆弱性关系，也就不支持传统战略稳定的理论基础，因此倾向于在中美之间不使用战略稳定的传统概念。不过，美方同时认识到，尽管中美战略稳定不可能只限于传统稳定概念的规范，但也不可能完全脱离传统战略稳定框架。奥巴马政府更倾向于不脱离传统战略稳定的含义来讨论这一概念的内涵外延，至少在相互脆弱性上是如此。在为奥巴马政府《核态势审议报告》做政策咨询的工作组报告中，美国外交关系委员会代表绝大多数观察员作出这样的结论：与中国保持像美俄那样的相互脆弱性，这不是一个将被采纳或是拒绝的政策选项，而是一个需要在探讨

---

① Keir A. Lieber and Daryl G. Press: The End of MAD? The Nuclear Dimension of US Primacy, *International Security* Vol. 30, No. 4. (Spring 2006), pp. 7 – 44; Keir A. Lieber and Garyl Press, “The Rise of U. S. Nuclear Primacy,” *Foreign Affairs*, Vol. 85, No. 2 (March/April 2006), pp. 42 – 54. & “PONI Debates the Issues: U. S. – China Mutual Vulnerability”, CSIS, April 16, 2012, http://www. C689420. R20. CF2. RACKCDN. COM/120416_ PONI. MOV.

② Richard Halloran, “Nuclear Umbrella,” Realclearpolitics. com, June 21, 2009. http://www. real – clearpolitics. com/articles/2009/06/21/nuclear_ umbrella_ 97104 html; Richard Halloran, “Doubts Grow in Japan Over U. S. Nuclear Umbrella,” *Taipei Times*, May 27, 2009, p. 9; and Indira A. R. Laksh – manan, “Iran Might Be Deterred by U. S. Nuclear Umbrella, Gulf Ally Says”, Bloomberg News, April 9, 2009. http://www. bloomberg. com/apps/news ? pid = newsarchive&sid = a OS-braDk5bvl.

③ Brad Roberts, “ Extended Deterrence and Strategic Stability in Northeast Asia ”, http://www. nids. go. jp/english/publication/visiting/pdf/01. pdf.

战略稳定时优先管控的事实。[①] 随后在2010年美国《核态势审议报告》中出现的中美战略稳定提法，就是对这一结论的认可。

基于以上观念，美方认为重要的是发展这样一种战略稳定的概念，这种战略稳定既可以使大国之间爆发大规模战争，包括核战争的可能性降到最低，又可以确保美国能够达成其延伸威慑的目标。这样的概念应能提供一种分析决策的基础，用以分析确定在美国认为可发展战略稳定关系的国家中，每一个国家的力量态势是否有利于稳定性。当美国政府接受与俄罗斯和中国的战略稳定关系，也接受这样的关系包含的相互脆弱性时，它绝不接受与其他任何国家有这样的关系。[②] 未来如何对中美战略稳定下定义，主要标准应是概念上更加清晰，而不是更加模糊。爱德华·沃纳曾作为美国国防部长的代表，参加削减战略武器新条约的谈判，其发现战略稳定这一术语最狭义的定义为：描述不存在首先使用核武器的动机（危机稳定性）和不存在扩大核力量的动机（军备竞赛稳定性）。[③] 这也是经典战略稳定的描述。在经常性使用"战略稳定"术语的国家中，美国最为执着，经常按最狭义的定义加以使用。比如，2010年的美国《核态势审议报告》，正文中有49次提及"稳定""稳定性"和"不稳定性"。尽管这些术语未被定义，但文中的多数使用都与拆除分导式多弹头以及美国的洲际弹道导弹力量有关，旨在"通过降低任何一方进行先发制人打击的动机"，以提升"核平衡的稳定性"。[④]又如2018年的美国《核态势审议报告》，正文中

① U. S. Department of Defense Nuclear Posture Review Report, Washington, D. C.: U. S. Department of Defense, April 2010, pp. x - xi; Council on Foreign Relations Independent Task Force Report, U. S. Nuclear Weapons Policy, William J. Perry and Brent J. Scowcroft, co - chairs, New York: Council on Foreign Relations, 2009, p. 45.

② U. S. Department of Defense, Nuclear Posture Review Report, Washington, D. C.: U. S. Department of Defense, Apr. 2010, pp. x - xi.

③ Edward L. Warner, remarks on "How is Deterrence and Stability Enhanced/Diminished by Arms Control Beyond New Start?" 2011 United States Strategic Command Deterrence Symposium, Omaha, NE, August 3 - 4, 2011, http://www.stratcom.mil/video/deterrence/67/Panel_ 2_ - _ How_ is _ deterrence_ and_ stability_ enhanceddiminished_ by_ arms_ control_ bey/.

④ U. S. Department of Defense, 2010 Nuclear Posture Review Report, http://www.defense.gov/npr/docs/2010%20nuclear%20posture%20review%20report.pdf.

有 9 次提及“稳定”，均直接指向战略稳定或保持威慑的稳定，特别是与俄罗斯和中国保持稳定关系。①

无论美方是否决定将战略稳定的经典含义用于中美之间，但基于美国的经验，美方在思考和表达中美战略稳定时，会首先自然而然地集中在危机稳定的内容上。强调危机稳定的偏好实际上与冷战之初美国考虑美苏战略稳定时的思路如出一辙，而其力量背景也有相似之处，即美国核力量都明显处于优势地位，但任何形式的优势又都无法抵消对手的报复能力。美国在军事安全领域追求绝对优势的思路，仍然或多或少地左右着美方思考中美战略稳定的方案与路径。

四、对透明度的不同认知

透明度对于增进互信，进而促进战略稳定性具有重要意义。军事透明是主权国家为了防止战争、控制战争或实现特殊的政治、军事目的，及时、连续对外公开有关军事意图、能力、活动的准确信息的过程与机制。其作为机制化安排，主要形成于与战略稳定性不可分割的军备控制与裁军领域，包含国际条约所要求的军事透明做法和各国国内信息公开的规定等。军事透明度是国家间建立信任措施（CBMs）的基本原则和重要内容，对加强国家间联系、防止军事误判和增进互信与国际安全合作有着重要作用。② 军事透明度有利于战略稳定，但军事透明度的标准是相对的，其作为制度与机制的建立也是个循序渐进的过程。

不同国家对军事透明度有不同理解。有观点认为，通过交流进一步

---

① U. S. Department of Defense, 2018 Nuclear Posture Review https: //media. defense. gov/2018/Feb/02/2001872886/ - 1/ - 1/1/2018 - NUCLEAR - POSTURE - REVIEW - FINAL - REPORT. PDF.

② 与军事透明度相关的概念参见刘华秋主编：《军备控制与裁军手册》，国防工业出版社，2000 年版，第 429—463 页；潘振强主编：《国际裁军与军备控制》国防大学出版社，1996 年版，第 306—309 页；约瑟夫·戈德布拉特著，中国国际战略学会军控与裁军研究中心编译：《军备控制导论》，军事谊文出版社，2004 年版，第 11 页。

了解对方的安全战略，有助于防止误判导致的冲突，能够促进双方的军事透明。[①] 也有观点认为，军事透明度有利于军事实力较强的一方。如果双方实力相差巨大，透明度可能成为强国遏制弱国或潜在对手的重要工具。作为世界第一军事强国，美国在军事透明度领域的做法有一定的代表性，但也有其特殊性和局限性。美国时常指责其他国家的军队开放程度低，不透明，而美军在与大国军队的交往中防范更严，比如依据美国《2000 财年国防授权法案》，其内容限制中美两军在作战、训练、核等 12 个领域的交流。这一事实再次证明，透明度具有相对性，取决于互信程度，并与国力、军力状况有一定的联系。仔细观察各主要国家关于军事透明度的理念和做法，可以看出，美国作为世界头号军事强国，通常将展示军事透明作为实施威慑的重要手段，并且将迫使对手提升透明度作为了解对手的重要途径；作为军力发展与美国差距较大且是发展中国家的中国，则更注重把握好提升军队开放度、透明度与维护自身安全利益的平衡，既将提升军事透明度作为展示中国军队开放、增进各国军队互信的重要手段，又确保自身核心或重大安全利益不受损害。俄罗斯的军事透明既有大国的一般做法，又有强调展示战略力量的特殊性。大国在军事透明度领域有着诸多交流实践，整体上促进了大国间在军事安全领域的互信，也促进了大国战略稳定。主要有以下几个方面：

第一，及时发布军事信息。作为军事透明度的主要内容之一，政府声明和白皮书是主要的官方平台。

一是通过政府报告公布军事信息。各主要大国均具备军事信息发布制度。美国作为第一次世界大战以来世界重大军事透明事务的主要倡导者和参与者，其军事透明度以机制化框架为基础，并且通过具体措施展开。根据 1966 年美国制定的信息自由法，政府文件原则上应当向公众公开，任何美国公民无论其目的如何都应享有得到政府文件的权利。为此，美国各政府部门（包括军事部门）采取多种措施满足公众、国会对军事信息的需求。比如普遍设立了信息自由法办公室，任何人都可以向该办

---

① David Shambaugh, "Chnia Engages Asia," *International Security*, Vol. 29, Issue 3, Winter 2004.

公室索要在法律规定范围内的政府工作文件；其官方网站直接提供丰富的资料及索取资料的方法，这也是一种直接而开放的获取军事信息的途径。[①] 美国法律同时规定，总统有义务不定期向国会递交《国家安全战略报告》和国情咨文，国防部长定期向国会提供《国防战略报告》《国家军事战略报告》《四年防务评估报告》《核态势审议报告》等。同时，美国将提升军事透明度作为一项长期性、战略性举措，在越来越广阔的国际范围推行，形成了一整套比较规范的做法。根据国际国内形势变化，中国政府也及时发布各类政策文件，并及时调整内容重点。自1998年以来，包括专题性白皮书在内，中国已连续发布了10版《国防白皮书》，还于1995年颁布了《中国的军备控制与裁军》白皮书，2005年颁布了《中国的军控、裁军与防扩散努力》白皮书和《中国的和平发展道路》白皮书。在台湾问题上，中国政府通过了《反分裂国家法》，规定了三种情况下有权使用非和平手段收回台湾，向国际社会和台湾当局公开表达了中国关于台湾问题的原则立场和决心。同时，中国的官方媒体也是公开军备信息的重要渠道。1999年8月3日的《人民日报》报道了“东风－31”号导弹首飞试验的消息，虽然报道没有详细提及导弹的型号，而是用“新型远程地地导弹”代替，但这是很少见的中国官方主动披露战略导弹飞行试验的例子。[②] 2010—2018年，中国共进行了4次导弹防御试验，每次试验之后，官方都及时发布了消息。中国官方媒体还对中国海军的核潜艇部队进行过大量密集报道。[③] 俄罗斯没有专门的国防白皮书，但不定期地发表《俄联邦国家安全构想》和《俄联邦军事学说》，在功能上与国防白皮书相似，二者分别侧重于阐述国家安全战略和军事战略以及指导国防、军队建设的方针。还发表诸如《俄联邦武装力量发展的紧迫任务》《2010年前武装力量建设计划》等更为具体的军队建设

① FOIA的官方网站：http：//www.state.gov/m/a/ips/，参见刘杰著：《知情权与信息公开法》，清华大学出版社，2005年版，第94页。

② “我国成功进行新型远程地地导弹发射试验”，《人民日报》1999年8月3日，第1版。

③ 陈万军、李宣良、吴登峰：“中国核潜艇从这里起航：记中国第一支核潜艇部队官兵群体”，新华网青岛2013年10月27日电，http：//www.news.xinhuanet.com/mil/2013－10/27/c_125604980.htm；倪光辉：《深海大洋锻利剑》，《人民日报》2013年10月28日，第1版；徐双喜、钱晓虎：《铸就共和国水下核盾》，《解放军报》2013年10月28日，第1版。

规划文件。除此之外，俄公开出版一些军事报刊、杂志，如《观察家》《独立军事评论》《国家报》以及国防部所属的军事类杂志如《军事历史》《军事思想》等。

二是召开新闻发布会公布军事信息并设立发言人制度。在国防部设置新闻发言人，定期不定期发表与国防和军队事务相关的消息。除国防部外，美军各军种、各战区总部及各舰队、各师等均设有负责公共事务的机构或军官。中国在此领域起步较晚，但也在2013年设立了军种发言人制度。随着中国军队改革推进，2018年首位战区发言人亮相。2004年以来，俄罗斯国防部及其下属各总局、中央局，以及各军兵种、军区、舰队普遍确立了新闻发布制度，原有的新闻机构在体制上也进行了重组。在军事信息发布方面，俄国防部长拥有首席对外发言权。在涉及国防外交政策、与军事有关的涉外事件及重大国际安全问题时，俄国防部长一般要代表国防部出面阐述本国的立场和态度。国防部其他领导人一般按各自的职责和权限出面发布对外信息。形式包括：召开新闻发布会、接受记者采访等。对俄国防部发布新闻的方式有定期发布和视情况不定期发布两种。

三是建立互联网网站公布军事信息。各大国均设置国防部或军网网站，及时公布相关信息。

四是出版军事刊物书籍提供军事信息，其中有相当一部分还提供网络版。

五是通过阅兵式公开军备信息。美国自20世纪70年代之后基本没有举行过国家规模的大阅兵，但通过阅兵公开军备信息可以算是“中国特色”的军事透明方式。1984年国庆35周年阅兵时，中国战略导弹部队首次公开亮相，展出了“巨浪1号”“东风3号”“东风4号”“东风5号”等型导弹；1999年国庆50周年阅兵展出了“东风21号”“东风31号”等型导弹；2009年国庆60周年阅兵则展出了“东风11号甲”“15号乙”“21号丙”和“31号甲”以及“长剑10号”等型导弹；2015年纪念中国人民抗日战争暨世界反法西斯战争胜利70周年阅兵式上，首次展出了“东风5号乙”“东风16号”“21号丁”“东风26号”“5号乙”和“长剑10号甲”等型导弹。值得关注的是，2009年和2015

年两次阅兵电视直播的解说词，都直接给出了导弹的型号名称，而之前的两次则只提及武器类型。[①] 2019 年国庆 70 周年的阅兵式上，中国的战略武器透明度更有了显著提高，展出了“东风－17 号”“东风 26 号”“东风 31 甲”“东风－5B”“东风－41”及“长剑－100”“巨浪－2”型导弹等战略武器，阅兵解说词不仅给出武器型号，而且介绍了每一型号武器的基本特点。比如对“东风－31”甲的描述是：这种导弹是我国自主研制的第二代固体洲际战略核导弹，机动性能好，生存能力强，部署转换快，打击精度高，担负着震慑强敌与核反击作战的重要使命。[②] 中国中央电视台官网更是在国庆阅兵后的 10 月 5 日，就“新型镇国重器”做了详细报导。[③]

第二，开展多种形式的军事交流与合作。中国政府和军队一直致力于推动构建与中美新型大国关系相适应的中美新型军事关系，根本目的还是为了两军关系成熟、稳定、可持续发展。在构建中美新型军事关系的过程中，如何推动发展更为成熟稳定的中美军事关系，需要中美两国、两军共同努力。2015 年 6 月，中央军委副主席范长龙访美，中方提出“互信、合作、不冲突、可持续”的中美新型军事关系内涵。2015 年 9 月，习近平主席访问美国，中美军事关系迎来新的发展契机。2017 年 4 月，习近平主席与美国新当选总统特朗普在美国佛罗里达州海湖庄园进行了深入、友好、长时间的会晤，双方高度评价中美关系取得的历史性进展，同意在新起点上推动中美关系取得更大发展，更好惠及两国人民和各国人民。习近平指出，两军关系是中美关系的重要组成部分。军事安全互信是中美战略互信基础。双方要保持两军各级别交往，继续发挥好中美国防部防务磋商、亚太安全对话等对话磋商机制作用，用好将建立的联合参谋部对话机制新平台，落实好双方已经商定的年度交流合作项目，用好并不断完善重大军事行动相互通报信任措施机制和海空相遇安全行为准则两大互信机制。双方要共同努力，不断增进两

---

① 李彬、赵通主编：《理解中国核思维》，中国社会科学出版社，2016 年版，第 170 页。

② 2019 年国庆阅兵式解说词。

③ “国庆阅兵：新型‘镇国重器’集中亮相”，http：//www. news. cctv. com/2019/10/05/ARTI75FwsF7jWT4rFmfwXLCx191005. shtml.

军互信和合作。[1] 此次会晤后，双方按照两国元首共识，在新的起点上推动两军关系拓展升级，积极寻求发展建设性的、务实有效的合作关系。

建立更为成熟稳定的中美军事关系需要更多的交流与合作实践，更多交流与合作的实践才可以真正实现两军关系成熟、稳定、可持续的发展目标。除了各自的军事信息发布制度外，中美两国在军事交流与合作领域开展了较为积极的双边、多边实践。近年来，中美两军在各领域、各层级的交流与务实合作不断得到发展。两军充分利用好现有渠道，继续保持高层互访、机制性磋商对话，增加军种交流、军舰互访、人道主义救援减灾联演联训，积极保持中美军控裁军合作，扩大院校交往、学术交流和专业技术交流，特别是扩大双方在军事法律、人道主义救援减灾、军事医学、维和，以及军事档案等专业技术领域的交流与合作。进入21世纪以来，中方先后安排美国国防部长唐纳德·拉姆斯菲尔德、盖茨，参谋长联席会议主席马伦和众议院军事委员会主席斯凯尔顿访华，并参访第二炮兵司令部。2014年4月7日，美国国防部长查克·哈格尔（Chuck Hagel）访华期间登上中国第一艘航母辽宁舰参观。7月17日，美国海军作战部长乔纳森·格林纳特（Jonathan Greenert）上将在旅顺海军基地登上了中国海军最新服役的056型护卫舰、580号大同舰和230号039B型（国外称“元级”）潜艇。不过，在类似的访问安排上，近年来美方对中国访美军事代表团的限制较多。

此外，中美两军更加注重加强沟通，避免误解误判，积极化解分歧与危机。这一点在中美两国关系出现困难时显得尤为重要。实际上，中美两军关系一直处于双方战略互信很低的状态，但由于双方都不希望发生安全领域的冲突对抗，加强中美安全危机管控成为双方的广泛共识。早在20世纪90年代，中美就建立了海上军事安全磋商机制；近年来又聚焦两军风险和危机管控，成立了两军联合参谋部对话机制。值得特别关注的是，中美于2014年建立“两个互信机制”，即《海空相遇安全行为准则》与《重大军事行动相互通报机制》，并于2015年进一步完善。

---

① “习近平同特朗普举行中美元首第二场正式会晤”，http：//www. xinhuanet. com/politics/2017－04/08/c_ 129527507. htm.

“两个互信机制”为两军加深务实合作，管控可能的误判与危机搭建了机制化平台，有效弥补了中美关系的“短板”，为避免双方“擦枪走火”提供了机制性的保障，从而也为双边关系发展和中美和平共处起到“保底”作用，即稳定器的作用。

2017年国家主席习近平与美国总统特朗普会晤后，双方同意认真落实年度交流合作项目，尽早实现两国防长互访、美军参联会主席访华；深化在人道主义救援减灾、反海盗、军事医学等共同领域的合作，致力于落实建立信任措施的谅解备忘录。根据中美两国元首达成的重要共识，2017年11月29日至30日，两军联合参谋部对话机制首次会议在美国华盛顿举行。中央军委联合参谋部副参谋长邵元明少将与美军参联会战略规划与政策部部长克拉克中将共同主持此次对话，就两军联合参谋部交流合作和改进危机管理与沟通等议题进行讨论。此类机制有助于双方增进了解、深化互信、扩大共识、管控风险。[1] 实现两国国防部长互访，也是国家主席习近平与美国总统特朗普就发展中美两军关系达成的重要共识。2018年6月26日至28日，美国国防部长马蒂斯访问中国。其间，国家主席习近平会见马蒂斯，中共中央政治局委员、中央军委副主席许其亮，国务委员兼国防部长魏凤和，分别与其会见会谈。双方就国际地区形势、两国两军关系及朝鲜半岛、台湾、海上安全等共同关心的问题深入交换了意见，就下一步加强两军各层级交往、增进军事互信、深化务实合作、管控风险挑战等达成重要共识。访问取得积极的、建设性的成果。马蒂斯部长在访华会谈中，正式邀请魏凤和部长年内访美，魏凤和部长愉快地接受了邀请。[2]

亚太地区的多边平台也一度成为中美两军良性互动的大舞台。近年

---

① 两军联合参谋部对话机制首次会议于2017年11月29日至30日在美国华盛顿举行。2018年，由于美国国务院9月20日宣布对中国中央军委装备发展部及其该部负责人实施制裁，中国决定推迟计划于9月25日至27日在北京举行的中美两军联合参谋部对话机制第二次会议。该对话机制至今尚未恢复。

② “国防部：马蒂斯访华取得积极的、建设性的成果”，http://www mod. gov. cn/info/2018－06/28/content_ 4818493. htm. 国防部：“魏凤和将应邀于年内访美”，http://www. mod. gov. cn/info/2018－06/28/content_ 4818494. htm.

来，中美共同参加了“环太”[①]“金色眼镜蛇”“可汗探索”等多边演习，在香山论坛、雅加达国际防务对话会、香格里拉对话会等多边安全对话平台上坦诚交流或激烈交锋。中美两军在东盟防长扩大会机制下深化非传统安全务实合作，培养合作的习惯，并逐步在应对国际和地区热点问题上协调立场，共同为维护亚太地区和平稳定、有效管控各种安全危机寻找可行的实践途径。2019 年 6 月 1 日，美国代理国防部长沙纳汉在香格里拉对话会第一次全体会议上发言，在谈及两军关系时表示，“我们在利益一致的领域与中国合作，从两军对话制定降低风险的措施，到应对反海盗等跨国威胁，再到执行联合国对朝鲜的制裁。我们必须在必要的地方与中国竞争。但竞争并不意味着冲突。竞争并不可怕。我们应该欢迎它，只要每个国家都按照国际既定规则行事”。[②] 中国国务委员兼国防部长魏凤和上将在此次对话会上也表示，在两军关系上，我们将按照不冲突、不对抗、相互尊重、合作共赢的原则，积极稳妥处理同美国的军事关系，努力使两军关系成为两国关系的稳定器，为推进以协调、合作、稳定为基调的中美关系作出贡献。我们都认识到，中美要是发生冲突甚至战争，对两国乃至全世界都是灾难。合作需要双方共同努力，而斗争只要一方挑起就会开始。中方希望美方与我们相向而行，不冲突、不对抗、相互尊重、合作共赢，推动中美关系沿着正确轨道向前发展。[③]

此外，军事安全领域的政策透明也是中美军事透明度的重要内容。从政策选择上看，美国没有与中国正面对抗的战略意图。2019 年 5 月 2 日，美国国防部发表 2019 年度《涉及中华人民共和国军事与安全发展报告》，美方仍表示：……在美国和中国利益一致的安全问题上，美国将从强势地位中竞争，同时鼓励中国与美国合作。中国更不会主动选择与美国正面对抗。2013 年国家主席习近平向美国总统奥巴马提出，希望构建中美不冲突、不对抗、相互尊重、合作共赢的新型大国关系。2019 年

① 由于美方原因，中国军队已于 2018 年停止参加该演习。

② “Acting Secretary Shanahan's Remarks at the IISS Shangri – La Dialogue 2019”, https://www.defense.gov/Newsroom/Transcripts/Transcript/Article/1871584/acting – secretary – shanahans – remarks – at – the – iiss – shangri – la – dialogue – 2019/.

③ “中国国防部长魏凤和香格里拉对话会演讲”，http://news.ifeng.com/c/7nAxDGjdUTg.

6月7日，国家主席习近平在圣彼得堡国际经济论坛发表主旨演讲后，回答提问时进一步指出，中国和美国已经是“你中有我，我中有你”。我很难设想中美全部割裂开，在那种情况下我想，不仅是我不愿看到的，我们的美国朋友也不会希望看到；我的朋友特朗普总统，我相信他也不愿看到。

第三，在军控、裁军与不扩散领域进行合作。第一次世界大战后，美国成为有强大军事实力的世界大国。为防止各国重新扩张军备，以美国为首的协约国在战后与各参战国共同签署了《凡尔赛条约》，该条约的第一部分《国际联盟盟约》就涉及军事透明：“各成员国应互换有关本国军备水平、陆海空军计划以及可以为战争服务的工业的最坦白最完整的情报。”①此后，美国几乎主导或参与了所有涉及军事透明的重大双边、多边条约。特别是冷战期间，美苏为建立军事互信、避免危机升级和核战争爆发，相互之间签署了《美苏关于减少爆发核战争威胁的措施的协议》等一系列协议。美苏与欧洲各国之间也共同签署了《赫尔辛基最后文件》等多边条约、协议。在这些重要文件中，军事透明作为建立信任与安全措施的一个重要内容存在，并逐渐形成了可操作的规范性机制。

中国是国际军控、裁军与防扩散体系的建设者、参与者和维护者，始终以积极的姿态致力于推动国际军控与裁军的健康发展。在中美军控裁军与不扩散协调与合作的整个过程中，中国军队各职能部门一直参与工作，提供政策和技术等各个方面的支持，为合作的顺利进行做出了不懈努力。中国自1971年恢复在联合国合法席位以来，迄今已参加了国际上几乎所有涉及军控与防扩散的机制。在防止核、生、化等大规模杀伤性武器的扩散问题上，中美存在着广泛的共同利益。在核不扩散领域，中美之间的交流与合作开始于1979年。从1990年开始，中国宣布加入《禁止在海床及海底安置核武器和其他大规模毁灭性武器条约》，并于1991年加入《不扩散核武器条约》，从而进一步推动了中国与包括美国

---

① 董爱国、高申：“军事透明：并非单纯的军事问题”，《环球军事》2007年第11期，第6—8页。

在内的各国在该问题上的互动与合作。中国积极参与日内瓦裁军谈判会议，并积极参与推动有关《全面禁止核试验条约》的谈判，1996 年中国成为首批签约国。中国积极参加“国际原子能机构”和“全面禁止核试验条约组织筹备委员会”等国际组织的工作，支持“国际原子能机构”为防范潜在的核恐怖主义活动做出贡献。中国政府以建设性姿态积极参加《核材料实物保护公约》的修订工作，发挥应有作用。所有这些努力都反映出中国对国际核不扩散机制做出的贡献，也从一个侧面体现出核不扩散机制取得的重大进步。1997 年 10 月，中美发表了《中美联合声明》，两国重申不向未接受保障监督的核设施和核爆炸项目提供任何帮助的承诺；同意致力于促进《全面禁止核试验条约》尽早生效；同意在联合国裁军谈判会议上寻求早日就《禁止生产核武器和其他核爆炸装置的裂变材料公约》开始正式谈判。①

中美两国在核不扩散领域的合作还体现在共同应对核危机方面。20 世纪 90 年代末印度和巴基斯坦核试后，中美共同提议召开联合国安理会五个常任理事国的外长会议，并在会议发表的联合公报中对印度和巴基斯坦予以谴责，表示不承认印巴的核国家地位，呼吁两国立即无条件签署《全面禁止核试验条约》和加入《不扩散核武器条约》，放弃发展核武器或部署核武器。中美在解决朝核及伊核问题上也展开重要合作，并达成不同程度的阶段性成果。以解决朝核问题为例，从 20 世纪 90 年代初到 21 世纪上半叶，朝核问题经历了曲折复杂的发展过程，充分显示出中美合作以谈判解决不扩散问题的成效，也凸显了不扩散问题背后的深层次安全矛盾。在中美合作解决朝核问题的过程中，只要中美相向而行，共同推动谈判进程，朝鲜的核导发展就会得以有效控制，甚至出现重大的“去核”进展。比如在六方会谈推进阶段，相关各方达成“9·19 共同声明”、“2·13 共同文件”及“落实共同声明第二阶段行动共同文件”等三个具有法律约束力的文件，成为最终解决朝鲜半岛核问题牢固的政治基础。按照谈判达成的成果，朝鲜基本完成了对其宁边核反应堆

---

① 《中国的防扩散政策和措施》白皮书，http://www.news.sina.com.cn/c/2003-12-03/22051248916s.shtml.

的“去功能化”，递交了核材料清单，在“无核化”承诺上做出实质性举动。同时，六方会谈还为相关各方增信释疑创造了良好的政治气氛和多边框架下的双边会谈环境，一度成为国际社会公认的解决朝核问题的最佳平台。而恰恰在六方会谈停滞的八年内，朝鲜的核导能力取得巨大进步，半岛整体安全环境恶化。即使是在六方会谈停滞，美朝关系严重恶化，朝鲜不断以核试、试导挑战各方底线，国际社会对朝加大制裁力度，美国对朝动武的压力越来越明显。特别是中朝关系也出现困难的时期内，中国仍在为半岛免于陷入乱局展开大量斡旋工作，包括提出“双暂停”与“双轨并进”的谈判思路，停止进口朝鲜煤炭，在一些领域包括经贸和金融领域收紧对朝制裁等。在中国坚持和平解决朝鲜核问题的努力下，相关各方政策调整迎来半岛安全形势又一轮缓和的契机。2018年初，以韩国平昌冬奥会为起点，朝鲜领导人实现与韩国总统文在寅及美国总统特朗普的历史性会晤，并于3月至6月三次访华，与中国国家主席习近平三度会晤，2019年6月中国国家主席习近平正式访朝。2018年至2019年间，三次“金特会”也各有成果，朝鲜在“去核”问题上展示诚意，也采取了具体措施，包括持续不做远程导弹发射试验与核试验，关闭（核导）试验场地，停止某些研制活动等。朝鲜还按计划炸毁了丰溪里坑道已塌陷的核试验场，拆除西海卫星发射基地（火箭发动机试验场）等。此番形势缓和是否能最终达成几方满意的“去核”协议尚待观察，但中美在不扩散领域合作推动谈判，有利于朝鲜半岛无核化与全球不扩散的努力，整体上也有利于中美战略稳定。

第四，核战略对话交流。中美核战略对话的历史可追溯至20世纪90年代。冷战后，美国一方面通过官方渠道力促与中国的战略导弹部队直接交流；另一方面还通过媒体、学术界广泛宣传，表达与我直接进行官方核战略对话的意愿。1996年，第二炮兵副司令员赵锡君首次随军委副主席迟浩田访美，美方即提出希望与中国战略部队进行直接对话交流。美国持续推动中美建立官方“一轨”核战略对话渠道，多次邀请中方第二炮兵司令员访问美国。2005年10月，美时任国防部长拉姆斯菲尔德访华，中方安排其访问第二炮兵司令部，这是中国战略导弹部队司令部首次对外开放。拉姆斯菲尔德再次表达了与中方核战略部队进行直接对话的意愿，并明确邀请中方第二炮兵司令员靖志远访美。2007 年 8 月，美国会委员会众议院军事委员会主席斯卡尔顿再次到访我军第二炮兵司令部。2008 年 4 月，中美之间“一轨”核战略核政策研讨交流最终启动。美中代表团就国际核安全形势、中美核政策、核不扩散合作、建立战略互信等交换了意见，就双方共同关心和可以合作的领域，例如反核恐怖主义、防核扩散及核安保等方面探讨了合作的方式途径。该对话只进行过一次，属于重要的交流项目，但尚未形成机制。与核战略对话相关的高级别交流还有 2009 年 11 月中国人民解放军高级军事代表团访问美国战略司令部，以及 2011 年 1 月美国防部长罗伯特·盖茨再次到访中国人民解放军第二炮兵司令部等。

第五，涉及战略稳定的机制化研讨交流。① 目前，中美之间涉及战略稳定的对话机制主要由“一轨”（官方）、“一轨半”（又称 1. 5 轨或半官方）和“二轨”（非官方）三个对话研讨层次组成。从内容看，这些机制性研讨交流的内容主要涉及中美两国核战略、核政策与防扩散合作等。中美涉及战略稳定的半官方机制化交流最为活跃。所谓半官方或“一轨半”交流，主要由会议主办方、出资方及参会代表身份等内容决定。这些内容中如果有官方出资、官方合办或协办，参会代表中如果有官方身份的成员，一般都会定义为半官方会议。此类对话交流，主要包括：

一是中美军控、裁军与防扩散研讨会。始于 20 世纪 90 年代，由中国国际问题研究所与美国蒙特雷国际问题研究所举办。该研讨会属于中美之间已经形成比较成熟机制的“一轨半”对话，会议在美国的蒙特雷和中国北京轮流召开，都有双方外交部支持的官方背景，部分参会代表都是来自两国外交部等单位的官方代表。2004 年，该对话机制的中方承办单位由中国军控与裁军协会接手，从第 5 次研讨会开始承办，但在 2009 年于北京举办第 7 次研讨会后，直到 2016 年才在蒙特雷举办了第 8 次研讨会。二是“中美核关系与战略互信”国际研讨会。自 2004 年开始由中国国际战略研究基金会与美国战略与国际问题研究中心太平洋论

① 以下所有涉及中美战略稳定的机制性交流内容都来自作者参会了解到的实际情况。

坛共同举办，截至2017年8月，共在京举办11次。[①] 属于中美之间涉及战略稳定内容的最重要对话之一。三是中美战略对话。该对话于2005年开始在夏威夷举办。作为一个重要交流项目，由美国国防部降低防务威胁局提供经费，美国海军研究生院及战略与国际问题研究中心太平洋论坛合办。从2011年开始，该项目中方组织单位为中国军控与裁军协会，成为中美之间又一个半官方对话项目，迄今也已举办11次会议。其参会代表中除了学者，前政府高官及退休将领外，也有来自美国国务院、国防部的官员，所以该对话被美方称作“一轨半”对话会议。[②]

中美官方对话没有明确以“核战略”或“战略稳定”命名的机制，而是将战略稳定的内容直接放在已有的官方对话机制中讨论。奥巴马政府2010年《核态势审议报告》出台后，在2013年9月第14次中美国防部防务磋商中，美国防部副部长米勒提出愿与中方就战略稳定开始对话，中方对美方的积极意愿做出回应，后来举行的国防部磋商，均将战略稳定列入磋商内容。与此同时，2015—2017年，中美三次举行国防部工作会晤，双方就战略稳定进一步开展了交流。中美两国就双边战略稳定开始官方对话有很积极的作用，可以逐步让双方了解彼此的战略语言与战略思路。

中美核战略对话机制的建立反映了当时中美关系的发展状况。无论表述为“接触加遏制”“非敌非友”，还是“利益攸关方”，两国关系的实质性定位都是“合作—竞争”。特别是随着中国国力的不断发展，美国对中国的重视程度也越来越高，两国关系的复杂性凸显，建立中美战略互信更是被提上议事日程。在中美经济战略对话和中美战略对话开始以来，美国更加积极推动与中国开展核战略对话，称这对建立中美战略互信意义重大，同时可以通过交流增进理解，进而影响双方政府政策，部分降低彼此敌意。这从一个侧面也体现出两国关系可以逐步走向稳定。

---

① 该对研讨会由于其参会正式代表及列席成员中有来自美方国务院成员，中方也有军队代表（包括官员与学者）参加，所以被中方定义为“1.5轨”。该研讨会从2018年开始一直没有继续召开。——作者注。

② 中美战略对话与“中美核关系与战略互信”国际研讨会对应召开，美方认为是“1.5轨”，中方仍将其称作“二轨”会议。该对话机制在2020年初由美方宣布暂停。——作者注。

值得一提的是，就中国而言，与美方开展上述对话并不是没有困难。2002 年美国单方面退出《反导条约》，对全球战略稳定产生消极影响，中美在战略武器领域严重缺乏互信。即使在美国《核态势审议报告》将中国列为核打击目标国的背景下，中国依然回应美方关切，与美方开展多渠道的核领域对话，充分体现了中方增进与美互信、稳定中美两国两军关系的诚意。

五、结论

在美国军方作战理念和计划体系中，以“核作战”为战略理论制订作战计划已是根深蒂固，并涉及从武器设计到作战训练、作战部署以及指挥控制系统等整个军事战略和战争计划体系，企图撼动美国基于战场作战的进攻型核战略类型绝非易事。为此，“最符合逻辑的结论是：‘核作战’能力将继续作为美国核态势与核原则的关键内容，追求核优势也将继续成为美国的目标。”① 如果美国政策层毫无顾忌地追求绝对核优势，并为此而增加使用核武器的可能性，情况将更加危险。就美国国内一些对扩大使用核武器范围及可能性的讨论而言，一旦其讨论结果上升为美国政府的政策，其对中美战略稳定甚至是全球战略稳定态势的负面影响将极度令人担忧。

美国在核领域追求绝对优势的想法和做法，整体上不利于大国战略稳定态势，当然也不利于具体的大国间保持战略稳定关系。因为不管美国的意图如何，其追求核优势将可能导致其他国家做出相应反应。即使不考虑当前的大国关系和国际安全环境，单就追求核优势本身而言，也不利于军备竞赛稳定性和危机稳定性，且很有可能首先破坏军备竞赛稳定性。前文所提及的美国针对其他核大国不断追求核力量绝对优势的做法，也许会言过其实，但基辛格博士在 50 多年前对国家关系中追求绝对

---

① Keir A. Lieber and Garyl Press. The Rise of U. S. Nuclear Primacy [J]. Foreign Affairs, Vol. 85, No. 2 (March/April 2006), pp. 42 - 54.

优势的看法值得认真思考：完全通过物质上主导来寻求安全是在威胁其他国家。因为一国的绝对安全必然意味着所有其他国家的绝对不安全。①

大国对战略稳定的认知与理解有很多不同点，这些不同点一方面受到各国根深蒂固传统观念的影响，另一方面又呈现出一些变化趋势，这一变化趋势随着各国国内对此问题的关注，以及大国之间就此问题的讨论而不断增加。比如中国对于美国追求绝对优势，加强部署反导等做法的批评态度，以及美国对于中国核力量克制发展的怀疑与矛盾心态等。但各大国均没有放弃各自对核武器的基本战略与政策。各国从事军控安全的学者和官员，对于保持相互脆弱性也存在一定的默契。这种默契让大国之间在战略力量相近或相差很远的前提条件下，在对战略稳定保持不同的认知与理解的前提条件下，也在大国政治与安全关系中出现新挑战的前提条件下，依然能够达成大国间实际上的战略稳定。

---

① Henry Kissinger, "The Search for Stability", *Foreign Affairs*, July, 1959.

第四章　战略稳定关系演进的案例研究

一、从历史考察经典危机稳定案例

在大国对于战略稳定概念的辨析中，美方的观点比较集中于双方防止战略误判，特别强调危机稳定性，反映出美国对大国发生军事安全危机后可能导致核对峙或核升级的担心。这种危机升级实际上是一种“强制性讨价还价行动”，其中最著名的强制性策略是“威慑性威胁”，其目的是使对方相信，如果对方忽视威胁而做某件事或不做某件事，几乎肯定会遭到所宣称的惩罚。① 如果两个国家的核武器数量满足最低威慑的标准，即使这两个国家的关系因为冲突而陷入危机，它们也不大愿意向对手发动先发制人的核打击，也不大担心对手会发动这种核打击，这样的状态被称作危机稳定性很高。② 大国关系中的危机稳定性是否比较高，也就是说是不是在危机出现时，任何一方都不愿意向对方发动先发制人的核打击，也不会因误判而导致危机升级为核战争呢？或者相反，大国军事与安全危机会比较容易导致冲突，这种冲突由于发生在两个核国家之间，所以极易引发核升级，导致双方战略稳定关系中的危机稳定性严重降低？通过分析具体的危机事件，可以在一定程度上了解大国军事与

① Phil Williams，*Crisis Management*：*Confrontation and Diplomacy in the Nuclear Age*，（London：Martin Robertson&CO. Ltd.），1976，pp. 137 – 138.

② 李彬：《军备控制理论与分析》，国防工业出版社，2006 年版，第 83 页。

安全危机对双方战略稳定，尤其是危机稳定性的影响。

古巴导弹危机是国际安全与军控研究领域的重要事件，也是大国战略稳定的经典案例，突出体现出保持核大国间的危机稳定性，对于国家、政府和领导人是多么巨大的挑战。这不仅因为此次危机是美苏冷战博弈的危机对峙极限，更为重要的是，此次危机检验了两国的危机稳定性，推动并塑造了美苏战略稳定与两国关系，并且加快了两国危机管控机制的建立，对大国战略稳定关系的成熟具有重要意义。

（一）危机事件简要回顾①

1962 年 10 月 14 日，美国情报人员根据 U－2 侦察机在古巴上空拍摄的大量照片得出结论：哈瓦那西面的圣克里斯托瓦尔附近已建成导弹基地，从那里发射的导弹可以摧毁美国各大城市，苏联还把能装载核弹的伊尔－28 轰炸机运入古巴。

10 月 15 日，包括 40 多艘军舰和 4000 名海军陆战队的美军在美国南部和加勒比海地区按原计划开始了代号为“PHIBRIGLEX－62”的两栖登陆演习，一直到 20 日演习才暂停。演习的目标是推翻假想的独裁者“Ortsac”，即菲德尔·卡斯特罗（Fidel Castro）名字的反写。

10 月 16 日，肯尼迪组成国家安全委员会执行委员会研究对策，提出了六大可供选择的方案，以迫使苏联撤除导弹。这六大方案包括：1. 不做任何反应；2. 外交施压；3. 与卡斯特罗秘密接触；4. 入侵古巴；5. 空中打击；6. 隔离。隔离方案是由国防部长麦克纳马拉在 10 月 16 日首先提出的，采取某种封锁形式的间接军事行动。② 10 月 18 日，肯尼迪倾向于“隔离”方案。10 月 20 日，美国正式决定对古巴实行“隔离”。

---

① 对危机事件的回顾主要参考格雷厄姆·艾利森、菲利普·泽利科：《决策的本质》、迈克尔·多布斯：《午夜将至》以及靳风：“古巴导弹危机研究：档案与历史的还原”等。文中涉及的时间均为美国华盛顿当地时间。

② ［美］格雷厄姆·艾利森、菲利普·泽利科著：《决策的本质》，王伟光等译，商务印书馆，2016 年版，第 133—139 页。译文将第六种方案译为“封锁”，笔者在引用时改为“隔离”。

10月22日晚上19时，美国总统肯尼迪向全国发表电视讲话，公开表明，过去一周来美国发现在古巴有进攻性导弹基地和运载核武器的伊尔-28轰炸机基地，从那里发射的导弹可以击中西半球从秘鲁的利马到加拿大的哈得孙湾的多数主要城市。……美国将以海军对古巴进行隔离，驶向古巴并载有进攻性武器或导弹引爆装置的船只都将迫使其停航和迫令返航。肯尼迪主动向全国和全世界发表广播电视演说，将原先处于秘密状态的危机突然公之于众，使危机迅速白热化，拉开了美苏之间一场核赌博的序幕。

10月23日，肯尼迪签署了对古巴实施海上隔离的正式命令，宣布“隔离”从10月24日上午开始生效。赫鲁晓夫命令苏联战略力量进入战备状态，并威胁将击沉任何干预苏联船只驶向古巴的美国舰船。

10月24日上午10时，美国开始对古巴实行封锁，宣称所有驶向古巴的船只，在进入隔离区以后，都要接受美国海军人员登船检查。飞往古巴的运输机也将遇到拦截，并迫令降落在一个美国机场听候检查，否则予以击落。对于被搜寻发现的苏联潜艇，如无视要它“升上水面”的信号，将用深水炸弹予以炸毁。当美国海军对古巴实行隔离政策后，发现将要到达隔离区的苏联船只中，有14艘开始返航或在原地打转，继续驶向古巴的只是一些油轮。显然，苏联在面临摊牌时，已决定退却。但同时，美国侦察机发现古巴导弹基地上的工程仍在加快进行。肯尼迪旋即命令国务院着手准备一项入侵古巴的应急计划，并扬言要进行空袭，炸毁古巴的这些导弹基地。

10月26日，肯尼迪收到赫鲁晓夫的来信，这封私人信件表示，苏联愿意撤出在古巴的进攻性武器，交换条件是美国撤销隔离以及美国与西半球国家保证不入侵古巴。

10月27日，赫鲁晓夫通过公开信要求美国必须先撤回部署在土耳其的导弹，苏联才会撤回在古巴的导弹。27日下午，白宫发表声明重申，首先必须撤走在古巴的全部苏联导弹，否则美国除了对导弹基地进行空袭，并随即向古巴发动进攻外，别无其他选择。声明中没有理会赫鲁晓夫要美国从土耳其撤走进攻性武器的要求。

10月28日，赫鲁晓夫召开最高主席团会议，对美国的威胁判断发生巨大转变，认为苏联“正面临着战争和核灾难的危险，其结局可能是整个人类的毁灭。……为了挽救世界，我们必须退让”。[①] 之后，莫斯科电台广播了赫鲁晓夫给肯尼迪的回信，表明“被美国称之为进攻性的武器将予拆除、装箱并运回苏联”。肯尼迪马上发表声明欢迎赫鲁晓夫的决定，并进而要求苏联除撤走导弹和导弹发射架外，还必须撤走伊尔-28轰炸机。美苏经过谈判，11月21日，赫鲁晓夫同意在30天内撤走这些飞机，肯尼迪宣布最后结束隔离，接着苏联也解除了军队动员令。至此，古巴导弹危机基本平息。

（二）危机博弈分析

仅从理性分析的角度看，古巴导弹危机的发生是必然的。已经有大量学者的集中研究成果，在为古巴导弹危机的发生寻找原因，总结起来有以下几类：一是导弹力量说，即苏联想通过在古巴部署核导弹，增加能够攻击美国本土的核弹数量以改变苏美核力量对比失衡的局面，进而实现苏美在全球战略上的均势。二是古巴防御说，即苏联想保护古巴这个新生的社会主义国家，使其免遭美国的入侵，并避免苏联作为世界社会主义阵营领袖的声誉受到损害。三是柏林问题说，即苏联准备在柏林问题上摊牌，制造危机来分散美国的力量部署和战略注意力。四是冷战政治说，即苏联在古巴增加军事力量是美苏全球性斗争的一部分，苏联的主要目标是为了显示全球力量均势已向他们那边倾斜。五是对称部署说，即由于美国在土耳其部署了导弹，苏联想取得和美国的导弹部署相对称的局面等。[②]

这些原因分析都有一定的说服力及不足，但如果抓住主要线索，还是战略环境和力量对比起关键作用。

---

① ［美］格雷厄姆·艾利森、菲利普·泽利科著：《决策的本质》，王伟光等译，商务印书馆，2016年版，第149页。

② 具体分析参见程晓勇：“国际核危机及其控制——国外研究四十年述评”，《世界经济与政治论坛》，2009年第1期，第86—93页；［美］格雷厄姆·艾利森、菲利普·泽利科：《决策的本质》，王伟光等译，商务印书馆，2016年版，第104—130页。

一是古巴导弹危机发生时的大国关系对抗性正在增强。1962 年 10 月的古巴导弹危机是美苏关系恶化的结果而不是原因。1959 年 1 月，古巴推翻美国扶植的巴蒂斯塔独裁政权，建立了共和国，美古关系转向，彼此敌视。1960 年，苏联恢复了同古巴的邦交，美国在拉美地区的统治受到动摇。1961 年，肯尼迪批准了由美国中情局训练的 1500 名古巴流亡者入侵古巴计划，这一旨在颠覆古巴政权的事件，史称“猪湾事件”，被卡斯特罗政府成功反击，所谓“古巴流亡者”多数被关进监狱。事件败露后，美国信誉受损，对古巴的敌视政策只能更加明显。古巴在应对美国的威胁上主要依靠苏联的力量，这也使苏联有机会从政治、经济和军事上全面影响古巴，古巴成为苏联同美国进行交易的筹码，美国也因此加深了对苏联的敌意。当时，美国的军事力量仍比苏联强大，特别在核武器方面还占有一定优势。为了抵消美国的核力量优势，防止美国入侵古巴，1962 年，苏联开始向处于美国后院的古巴运送导弹。

二是力量差距带来的“走捷径”思路。随着美国战略核力量的增强，苏联面对的是一个不断扩大的“脆弱之窗”（window of volnerability）。1962 年，苏联只拥有 20 枚可携带核弹头、能从苏联境内的基地打到美国的洲际弹道导弹，且其技术上的精确性并不是完全可靠，而下一代的洲际导弹则无法在 1964 年之前投入使用。苏联还有约 6 艘弹道导弹潜艇，容易被美国的反潜力量发现并歼灭。苏联能威胁美国本土最大的“希望”，在于其拥有的大约 200 架远程轰炸机，但即使不考虑美国防空力量的拦截，由于航程远、缺乏前沿机场和需要空中加油等，苏联去轰炸美国的飞机能够返回的可能性将极小或为零；而同期美国至少有 180 枚洲际弹道导弹，12 艘北极星弹道导弹潜艇（每艘带弹 12 枚）以及 630 架战略轰炸机，这些轰炸机可以部署在美国，也可以部署在欧洲和亚洲。在当时苏联所拥有的技术能力下，要通过增强自己的洲际弹道导弹力量来降低这种威胁，需要数年之久。而苏联当时却拥有几百枚射程更短一些的中程和中远程弹道导弹，这些导弹从苏联境内发射，打不到美国，但如果被部署在古巴发射却可以。所以苏联有可能会采取在其他情况下不会采取的冒险行动，如在古巴部署导弹等。所以苏联领导人其实早在 1962 年 4 月就提出了把中程弹道导弹或中远程弹道导弹部署到古巴的

“捷径”。①

从美苏围绕古巴导弹危机的博弈过程看，对苏联有可能向古巴运送核导弹的猜疑并不是从1962年10月开始的。早在1962年夏天，美国的人力情报和技术情报就已经指出，苏联正在向古巴运送大量武器和一些部队，以增强古巴的防御能力，应对美国可能发动的进攻。这样，一个问题自然而然出现：苏联在运往古巴的武器货物中是否有核武器？此前，苏联还从未在其领土之外——包括苏联在东欧的共产主义卫星国——部署过战略核武器。1962年8月，美国派出的U-2侦察机在古巴拍摄的空中照片已经显示出苏联军事行动的迹象，即古巴开始安置苏联的地对地导弹，但苏联方面一再否认。苏联政府指示其驻华盛顿大使阿纳托利·多勃雷宁回应质疑，并保证苏联只是在提供防御性武器。但这一动向持续引发肯尼迪政府的关注，不但在外交上做出预防性的、强硬的表态，而且制订了相应的军事计划。一方面，美国政府发出严正声明，表明美国决不能容忍苏联把进攻性的地对地导弹或任何其他进攻性武器引入古巴，声称如果古巴变成了“苏联强大的进攻性军事基地，那么美国将采取一切必要的行动以保卫自身和盟国的安全”。② 另一方面，美国政府采取了在军事上应对情况恶化的预防性措施。美国海军的舰艇和飞机对开往古巴的每艘苏联船只进行拍照。③ 为了对付苏联在古巴的军事建设，9月下旬，美国军方制订了三个紧急计划，分别为行动计划314-61、316-61和312-62，这些计划中已经包含了对古巴的海上和空中封锁。④ 10月12日，美国国防部制订了针对古巴的军事行动预案，包括封

---

① ［美］格雷厄姆·艾利森、菲利普·泽利科：《决策的本质》，王伟光等译，商务印书馆，2016年版，第42、114、115、119页。

② ［美］格雷厄姆·艾利森、菲利普·泽利科：《决策的本质》，王伟光等译，商务印书馆，2016年版，第102页。

③ ［美］莫顿·贝科威茨：《美国对外政策的政治背景》，张禾译，商务印书馆，1979年版，第152页。

④ Foreign Relations of the United States (FRUS), 1961 - 1963, Volume XI, Cuba, 435, Telegram From the Headquarters of the Commander in Chief, Atlantic to the Headquarters of the Commander in Chief, Atlantic Fleet, Norfolk, September 21, 1962, 4: 36 p. m.

锁计划、空袭计划、快速反应攻击计划、全面解放攻击计划。[1] 可以肯定的是，美国对苏联在古巴部署导弹并非完全没有想到，更非完全没有准备，其军事上的准备更具预见性。即便是这样，当苏联在古巴部署导弹的情况得到确认，危机真的来临时，两个核大国的反应依然导致危机步步升级，核武器几乎被使用，危机稳定性遭遇重大挑战。

经情报确认，肯尼迪政府于1962年10月14日得知苏联在古巴部署导弹的确切信息后，美国仍按原计划开始以推翻古巴领导人为目标的演习，演习从10月15日持续到20日，明显带有向古巴和苏联示威的含义。10月22日，肯尼迪迅速而又具体地宣布了对古巴实行“隔离”的初步措施，其中包括对一切正在运往古巴的进攻性军事装备实行海上隔离；加强对古巴本土的监视；宣布从古巴发射的任何导弹将被认为是苏联向美国的攻击，因而有权对苏联进行全面报复性的回击等。[2] 这一方案尽管不是当时美国政府可使用的最强硬方案，但仍充满对抗性，相当大程度上加剧了危机发展的不确定性，并且极有可能使危机升级为战争。

为了使“隔离”方案实施顺利，美国在各个领域都做出配合。在高层沟通上，由肯尼迪给赫鲁晓夫写了一封私人信件，连同10月22日的演说稿一起交给苏联驻美大使多勃雷宁，表示美国“决不选择投降或屈服的道路”，并称“如果古巴事态持续发展，美国将采取任何必要的行动来保卫美国及其盟友的安全”。[3] 同时，肯尼迪的的弟弟、司法部长罗伯特·肯尼迪也在进行带有秘密外交性质的、某种间接的高层沟通。在公开外交上，美国牵头召开美洲国家组织会议，取得美洲国家组织的支持，通知西欧盟国，使英国、法国、联邦德国等消除疑虑。通知各国驻华盛顿大使，并为他们准备一份证明美国采取行动具有法律根据的书面文件。同时，美国驻联合国大使史蒂文森向联合国安理会主席提出召开

---

① FRUS, 1961 - 1963, Volume XI, Cuban Missile Crisis and Aftermath, 13, Memorandum From the Director for Operations of the Joint Staff (Unger) to the Assistant Secretary of Defense f or International Security Affairs (Nitze), Washing - ton, October 12, 1962.

② [美] 小阿瑟·施莱辛格：《一千天——约翰·菲·肯尼迪在白宫》，仲宜译，三联书店，1981年版，第552页。

③ FRUS, 1961 - 1963, Volume XI, Cuban Miss ile Cr isi s and Aftermath, 44, Letter From President Kennedy to Chairman Khrushchev, Washington, October 22, 1962.

安理会紧急会议的要求，以讨论由于苏联在古巴秘密安置核导弹所造成的“对于世界和平与安全的威胁”。在军事上，美国防部长麦克纳马拉提出一项秘密报告，指定的军事行动包括：准备以空军对古巴各种目标进行2000架次袭击，使导弹部队处于最高戒备状态，在佛罗里达州和邻近各州集结庞大的登陆部队，战略空军司令部分散到全国各地的民用机场，B-52轰炸机部队奉命轮番携带核武器在空中飞行，在古巴领海周围设置警戒线，由90艘舰艇组成舰队，在68个空军中队和8艘航空母舰护卫下，驶入加勒比海，拦截和搜寻正在进入隔离区的船只。① 除了批准该计划外，肯尼迪还下令加速北极星潜艇计划的实施，使服现役的弹道导弹潜艇从原定的三艘增加到九艘。②

美国的反应并不在苏联的计划之内。赫鲁晓夫之前认为，在建的古巴导弹基地在可供使用之前不会被发现，即使被发现，美国也不会有太大作为。一旦美国有所作为，苏联也应该对付得了。所以，原本在10月2日赫鲁晓夫就接到过肯尼迪发来的一封长信，信中警告说：“在我们就柏林和其他一些国际问题进行讨论和交换意见的过程中，使我最担心的一件事就是，你的政府可能会不能正确理解美国在任何特定的情况下的意志和决心。”但赫鲁晓夫并没有重视肯尼迪的来信，认为苏联的计划不会被发现，所以仍采取行动不停向古巴运送导弹、伊尔-28轰炸机，并部署导弹，直到10月18日苏联外交部部长葛罗米柯与肯尼迪会谈后，仍不无得意地在其用电报发回的报告中表示：“古巴的形势完全令人满意……几乎不可想象美国会对古巴采取军事冒险行动。”③危机爆发后的10月23日，塔斯社还发表声明，指责美国违反国际法，采取海盗行为和采取可能导致核战争的挑衅行动。10月24日，赫鲁晓夫在给肯尼迪的信中也指责美国以封锁来对苏联进行威胁，正在把人类推向一场核战争的深渊。他宣称苏联决不会指示那些驶向古巴的苏联船只的船长服从

① 沙金芳：“古巴导弹危机始末”，《国际展望》，1985年第12期。

② ［美］西奥多·索伦森：《肯尼迪》，复旦大学世界经济研究所译，上海译文出版社，1981年版，第557页。

③ “Russian Foreign Ministry Documents on the CAUBAN Missile Crisis”, Bulletin of the Cold War International History Project, No. 5 (Spring 1995), pp. 66-67.

美国海军的命令。如果要对苏联船只采取任何干涉行动的活，苏联将不得不采取必要和适当的措施，以保卫自己的权利。

当然，美国政府的目标绝对不是两个超级核大国的核战争。在向苏联施加战争压力的同时，美国政府尽量争取信息交流的准确和畅通，并根据苏联的反应适时地做出某些妥协。比如，对应对方案的选择上，既要显示出美国要求苏联撤走导弹的坚定决心，又要留给苏联体面退让的时间和余地，在六大方案中选择海上封锁而非其他更具进攻性的方案，也是出于这样的考虑。同时，为规避一些国际法问题和政治上的考虑，使用了比较委婉的“隔离”（quarantine）一词，多少起到了缓和气氛的作用。比如，10 月 23 日深夜，肯尼迪总统与英国大使戴维·奥姆斯比·戈尔（Davie Ormsby Gore）进一步研究行动计划后，听从了英国大使的建议，将封锁线后撤。在电话告知麦克纳马拉并遭到反对后，依然坚持将封锁拦截线从延伸 800 海里缩减到 500 海里，以便给苏联更多的应对和思考的时间。[①] 再比如，当赫鲁晓夫提出苏联从古巴撤走导弹、美国保证不入侵古巴的解决方案后，肯尼迪很快做出积极回应。10 月 28 日苏联公开表示，由于美国已保证不入侵古巴，苏联已停止在古巴的导弹施工，并已下令将这些武器运回国内，同时愿意让联合国代表前往核实。肯尼迪又不失时机地称赞赫鲁晓夫作出了“具有政治家风度的决定”，并阻止人们用“投降”“丢脸”一类话语刺激苏联。[②]

（三）危机升级的可能性

古巴导弹危机的博弈过程显示，美苏两国的领导人均有强烈的意愿，不想让危机升级为战争。肯尼迪总统在最初的应对危机的讨论中强调：“问题的关键是我们应采取什么行动，一方面可以减少核战争的危险，爆发核战争明显是个最大的失败——这一点对我们来说非常清楚，另一

① ［美］罗伯特·F. 肯尼迪：《十三天：古巴导弹危机回忆录》，复旦大学历史系拉丁美洲研究室译，上海人民出版社，1977 年版，第 28 页。

② 王绳祖主编：《国际关系史》（第九卷），世界知识出版社，1995 年版，第 137 页。

个方面又能在一定程度上保持我们盟国的团结。”① 但是，在整个危机发酵过程中，仍不断出现危机骤然升级，局势可能失控的情况。在对古巴导弹危机升级的研究中，很多研究重点在于分析美苏领导人的克制避免了事态失控，这一点当然十分重要，但容易被忽略的是，两国领导人在军事准备上的政策选择恰恰推动了危机升级。这里既有“自我实现的预言”，又有“行动—反应”模式的常规逻辑。

比如，1962 年 10 月 22 日，肯尼迪将美军在全世界的戒备状态提升到三级战备状态，并随后将战略核力量提升到二级戒备状态，这是仅仅低于即将爆发核战争情况下的戒备状态。这次战备成为“美国军事力量执行过的戒备状态中层级最高、持续时间最长（30 天）的一次核战争戒备”。②这一戒备状态的提升非同寻常，必然包含了为防止核战争爆发而提前做好军事上准备的考虑，同时也可以清楚展示美国的核战备状态和核力量，以威慑对手退却。但伴随戒备状态提升而必须执行的军事行动程序，却不可避免地增加了危机升级的推动力，从而有可能导致核战争爆发。比如这样的戒备状态意味着需调动数千件核武器，仅战略空军司令部控制的处于战斗戒备状态下的核武器就由危机前的 1433 件增加到 2952 件。战略空军司令部下属的携带核武器的轰炸机被分散到美国 33 个民用、军用机场以及在英国和西班牙的前沿基地，并提升至空中戒备状态。也就是说，在空中戒备状态下，每天有 66 架飞机带弹飞越大西洋，在西班牙上空加油后再飞到地中海待命。如果接到命令，这些飞机就可以进入对苏联的核攻击路线。在这个过程中，无论是带弹飞行、空中加油还是与苏联空军遭遇，都不可避免地增加了挑衅、意外或其他不可知危险的可能。

再比如，同样在 10 月 22 日，美国宣布“隔离”政策后，苏联因为美国宣布的政策并非苏联真正担心的“进攻古巴”而认为罗斯福软弱，认为苏联还可以有政治上讨价还价的空间，因此在第二天就对肯尼迪的

---

① ［美］格雷厄姆·艾利森、菲利普·泽利科：《决策的本质》，王伟光等译，商务印书馆，2016 年版，第 138 页。

② Scott D. Sagan, *The Limits of Safety: Organizations, Accidents, and Nuclear Weapons* (Princeton, NJ: Princeton University Press, 1993), p. 62.

要求做出不退让的果断反应。如前所述，赫鲁晓夫在给肯尼迪的信中挑衅式地表示：他将命令苏联的船长无视美国的隔离措施。而苏联的反应让肯尼迪不得不再次示强，让准备军事行动的20多万美国部队没有任何伪装地大规模集结，并让空军预备役部队进入待命状态等，以显示“隔离”只是即将发动空中打击或入侵的一系列行动中的第一步。显然，这种“行动—反应”模式符合常规逻辑，但并不是缓和局势的做法。

根据不断更新的公开档案，可以看到古巴导弹危机升级，美苏两国进入核战状态不是有可能，而是可能性很大。美苏两国在陆地、空中和海上均出现可能导致使用核武器的军事意外情况，不是一次，而是多次几乎将两国拖入核战争的边缘。将古巴导弹危机称作人类离毁灭最近的时候，并不夸张。

1962年10月26日，美国空军范登堡基地进行了一次洲际弹道导弹试验，这次导弹试验是在危机发生前就计划好的，所以试验时基地并没有通知执行委员会，肯尼迪也不知情。在试射这枚“巨神”洲际导弹时，旁边竖立着已处于战备状态的洲际导弹。苏联并不知道这个试验计划，也不知道范登堡基地在危机期间已经按照戒备级别成为实战导弹基地。如果苏联军方了解这个情况，这次例行发射就更像美军正在先发制人使用核导弹攻击苏联了。[①]

1962年10月27日，也是被称为“黑色星期六”的最危险的一天，一系列意想不到的事件几乎让局势失控。在这一天，多起事件让局势骤然紧张。苏联“格罗兹尼”号货船驶向美国的封锁线，美方判断其将冲向古巴而准备拦截。而在这一天的早些时候，一架美国U－2侦察机在古巴上空被击落，飞行员鲁道夫·安德森少校丧生。发射导弹击落美国U－2侦察机，没有得到莫斯科授权，是驻古巴苏军导弹部队的自行决定。苏联时任国防部部长马林诺夫斯基元帅斥责了下令开火的苏联军官，

① 江峡：“肯尼迪：1962年古巴导弹危机的挑起者”，《湖北行政学院学报》，2013年第6期，第5—10页。

并禁止对美国侦察机继续开火。[1] 在美国方面，由于 U－2 侦察机被击落，按照美国政府早已制订好的计划和命令，执委会成员几乎一致认为，必须在第二天一早就用空中打击去摧毁导弹基地，而军方将领为对古巴进行军事打击，向肯尼迪施加了强大的压力，同时提交了全面入侵古巴的作战计划（OPLAN 316）。考虑到这样的行动很可能导致苏联的核反击，肯尼迪并没有立刻下令报复，而采取折中方案，一方面命令继续派机侦察，一方面等待赫鲁晓夫的决定。肯尼迪同意如果美军的侦察机在 28 日仍遭到攻击，并且美国了解到联合国秘书长和苏联领导人沟通的结果，那么美军将用空袭摧毁古巴的萨姆地对空导弹基地。同时，他也采纳了麦克纳马拉的提议，并由麦克纳马拉在新闻发布会上宣布，召集 24 个空军预备役中队，包括 1.4 万人和 300 架运输机，做好入侵准备，以此加大对苏联的军事压力。[2]

而也在 27 日当天，一架以阿拉斯加为基地的美国 U－2 侦察机按危机前就做好的计划，在北极航线收集大气层中苏联核试验的残留物样本，但由于导航出现问题，飞机偏航闯进苏联领空，6 架苏军米格战斗机奉命紧急起飞拦截，美国阿拉斯加空军基地派出携带核弹头的 F－102 战斗机前往救援，在三级戒备状态下，根据空军有关程序，其战斗机飞行员有权自行发射空对空核导弹。幸运的是，美国 U－2 侦察机平安返回基地，美苏战斗机没有相遇，否则后果不堪设想。

还是在 27 日，美国海军发现了三艘装备了核鱼雷的苏联潜艇。这些潜艇原本是苏联 1962 年 9 月 18 日向古巴派出第 69 潜艇支队，派出潜艇支队的目的是在加勒比海进行军事演习，并在古巴马里埃尔湾（Mariel

---

① FRUS，1961－1963，Volume XI，Cuban Missi le Cri sis and Af termath，97，Summary Record of the Ninth Meeting of the Executive Committee of the National Secur ity Counci l，Washington，October 27，1962.

② FRUS，1961－1963，Volume XI，Cuban Missi le Cri sis and Af termath，97，Summary Record of the Ninth Meeting of the Executive Committee of the National Secur ity Counci l，Washington，October 27，1962.

Bay）建设海军基地。[①] 潜艇支队中包括四艘装备了核鱼雷的641 型潜艇，美国海军发现了其中的三艘（B－36、B－59 和 B－130 号）。尽管肯尼迪下令不要攻击苏联潜艇，但美海军一艘驱逐舰对靠近“隔离线”的苏联核潜艇 B－59 号投放深水炸弹，实施反潜攻击，迫使其浮上了水面。根据公开的档案与苏联当事军官的回忆，由于潜艇潜水很深，无法与莫斯科通信，核潜艇上的艇长以为战争已经爆发，决定发射舰上的核鱼雷进行反击。但由于潜艇编队参谋长执意不同意，才未发射。最后潜艇上浮到水面请示莫斯科的命令。在苏联潜艇的官兵认为极为危急的状况下，确有使用核武器的打算，而美国决策层与海军官兵均对此一无所知。[②] 此外，苏联还派出了另外两艘装备有核鱼雷的潜艇（B－75 和 B－88号）分别负责护卫前往古巴的运输船、警戒位于珍珠港的美国海军基地，而这两艘潜艇均未被美国海军发现。[③]

古巴导弹危机反映的是冷战过程中，两个超级核大国之间由于军事冒险、互信过低和战略误判而可能引发核战争的危险，其能够和平解决有着相当大的偶然性因素。因为在危机中不断出现的军事斗争准备与军事意外情况极易造成事态升级。在两国高度对峙的紧张事态下，军事上的误解与摩擦会放大种种威胁与恶意，任何一方对对方的军事能力与战略意图都容易产生误判，导致领导人在精神紧张与过度反应下做决策，这些决策都可能使双方滑向核战争的深渊。肯尼迪的弟弟罗伯特·肯尼迪后来在其回忆录中说：“肯尼迪总统启动了事件的进程。但到后来他

① Recollections of Vadim Orlov（USSR Submarine B－59），“We Will Sink Them All，But We Will Not Disgrace Our Navy，” in Alexander Mozgovoi，The Cuban Samba of the Quartet of Foxtrots：Soviet Submarines in the Caribbean Crisis of 1962（Moscow，Military Parade，2002），Translated by Svetlana Savranskaya，National Security Archive. June 1，2018，https：//www. nsarchive2. gwu. edu/NSAEBB/NSAEBB75/asw－II－16. pdf.

② Recollections of Vadim Orlov（USSR Submarine B－59），“We Will Sink Them All，But We Will Not Disgrace Our Navy，” in Alexander Mozgovoi，The Cuban Samba of the Quartet of Foxtrots：Soviet Submarines in the Caribbean Crisis of 1962（Moscow，Military Parade，2002），Translated by Svetlana Savranskaya，National Security Archive. June 1，2018，https：//www. nsarchive2. gwu. edu/NSAEBB/NSAEBB75/asw－II－16. pdf.

③ Alexander Mozgovoi，The Cuban Samba of the Quartet of Foxtrots；“Interviews with Alexander Mozgovoi and Vadim Orlov by Svetlana Savranskaya，” National Security Archive，June 1，2018，https：//www. nsarchive2. gwu. edu/NSAEBB/NSAEBB75/#11.

已经不再能控制事件。”①

古巴导弹危机作为核危机管理的经典案例，其经验与教训都值得研究与铭记：核大国在面对危机时，首先最重要的环节，就是当事方要确保沟通渠道畅通，从战术层面到战略层面，从一线军人到高层领导人，可用且有效的沟通渠道是控制危机升级的重中之重；其次，各方均需理解并控制好军人对打仗的天然使命感，加强对一线军事力量的管控，同时领导人需要了解具体军事术语的含意，在颁布军事准备政策时避免陷入被动；最后，危机中领导人的智慧与战略克制，坚持原则与灵活选择也是关键所在。

古巴导弹危机的和平解决促进了秘密外交、首脑热线等危机管控措施的发展。受到古巴导弹危机的直接影响，美苏两国均开始考虑如何避免类似危机出现，或者说古巴导弹危机催化了美苏之间对双方可能发生核危机升级的共同认识。这直接促成美苏首脑之间建立热线电话，为两国领导人增加了直接的对话渠道。美苏为减少双方发生核战争的风险，在“古巴导弹危机”之后的 1963 年 6 月，谈判签署双边条约《美苏热线协定》（全称《美苏关于建立直接通讯联系的谅解备忘录》）和 1963 年 7 月美、苏、英三国签署的《部分禁止核试验条约》（全称《禁止在大气层、外层空间及水下进行核武器试验条约》），这属于美苏在核领域建立保持危机稳定规则机制并真正取得成果的开始。

同样因古巴导弹危机的影响，苏联领导人认为由于苏联的核劣势，才使苏联在与美国的核赌博中只能甘拜下风。这使其决心迅速发展核武器，赶上美国。到 20 世纪 60 年代末，苏联在核武器方面同美国达到均势。古巴导弹危机既加速了两个超级核大国对危机稳定性的重视，初步形成了防止危机升级的机制，又同时加剧了两个超级核大国的军备竞赛冲动，并迫使它们在产生大量核武器冗余的压力下走向核军控与裁军。所以，1967 年第 22 届联合国大会通过的由美苏共同提出的《不扩散核武器条约》（NPT），也可视作古巴导弹危机的远期影响成果。

① ［美］罗伯特·F. 肯尼迪：《十三天：古巴导弹危机回忆录》，复旦大学历史系拉丁美洲研究室译，上海人民出版社，1977 年版，第 71 页。

古巴导弹危机必然引发学者们对国际核危机的持续研究，尤其是对导致危机的可能原因与路径进行了大量分析，为大国避免核危机，增强战略稳定提出借鉴思路。其中，约瑟夫·奈对国际核危机爆发的可能原因进行了较为全面的分析：一是国际核危机一般发生在热点地区，由于热点地区往往是超级核大国的利益汇集地，核大国在这些热点地区的“低烈度”争端有向“高烈度”冲突升级的趋势，核大国可能会无意识地将一般性的利益冲突升级为核危机；二是一些发生在核大国之间的“随机性”遭遇也可能导致国际核危机；三是发生在敌对的核大国之间的一般级别的紧张局势，或者它们之间的一次意外导弹发射都可能引发一次核危机，进而引发核战争。① 此外，他还分析了五个可能引发核危机并导致核战争的危机路线：一是常规战争有可能升级为核战争；二是孤注一掷式的先发制人；三是由于错误操作导致核武器意外发射；四是由于恐怖组织掌握核武器而引发的核危机；五是一个超级核大国对其他中等核国家发动的突然核攻击。

二、从大国关系考察战略稳定案例

传统战略稳定关系以美苏（俄）为主要研究对象，中国正式出现在这一体系中属于新的因素，中美战略稳定尚未成为广泛认可的理论概念或实践。为此，可以将中国作为大国战略稳定关系演进中新出现的研究对象，将双边互动关系设置为中美战略稳定关系，对战略稳定体系中新的双边战略稳定关系进行案例研究。从历史维度对此案例进行考察，最终确定在中美建交后的两国关系互动中，是否实际存在战略稳定关系。

大国保持战略稳定的核心仍是相互威慑关系的达成。仅从理论出发，最低限度的核报复力量就可以构成有效核威慑政策的物质基础，应当为

① Nye J S, Jr. U. S. - Soviet Relations and Nuclear - Risk Reduction. Political Science Quarterly, Autumn, 1984, 99 (3): 409.

所有核国家所接受。① 但对于最低限度的核报复力量的标准，不同的核政策、核战略、不同国家对“不可承受损失”的接受程度、国家间不同政治关系，以及国际安全环境等都是参考变量，对战略稳定有不同的影响。全面衡量一对战略稳定关系，除了评估核力量外，综合考虑国家关系，特别是政治与安全关系也是重点。以力量差距明显的中美两国为例，彼此之间是否存在战略稳定？这样的稳定建立在什么基础上？这样的稳定关系是如何形成的？回答这些问题需要追溯至20世纪50年代。需要注意到，冷战期间中美政治与安全关系在中美关系正常化之前与之后有比较明显的差别。围绕两国关系的发展，研究中国核力量的发展节点，综合观察两国在战略武器领域的一系列军事与安全互动，可以找到中美之间战略稳定关系演进的基本脉络。所谓中国与美国之间的“战略稳定”，可能实际存在却长期处于两国总体关系的边缘。中美之间围绕战略武器形成的关系与中美双边关系的发展、中国核力量的进步，以及国际安全环境的变化密切相关，可以划分为美国单边威慑，中美尚未形成战略稳定关系的时期，即20世纪50年代初到70年代初；中美之间形成最低核威慑关系，进入事实上的战略稳定时期，即从20世纪70年代初到80年代末；从20世纪90年代至今，中美保持了相对平稳的战略稳定关系，同时出现不确定因素。

（一）单边威慑的不稳定时期

20世纪50年代初到中美关系改善的70年代初，在将近20年的时间里中美关系处于全面对抗时期，且中美核力量差距巨大。中国的核力量甚至没有对美国形成真正的威慑。而美国对中国维持着一种单边核威慑，并多次对中国进行核威胁和核讹诈。

1. 中国反复遭受核讹诈的艰难安全环境

中华人民共和国成立后的历史条件，决定了中国无法避免当时两大

① 朱明权、吴莼思、苏长和：《威慑与稳定——中美核关系》，时事出版社，2005年版，第3页。

阵营对峙的影响，在对外关系上选择了对苏联的“一边倒”政策。1950年，中国和苏联签署了《中苏友好同盟互助条约》，正式与苏联结盟。中国处于美国的遏制与围堵中，也多次受到美国的核威胁与核讹诈。20世纪60年代末中苏关系破裂后，中国又处于苏联的核打击威胁下。

从1950年朝鲜战争爆发到1964年中国成功进行第一次核试验，中国主要受到来自美国的核讹诈。朝鲜战争期间、印度支那反法战争时期、两次台海危机及中国第一次核试验前后，美国政府即使没有形成政策，也至少在考虑要对中国使用核武器。解密档案显示，除了时任美国总统杜鲁门和艾森豪威尔的公开言论外，就在1950年10月，即中国人民志愿军入朝参战当月，对中国使用原子弹的问题就已经提上美国政府的议事日程。11月初，国务院政策设计委员会主任保罗·尼采（Paul Nitze）和负责原子能事务的国防部长助理赫尔伯特·洛伯（Herbert B. Loper）准将即提出，由国务院负责研究对中国使用原子弹的政治后果，军方则根据“军事需要”做出相应筹划。几天后，“关于对中国使用原子弹问题”的备忘录经由美国国务院远东事务处处长埃默森提出，他认为美国可以考虑对中国使用原子弹，前提条件是在常规武器无法取胜或虽可以取胜但美军伤亡过大的情况下。① 实际上，为结束朝鲜战争，艾森豪威尔不仅明确制定了以核攻击为核心的结束战争的政策，还暗示应该由其他国家转告中国，如果事实表明不能获得令人满意的停战协议，美国就准备使用原子弹以结束朝鲜战争。② 在印度支那战争期间对中国使用核武器，也是当时美国政府的选项，当然考虑使用的战场是在奠边府地区。“挽救奠边府只有一个办法”，即在奠边府采取核行动。③ 第一次台海危机期间（1954—1955年），美国政府集中讨论过对中国使用核武器的问题，以至于总统、副总统分别就对中国使用核武器公开表态。艾森豪威

---

① 刘同舜、高文凡主编：《战后世界历史长编》（1950—1951），上海人民出版社，1985年版，第94页。

② 邓峰：“艰难的博弈：美国、中国与朝鲜战争的结束”，《世界历史》，2010年第4期，第13—21页。

③ ［美］麦乔治·邦迪：《美国核战略》，褚广有等译，世界知识出版社，1991年版，第366页。

尔在 1955 年 3 月 16 日对记者说："没有理由不使用核武器，为什么不能像使用子弹或其他东西一样来使用核武器呢？"[①] 尼克松副总统立刻在芝加哥对总统的这一讲话做了回应，"战术原子武器现在已经属于常规武器的范畴，它们将被用来对付任何侵略势力的目标"。他还警告中国不要进行任何"好战的举措"。[②] 综合研究表明，第一次台海危机期间，核武器实际上已经取得了常规武器的地位，美国决策者已经把核力量作为实现其外交目标的一个重要工具。[③]

从中苏关系破裂到 1969 年的中苏边界冲突，中美关系也受到影响。相当一部分学者认为 1969 年的边界冲突对中美关系转变产生了重要影响，主要理由是该冲突存在升级到核战争的可能。还在中国进行第一次核试验之前，美国政府内部就曾多次讨论过对中国的核设施进行外科手术式军事打击，甚至想联手苏联共同处理，但苏联显然尚未做好与美国合作的准备，这也令肯尼迪感到非常失望。[④] 仅仅五年之后，苏联却转变了态度，开始研究对中国核设施进行核打击的问题，而此时美国决策层成了反对力量。当然，至今尚无苏联官方档案来证实其态度或政策的转变，研究者只能根据美国解密档案史料间接进行推测。所以关于苏联是否真正计划对中国的核设施进行军事打击的问题，中美学术界争论都比较大。[⑤] 但可以推断的是，与美国类似，苏联高层进行过是否对中国

---

① 张少书：《朋友还是敌人？1948—1972 年的美国、中国和苏联》，顾宁等译，中央编译出版社，2014 年版，第 129 页。按照艾森豪威尔政府的计划，美国同苏联进行核战争时应在一开始就把所有的战略力量全都用上，袭击苏联、中国以及卫星国的城市。［英］劳伦斯・弗里德曼：《核战略的演变》，黄钟青译，中国社会科学出版社，1990 年版，第 273 页。

② 张少书：《朋友还是敌人？1948—1972 年的美国、中国和苏联》，顾宁等译，中央编译出版社，2014 年版，第 130 页。

③ 赵学功："核武器与美国对第一次台湾海峡危机的政策"，《美国研究》，2004 年第 2 期，第 100—115 页。

④ 张少书：《朋友还是敌人？1948—1972 年的美国、中国和苏联》，顾宁等译，中央编译出版社，2014 年版，第 247—252 页。

⑤ 杨奎松："中苏边界冲突与中国对美缓和"，《党史研究资料》，1997 年第 12 期；陈东林："核按钮一触即发：1964 年和 1969 年美国、苏联对中国的核袭击计划"，《党史博览》，2004 年第 3 期，第 4—10 页；State Department Cable 141208 to U. S. Consulate Hong Kong etc. , August 21, 1969, National Archives, SN 67－69, Pol Chicom－USSR.［美］亨利・基辛格：《论中国》，胡利平等译，中信出版社，2012 年版，第 212 页。

核设施进行军事打击的讨论，至于这种讨论后来是否曾升级为军事计划，还有待未来的苏联解密档案加以佐证。但无论如何，当时中苏政治关系紧张加剧，导致军事对抗可能性增加却是不争的事实。

2. 中国开始被迫发展核力量

在整个冷战阶段，中国核力量的发展与超级核大国的核讹诈密不可分，无论这个大国是当时的超级核大国中的哪一个。为了保证最基本的生存安全，中国不得不选择自力更生，研发核武器，形成核武器实战能力。当时中国决定发展核武器，是一种被迫的选择。“促使中国决心建立本国战略力量的最直接原因是朝鲜、印度支那和台湾海峡事件。这些事件促使中国领导人在 1954 年至 1955 年冬再次行动起来，在此后的十年里他们特别强调战略武器计划的迫切性。”[①]

实际上正是在朝鲜战争和第一次台海危机后，中国开始认真考虑拥有自己的核武器问题。经过近十年的努力，1964 年中国成功进行第一次原子弹试验，成为真正的有核国家。之后，中国的核武器项目在第一个 10 年里取得飞速发展，1965 年 5 月即成功实验飞机投放核航弹，但中国并没有把核武器研发重点放在飞机投放核弹上，所以中国的核力量发展迅速跨过飞机运载阶段，向地地战略导弹发展。就在中国第一次原子弹试验两年后，1966 年中国“两弹合一”试验成功。一枚搭载核弹头的“东风－2 号”中近程地地导弹，于 1966 年 10 月 27 日从甘肃双子城基地点火发射，在新疆罗布泊核试验场上空的预定高度实现了准确的核爆炸，中国成功实现“两弹合一”只花了两年时间。由中近程导弹搭载真实的核弹头成功进行导弹飞行试验，标志着中国的导弹核武器可以用于实战。[②] 1966 年 12 月 26 日，东风－3 号中程战略导弹在甘肃酒泉基地发射成功。中国第一颗氢弹于 1967 年试爆成功，中国从此开始拥有威力更

---

① 约翰·刘易斯，薛理泰：《中国原子弹的制造》，李丁、陈旭舟等译，原子能出版社，1990 年版，第 39 页。

② 谢光主编：《当代中国的国防科技事业》（上册），当代中国出版社，1992 年版，第 220 页。

强的热核武器。[1] 从原子弹到氢弹，中国只花了两年零八个月的时间，同世界其他国家相比，速度是最快的。[2] 1970 年中国“东风 -4”号远程战略导弹在甘肃酒泉基地成功发射；同年，由“东风 -4”号衍生的“长征 -1 号”运载火箭将中国第一颗人造卫星“东方红 -1 号”送入太空。

美国情报部门 20 世纪 60 年代末期的评估认为，中国已经具备了地区性核打击能力，随着中国自主生产喷气式中型轰炸机，并同时开发战略导弹及其相配的热核弹头，在未来几年中国的核力量将得以适当增长，并估计到 20 世纪 70 年代中期能达到 80—100 枚的水平。[3] 这样的评估在一定程度上已经夸大了中国的核力量，而相比于美苏这样的超级核大国，当时中国的核力量仍十分弱小，在数量、结构、质量与技术水平方面与美苏的核力量根本无法相比。然而，中国又确实已获得了初级的核威慑能力，或者说中国核力量的存在威慑已经形成，虽然美国对中国仍保持了绝对优势的单边威慑，但中美之间“战略稳定”的天平也已经开始形成。

3. 单边威慑下的战略“不稳定”关系

按照核威慑理论的逻辑，只有在一个国家具备了核报复能力以后，它才能有效慑止对手的核攻击；如果它不具有这种核报复能力，就不能有效慑止对手的核攻击。在中国核力量的起步阶段，中国并不具备令美国信服的核武器实战能力，也并不构成最低核威慑所需要的核报复能力，难以对美国形成有效威慑。再者，按照核军备控制理论，新涌现的核武器国家，在跨越核门槛（即拥有核武器）之前和之后的一段时期，其处境是最危险的，是“一个诱人的先发制人的攻击目标”。[4] 主要有两个原

---

① John Wilson Lewis and Xue Litai, *China Builds the Bomb*, (Stanford, CA: Stanford University Press), 1988.

② 詹欣：“美国情报部门对中国核武器计划的评估与预测”，《华东师大学报》，2007 年第 3 期。

③ NIE 13 - 8 - 69: Communist China's Strategic Weapons Program, February 27, 1969, http: //www. foia. gov/nic_ china_ collection. asp

④ Gary T. Gardner, *Nuclear Nonproliferation* (Boulder: Lynne Rienner Publishers. 1994), p. 81.

因：第一，一个国家拥有核武器后，会成为敌对国家的潜在重大威胁，而敌对国家会认为，对于拥有初级核力量的国家而言，“发起先发制人的打击比默许其初级核力量发展下去更稳妥”。第二，由于新出现的核国家不具备足够的报复能力，即使它有了核武器，但这样的核力量依然还是“脆弱的”。所以这个阶段中美之间并没有形成相互威慑，而是美国继续保持对中国的单边威慑，两国无法构成战略稳定关系；相反，中美在战略武器领域关系很不稳定。

在中国进行第一次核试验前后，美国政府内部讨论过各种方案来阻止中国的核计划，主要包括三类方案：一是尝试与苏联合作阻止中国核武器计划；二是“台美”合作，台湾当局乘机反攻大陆；三是美内部就美国单独进行军事打击的方案进行讨论。肯尼迪提议美国与苏联合作阻止中国核武计划，但在一开始就遭到赫鲁晓夫的果断拒绝。① 台湾当局有意与美合作，表示愿采取军事行动摧毁已掌握的中国导弹与核设施基地。但肯尼迪考虑到“美台”关系要服从于分离中苏关系的战略目标，所以没有认可台湾当局的想法。美国政府内部讨论则认为，无论是美苏合作还是“美台”合作，恐都难以限制中国核武器的发展。此时在肯尼迪政府内部出现了两种不同的声音，一种是以军方为代表，主张对中国核设施实施常规或核军事打击；② 另一种是以国务院为代表，主张理性面对中国核武器计划，试图通过外交手段甚至是秘密手段淡化或者削弱中国核试验的影响。③ 应该看到，即使美国军方已经制订了准备对中国的核设施进行外科手术式军事打击计划，但肯尼迪在政策选择上保持了相对理性的态度，对中国核设施进行打击的计划并没有形成决策。肯尼迪突然遇刺后，约翰逊仓促上台，对肯尼迪遗留下的许多政治遗产采取了延续态度，当然也包括对待中国的核武器计划问题。虽然在约翰逊政府任期内继续出现对中国核设施进行军事打击的声音，但这仅仅是众多

---

① Editorial Note, FRUS, 1961 – 1963, Vol. XXII, Dec. 29.

② Memorandum from the Joint Chiefs of Staff to Secretary of Defense McNamara, FRUS, 1961 – 1963, Vol. XXII, China, Doc. 36.

③ Paper Prepared in the Policy Planning Council, FRUS, 1964 – 1968, Vol. XXX, China, Doc. 25.

选择方案之一。约翰逊作为老牌政客，更加知道如何平衡国内政治与对外政策，在处理具体问题上更加稳重、谨慎。他本人基本上没有公开评论中国的核武器计划，当然也甚少谈及如何应对。

美国政府内部虽多次讨论过要对中国进行先发制人的核打击，但最终没有付诸行动，没有导致中美之间的核战争，这使中美两国战略武器在很不稳定的状态下保持了有别于战争的“稳定”。其中的原因来自多个方面，首先，不能否认中国自身力量发展起到的重要作用。中国毕竟有了最基本的核力量，形成一定的存在威慑能力，加上中国的常规力量，美国不得不审慎行事。其次，除了核力量发展外，当时有一些综合因素在持续发挥作用。第一，美国当时面临的重大国际事务分散了其对中国核武器的关注。比如在肯尼迪总统任期内，发生了柏林危机、古巴导弹危机；相比之下，中国核武器计划并非美国面临的迫切核心问题。第二，对中国发动军事打击的风险较大。美国当时并没有消灭中国核力量的十足把握，同时要顾虑中国可能的报复手段；在政治上还会遭到国际社会的谴责，并且影响到国内政治，该因素在约翰逊时期尤其突出。1964 年是美国大选年，约翰逊并不希望贸然对中国核设施进行军事打击，避免损害其力图树立的爱好和平的形象，进而导致大选失败。第三，越南战争的牵制。朝鲜战争后，美国政府还是接受了刺激中国卷入朝鲜战争的教训。当时约翰逊政府正处于越南战争关键时期，需极力避免因美国的刺激行动而导致中国卷入越南战争。第四，美国还要顾忌苏联的反应。值得一提的是中苏同盟及苏联核武器的作用。尽管中苏两国在冷战时存在严重分歧，但在 1950 年缔结同盟条约后，毕竟保持了多年同盟关系。这种关系，加上苏联同样作为超级核大国的力量体系，对于保护尚在襁褓中的中国核力量，保证美国没有对中国发起核打击，起到了非常重要的作用。在 1953 年 5 月 20 日美国国家安全委员会第 145 次会议上，艾森豪威尔本人也曾经说过，如果美国在朝鲜使用原子武器，他的一个巨大担忧便是“苏联空军对几乎毫无防备的日本人口中心发动攻击的可能性”。[①] 在发生第二次台海危机的 1958 年，苏联领

---

① Department of State, Foreign Relations of the United States, 1952 – 1954, v. 15 (Korea), part 1, pp. 818, 846, 1065.

导人赫鲁晓夫还曾写信给艾森豪威尔，威胁说如果台海危机升级，苏联将全力支持中国——包括核支持。[①]

（二）相互威慑的事实上的稳定时期

20 世纪 70 年代初到 80 年代末，中美关系从缓慢的和解过程走到“准盟友”状态，中国的核力量发展也取得质的飞跃，中美实际上形成了相互威慑关系，为中美事实上的战略稳定关系奠定了基础。

1. 关系缓和与力量发展

20 世纪 60 年代末到 70 年代初，中美关系开始走向缓和。一方面，美国在政治上需要联合中国对抗苏联，而中苏边界的冲突更加速了这一过程；另一方面，美国也担心苏联的核讹诈可能刺激中国，使中国加入核军备竞赛，让美苏军控谈判面临更加繁杂的局面。因此，中苏边境冲突既为中美关系的改善提供了机遇，又使美国政府逐渐开始考虑要把中国纳入到核军控机制中来。[②] 1971 年 7 月，时任尼克松政府总统国家安全事务助理的基辛格率团秘密访华，开启了中美关系缓和的进程。这一进程在 20 世纪 70 年代，特别是 1979 年中美正式建交后进一步发展，中美两国政治关系出现比较大的改善，从冷战前 20 年的敌对关系变成了正常的国家关系，甚至一度回暖到“事实上的盟友”[③] 程度。

有研究表明，正是在中国热核试验取得成功的 1967 年，美国总统尼克松表达了改善中美关系的愿望。[④] 虽然很难判断中国拥有核武器对尼克松和毛泽东调整中美关系的影响，但中国核力量的发展必定是影响两国关系的原因之一。然而“文化大革命”的爆发使中国的核武器项目受到严重干扰，特别是导弹发展项目受到巨大冲击，中国的核武器项目几

---

① “Tlelegram from the Embassy in the Soviet Union to the Department of State, Moscow, September 7, 1958, 9 p. m.,” FRUS 19, 151.

② 詹欣：“美国对华核战略与 1969 年中苏边界冲突”，《中共党史研究》，2011 第 11 期。

③ ［美］亨利·基辛格：《论中国》，胡利平等译，中信出版社，2012 年版，第 412 页。

④ Richard M. Nixon, “Asia after Vietnam”, *Foreign Affairs*, Vol. 46, No. 1, October 1967, pp. 111 – 125.

乎被拖延了10年，但在“文革”结束后，中国的核力量发展再次走上正常的轨道。1980年，中国自甘肃酒泉基地向南太平洋海区成功发射了第一枚洲际导弹“东风-5号”，这枚液体洲际地地导弹充分显示了中国的远程核打击能力。① 1985年，中国机动固体洲际地地导弹发射成功。1981年，中国的科研人员研制成功导弹核潜艇，1988年进行水下发射潜射导弹的飞行试验取得成功。中国洲际导弹与潜射导弹的试射成功，开始形成中国核武器对美国的报复能力。这些来之不易的成就，保证了中美之间相互威慑的关系，为中美之间实际上产生战略稳定关系奠定了物质基础。②

中国核政策的克制加上中国核力量的发展在事实上形成的最低威慑效果，使中美双方都不可能对对方发动先发制人的核打击，保持了危机稳定性。同时，中美之间的核军备格局也非常稳定，美国的军备发展没有引发中国大幅度扩充军备的反应。同样，中方也在自己的力量发展上保持克制，没有引发美方过多猜疑或担心，双方共同推动中美逐步形成心照不宣的战略稳定关系。从20世纪70年代末期开始，中国领导人甚至也开始在讲话中使用“威慑力量”这样的表述，③证明中国领导人对中国基于核能力的核威慑力量已经很有把握。

2. 增强军事合作与安全互信

从当时的政治关系看，中美关系的解冻过程已经开始，两国关系出现微妙的积极变化。基于抵御苏联扩张的共同目标，中美产生了改善关系、开展战略合作的共同愿望，中美关系逐步由全面对峙走向合作。这一变化，为中美保持战略稳定创造了不可或缺的大环境。1979年1月1日，中美两国正式建交后，全球战略安全形势继续发生变化，苏联的扩

① “倚天长剑——中国第二炮兵”. http://www. Junhun. cn/green/Article. asp? articleid = 339#.

② 美国一些专家认为“1964年至1981年之间，由于中国并不具备发射洲际导弹的能力，因此中国对于美国的核威慑是不可信的。而直到最近20年中国相对于美国的最低核威慑才变得可信”。参见 Michael McDevitt, “Missile Defense and U. S. Policy Options Toward Beijing”, China and Missile Defense: Managing U. S. – PRC Strategic Relations, The Henry L. Stimson Center, 2003, p. 86.

③ 中共中央文献研究室：《邓小平年谱》上卷，中央文献出版社，2004年版，第351页。

张活动进一步加强。中国认为，苏联的扩张对中国安全构成了严重威胁，越南对柬埔寨的侵略干涉也是苏联反华战略的一部分。中国在对侵犯中国边界的越南发动自卫反击战的同时，也将加强与美国的关系放在重要地位。美国对苏联的扩张同样感到不安，特别是在1979年12月苏联入侵阿富汗以后，卡特政府对苏战略明显变得强硬，借助中国对抗苏联的需求也更加迫切。从政治与安全关系看，当中美双边关系整体得到改善时，中美战略稳定不仅表现在战略武器关系的稳定上，更体现在政治与安全关系不断加强上，反过来为稳定的双边核关系进一步提供保障。从中美关系开始缓和到冷战结束前，两国间实际上的战略稳定状态保持了近20年。在这个阶段，中国自身的核力量得到发展，中美军事与安全关系也得到加强，基于共同的战略需求，中美军事与安全关系在两国建交以后实现了快速发展。

中美双边军事与安全合作逐步进入历史上最好的时期，甚至被形容为近乎“蜜月”的时期。1979年5月初，在与中国驻美国大使柴泽民进行长时间的会见后，美国总统卡特对国防部长哈罗德·布朗（Harold Brown）说：“如果苏联人认为存在一种萌芽状态的美中军事关系，那不是一件坏事。”1980年1月，邓小平在会见首位访华的美国国防部长哈罗德·布朗时强调：“中美两国应该做一些扎扎实实的工作，来维护世界和平和对抗苏联霸权主义。”[①]这显示出中美之间的军事安全合作在当时成为两国领导人的共同意愿。中国国务院副总理、军委秘书长耿飚[②]应美国国防部长布朗的邀请，于同年5月回访美国，中美军事交流与合作全面展开。此后，两国军队领导人多次互访，使两军高层交流迅速达到一个相当的高度。这种频繁互访一方面体现了中美军事与安全关系的密切程度，另一方面也成功推动军事技术合作等实质性军事交往项目深入发展。

从1980年开始，中美两军在军事训练、装备技术、军事情报、舰队

① “邓副总理兼总参谋长会见布朗部长时呼吁世界各国联合起来认真对待苏联扩张主义”，《人民日报》1980年1月9日，第1版。

② 耿飚访美时还没有被任命为国防部长，时任军委秘书长。1981年3月6日徐向前卸任国防部长，耿飚正式接任国防部长。

互访、军事后勤、军事院校等各领域开展互访交流。特别值得一提的是两国在军事技术领域的合作。

1980 年 1 月美国国防部长布朗访华后不久，美国国务院在新出版的《军火控制简讯》(*Munition Control Newsletter*) 第 81 期中列出了美国准备以个案处理方式向中国出售的军事装备，其中有近 30 种不同类型的非杀伤性军事装备，如防空雷达以及通信和运输装备，两国军事合作开始迈出较大的步伐。1980 年 4 月，美国商务部规定，把对中国的出口限制从“Y”类国家（同以苏联为首的华约国家为一类）升为“P”类，允许中国购买运输机、远程通信装备和军用直升机。1980 年 5 月，耿飚访美后，五角大楼正式宣布，决定向中国出售战术性防空雷达、运输用直升机等军事装备。[①] 9 月，负责研究与工程的美国国防部副部长佩里率军事技术代表团访华，就向中国转让军民两用技术及销售军用物资等问题进行了专业磋商。随后，美国国防部宣布批准美国公司向中国出售部分技术装备的申请。1981 年 6 月，美国国务卿黑格访华，表示美国国防部愿意在个案审查的基础上对华出口具有潜在致命作用的武器，两国军事合作关系实质性内容有所增加。同年 7 月，美国商务部宣布放宽对华出口两用高技术产品限制。

1983 年 5 月，里根政府又将中国从“P”类升至“V”类（即友好的非同盟国，如印度、南斯拉夫等国），宣布对向中国的出口实行“宽区”政策，即中国从美进口的大部分物品进入自动获准的“绿色区域”。同年 9 月下旬，美国国防部长温伯格访华时正式提出中美两军关系的三大支柱，即高层互访、专业技术交流以及对华出售防御性武器。1984 年 3 月下旬，中美双方达成协议，美国同意向中国转让大炮、反坦克武器和防空武器，[②] 为中美之间的军事技术合作拓宽了道路。1987 年里根政府对出口管制政策进行审查，进一步放宽对华技术转让。1988 年 8 月，美国“1979 年出口管理法修正案”生效，美对华出口管制再度放宽。

---

① 中美关系报告编辑小组主编：《中美关系报告》(1979—1980)，台北美国方华研究所，1980 年版，第 4 页。

② Caspar Weinberger, *Fighting For Peace: Seven Critical Years in the Pentagon*, (New York: Warner Books), 1990, p. 282.

从1984年开始，中美两军开展了军事技术务实合作，如向中国提供炮弹引信的生产线、火炮定位雷达、S-70C“黑鹰”直升机和反潜鱼雷等。[①] 1984年6月，中国国防部长张爱萍访问美国时，美国将中国列入美国对外军售（FMS）计划，口头表示向中国提供喷气截击机的先进航空电子设备，并为中国训练飞行员。根据双方签署的一项军事技术合作备忘录，美国原则上“同意向中国出售陶式反坦克导弹、霍克防空导弹，以及提供炮兵使用的火箭增程弹、高爆炸药和穿甲弹等的生产技术”，阐明了未来军事关系中的基本原则。美方还答应“向中国提供喷气截击机用的先进电子设备和在美国基地为中国培训驾驶员”。中方则同意向美国出售一批歼7飞机，供美军演习使用。[②] 同年9月，五角大楼成立一个中美技术合作小组，帮助中国海军舰艇的现代化改装以及开发新的驱逐舰。[③]

1985—1986年，中美军事交流达到一个高潮。仅1985年两国就有23次交流，其中直接军事交流11次，与军事相关的交流12次，“这些交流表明了中国对军事现代化的兴趣以及美国帮助中国的意愿”。[④] 1985年11月，中国海军司令员访美时，美方又表示同意向中国出售声纳、鱼雷、船用柴油发动机和舰载反导弹火炮等。同年9月，美方同意向中国出售价值9800万美元的生产线，用以合作改进大口径火炮性能。[⑤] 1986年10月，温伯格再次访华，与中国领导人实现了“战略性对话”。他认为美中两国“已是亲密和可信赖的朋友，双方的军事关系得到了极大发展”。[⑥] 美

---

① 刘中刚：“往来与曲折——新中国成立后中美军事交往实录”，《党史纵览》，2003年第3期。

② Caspar Weinberger, *Fighting For Peace: Seven Critical Years in the Pentagon*, (New York: Warner Books), 1990, p. 282.

③ “Letter from Weinberger to Zhang Aiping, September 10, 1984”, 1984/09/10, DNSA: 00682, p. 1.

④ “United States and China Military Relations, 1979 ~ 1985: Analysis and Chronology”, 1986/01/02, DNSA: 00769, p. 1.

⑤ 熊志勇：《中国与美国——迈向新世纪的回顾》，河南人民出版社，1995年版，第306页。

⑥ Caspar Weinberger, *Fighting For Peace: Seven Critical Years in the Pentagon*, (New York: Warner Books), 1990, pp. 294 ~ 296.

国防部长温伯格再次访华后，两军高层人士的互访更加频繁。1986 年，美国政府同意向中国出售价值 5.5 亿美元的航空电子和火控系统，用于改进中国歼－8 型战斗机。这是中美建交后最大的一个军事合作项目。[①] 1987 年 1 月，美国国防部发表声明，称美国政府准备向中国出售四组跟踪火力炮兵雷达和无线电设备，价值约 6200 万美元。[②]

1984 年 1 月，中国国务院总理访问美国。访美期间，美方重申把中国作为友好的非盟国对待，在三个联合公报的基础上巩固和推进双边关系。美国希望向亚洲盟友以及苏联等国发出信号，尽管存在政治制度等差异，但是美中关系会在现实、互利和相互尊重的基础上繁荣发展，在美中利益具有一致性的领域加强协商与合作。美方还强调有兴趣进一步发展与中国的战略关系，合作应对苏联威胁；重申美国决心帮助提升中国的军事防御能力；转让适当层次的军用和民用技术，原则上达成和平利用核能的合作协议。[③] 时任美国国务卿舒尔茨在其回忆录中这样描述，中美关系已经建立了新的基础，在很多方面都有积极发展，贸易与投资、旅行、互派留学生等成为常态。军事交流也已开始，技术转让也在可控制的基础上进行。[④] 1984 年 4 月，美国总统里根正式访华，其目标也是将美中关系稳定下来，置于一种现实而长期的轨道上。[⑤] 里根访问中国时向中国领导人邓小平表示，美国把中国作为友好的非盟国来对待，希望在此基础上巩固和推进两国关系。里根认为，美中双方在许多全球问题包括对苏联都有共同的看法。在阿富汗、柬埔寨以及其他地区分别根据自己的优势进行了合作，应该扩大协商。[⑥]邓小平则表示，“和平是我们

---

① 刘中刚：“往来与曲折——新中国成立后中美军事交往实录”，《党史纵览》，2003 年第 3 期。

② 陶文钊、何兴强：《中美关系史》，中国社会科学出版社，2009 年版，第 272 页。

③ “Lilley Testimony: Transfer of Miliary Equipment to China”, 1980/07/30. DNSA: 00813, pp. 2－4.

④ George Shultz, *Turmoil and Triumph*, *My Years as Secretary of State*, (New York: Charles Scribner's Sons), 1993, p. 369.

⑤ “Memorandum from George Shultz to the President: China Trip: Setting and Issues”, 1984/04/04, DNSA: 00663, p. 1.

⑥ “The Trip of President Reagan to the PRC, April 26, May 1, 1984”, 1984/04/00, DNSA: 00662, pp. 9～12.

共同关心的首要问题……说中美关系已进入了‘成熟阶段’，这种判断不准确。中美关系的主要障碍还是台湾问题”，“中美两国在国际问题上有许多共同看法，也有不少分歧。两国都有发展关系的愿望。希望两国领导人、政府成员更多往来，交换意见，解开疙瘩，较快地发展中美交流和中美关系”。①

当然，在中美“蜜月期”般的军事交往中，两军关系也受到两国建交时美对台售武问题的影响，由于中美之间对这一分歧的暂时缓和以及对苏联军事威胁的共同担心，两军交往在暂时受到影响后又有了进一步的发展，成为两军交往历史上一个特殊的关系紧密的时期，而两国政治安全互信在这一时期也空前增加。

3. 实际存在的战略稳定关系

中国核力量的发展，中美之间政治与安全关系的改善，使中美核关系整体呈现稳定状态。从中美关系解冻到冷战结束，两国以一种默认的态度保持了20多年的战略稳定关系。基于当时的政治与力量现实，美国所默认或可以接受的战略稳定体系，显然是符合美国利益的体制。除了美国声称不再谋求通过核威胁实现对华政策的目标外，由于政治与安全关系的改善，核武器本身，以及受核武器影响的一系列战略与安全关系，其固有敏感性得到了有效削弱，相互间的核威胁困境得到了极大缓和。中美战略稳定在这个阶段表现为：对美国而言，不仅没有必要再像20世纪60年代那样顾忌来自中国的所谓核威胁，反而开始了与中国的战略、安全与军事合作，特别是军事技术领域的交流与合作。同样，对中国而言，不像过去那样高度警惕来自美国的核讹诈，与美国交往的安全感上升。从中美关系开始缓和到冷战结束前，两国间这种事实上的战略稳定状态保持了近20年。同时，中美军事与安全关系也得到加强，基于共同的战略需求，中美军事与安全关系在两国建交以后实现了快速发展，进入了一个近乎“蜜月”的时期。中美之间对对方的战略武器都不感到特别担心，双方都没有打破既有战略武器安排的意愿，也没有针对对方而

① 中共中央文献研究室：《邓小平年谱（1975～1997）》（下），中央文献出版社，2004年版，第971页。

发展战略力量的明显动机，在事实上达到了战略稳定的状态。在这样的背景下，中美双方的任何一方对另一方所采取的加强自身核力量和核态势的行动就不会过于敏感，不会在主观判断上被认为是针对对方的行动，所做出的反应也就会比较理性，有时甚至还会比较客观理性地考虑对方的安全要求。具体可以参考以下两个典型案例：

一是美苏《中导条约》（INF）谈判过程中，美国兼顾了中国的安全需求。在美国与苏联谈判关于裁减双方中短程核力量的过程中，综合考虑了中国和日本、韩国等亚洲国家的安全关切。在《中导条约》谈判初期，美方的“零点方案”及苏联领导人戈尔巴乔夫的新建议都集中在双方部署于欧洲的中程导弹上，而苏联则可以在亚洲部署100枚中程导弹。① 以乌拉尔山为圆心，用5500千米为半径进行一圈扫描，在此射程内，日本、韩国、朝鲜、中国，甚至印度尼西亚都包括在内，几乎覆盖了整个亚洲。这样的做法当然让亚洲各国，包括中国感到相当程度的威胁，因而遭到了这些国家的反对。中国当时动员了几乎所有相关的亚洲国家，一致反对，要求同时销毁苏联部署在亚洲的中程导弹。当时中国的立场是：欧亚安全同等重要，部署在欧洲和亚洲的中程导弹应该同时、同步、全部彻底，并就地销毁。② 受此影响，美国转而推动并改进“全球零点”方案，即要求苏联销毁欧洲和亚洲的中程导弹，美苏双方进一步全球性消除包括中程导弹、发射装置、辅助设施和设备在内的所有中程核武器，之后苏联又提出了“欧洲双零点”方案，同时拆除中程和中短程陆基中导。最终，综合了美苏两国意见的“全球双零点”方案成为《中导条约》的主要内容。③ 1987年12月，《中导条约》的签署在美苏核裁军史上具有重大意义，这份被里根总统称为“战后历史的里程碑”④的削减核武器条约中，重点在于解决美苏在欧洲的核对峙，同时也包含

---

① 刘金质：《冷战史》（下）世界知识出版社，2003年版，第1372—1373页。

② “沙祖康：《中导条约》到底怎么回事？伊核、朝核，路在何方？听军控专家沙祖康一一点评”，https：//www. world. huanqiu. com/article/9CaKrnKljmD.

③ *Treaty between the United States of America and the Union of Soviet Socialist Republics on the Elimination of Their Intermediate - range and Shorter - range Missiles*, United Nation Treaty Series, Vol. 1657, NY：United Nations, 2001, pp. 5 - 22.

④ “全国演讲”，1987年12月10日，总统公开文件：里根，1987，1501.

了美国对其亚洲利益相关国家的重视，主要是对美国在亚洲盟国和中国的安全关切的重视。

二是中国对里根政府倡导的“战略防御倡议”的反应相对温和。1983 年里根政府提出了“星球大战计划”，即“战略防御倡议”，这也是美苏签署《反导条约》之后，战略武器领域公认的美国导弹防御计划的开始。一直以来，美苏战略稳定的基石是《反导条约》，即双方均不发展战略防御系统。而“战略防御倡议”如果确实得以实现，将破坏美苏《反导条约》，动摇美苏之间基于相互确保摧毁的战略稳定关系。同时，相比于美苏，中国当时核力量的规模极为有限，美国的战略防御体系一旦建成，当然会严重威胁中国最低限度的核威慑能力。而且，美国导弹防御计划的前身，20 世纪六七十年代的“哨兵”计划和“卫兵”计划，本身就是在中国成功进行核试验后，美国不得不重视中国核打击力量的产物，包含了极大的针对中国的成分。也有研究者认为，美国当时的反导技术根本无法防御苏联强大的进攻性力量，只能对中国 20 世纪 70 年代可能发展起来的战略核力量发生效用。[①] 所以，当里根政府提出并推动战略防御计划后，必然要引发中国的担忧，遭到中国的批评。然而，中国当时的反应是相对温和的。显然，当时由于中美之间存在比较高的互信，中国并不担心美国的导弹防御系统是针对中国而建，更不怀疑美国的反导系统存有故意削弱中国的核报复能力的意图。更为重要的是，在此期间中美之间的军事技术与相关情报合作有了进一步的发展，抵消了中国的担忧。一方面，中美之间军事与安全合作关系的加深，总体上巩固了中国作为美国“准盟友”的地位，使中国对美国的战略意图比较放心。美国加强战略防御能力，如果只从技术上考虑，当然会影响中国的战略武器生存能力，但在政治安全上并没有引发中国的过度担忧。而美国同样相信帮助中国加强军事能力不仅会削弱苏联在中苏军事力量对比中占据的巨大优势，而且会加剧苏联的防务负担和减轻美国应对苏联的压力。另一方面，中美之间开展的一些军事技术与情报合作项目，

---

① 张扬：“中国战略核武器的发展与美国早期 ABM 部署计划”，《当代中国史研究》，2004 年第 1 期，第 36—43 页。

间接强化了中国的核威慑地位。

20 世纪 70 年代初到 80 年代末，从中美关系改善、建交到近似联盟关系的“蜜月期”，中美两国实际上保持了核力量相差悬殊但核关系却相对稳定的战略稳定时期。这一历史经验为中美在冷战后是否可以以及怎样保持战略稳定提供了重要参考。中国建立起自己的核武库后，尽管其数量与结构始终无法与美国的超级核武库相比，但中美之间还是出现了一种相互核威慑关系，保证了两国存在事实上的战略稳定关系。这种战略稳定关系建立在更为广泛的基础上，与美苏建立战略稳定的差别明显。中美基于稳定的两国关系而形成的政治与安全互信以及军事合作是两国保持战略稳定的基础，而美苏之间则因为敌对关系而主要以力量竞争来保持稳定。在这一时期，中美战略稳定的框架其实已经有了雏形。如果简单描述这一战略稳定框架，应主要包括核力量与政治安全关系两部分，其中核力量在实际上达到相互脆弱性状态的同时，其本身占据比较小的比重；而中美政治与安全关系，特别是体现这一关系的军事交往密切程度与合作深度占据主要内容。中美政治与安全关系的密切与稳定保证了中美战略稳定，而这种战略武器领域的稳定性又可以推动整个中美关系的稳定与发展。

（三）相互威慑并出现不确定性的稳定时期

20 世纪的最后 10 年至 21 世纪初，中美总体上仍保持了相互威慑的战略稳定关系，但却面对诸多不确定性因素。以“9·11”事件为分水岭，20 世纪最后 10 年至 2001 年的“9·11”事件，世界战略格局在酝酿巨大变化，出现了许多新的影响全球战略稳定的因素。一方面，苏联解体，两极体制崩溃，世界向着多极化的方向发展，各国参与世界事务的程度大为加深，相互影响和牵制的程度也在加深。但另一方面，美国没有了可以与之相匹敌的对手，其谋求绝对的世界霸主地位的野心也大为膨胀，在世界事务中采取行动的顾忌大大减少。在这一时期，中美关系也出现重大危机，战略稳定关系中新的或称作不确定的因素不断积累。

中美战略稳定关系中的不确定因素首先体现在中美关系变化中。冷战后的美国霸权欲望迅速膨胀。20 世纪的最后 10 年也是冷战结束后的第一个 10 年，苏联的解体让美国失去了唯一的战略对手，两极格局终结。冷战后的国际安全环境原本应该走入和平与发展的轨道，而美国却很快进入战略与行动的扩张期，急于扮演塑造世界新秩序的主角。尽管美国本身对于冷战后的世界秩序没有完全看清楚，很多政策包括对华政策都还在讨论中，但美国的官方文件已经开始体现出扩张与独霸的倾向。在老布什政府 1991 年发布的美国《国家安全战略报告》中，认为在 20 世纪 90 年代，正如本世纪的大多数时候一样，没有哪个国家可以替代美国的领导地位。美国的责任甚至在新的时代也是关键性的和无法推卸的。克林顿政府推出“参与与扩展战略”，清楚展示了美国领导全球事务的意图。而美国的行动更令人遗憾，动辄动武很快成为美国习惯使用的手段。冷战后失去对手，已经成为全球唯一超级大国的美国，却偏好频繁使用武力解决问题，其频率也已经超过冷战时期。在 20 世纪 90 年代 10 年的时间里，美国海外动武约 40 次，其中强力对他国进行军事干涉的数字已高达 10 次。①

美国使用军事手段“塑造”国际安全环境的做法呈现出比较明显的趋势，这一趋势也体现在中美政治与安全关系中。这一阶段，中美之间比较突出的问题是人权、贸易和安全。虽然双方在经济与人权问题上摩擦不断，但随着 1994 年美国将中国的人权问题与给予中国贸易最惠国待遇问题脱钩，并于 1999 年结束了关于中国“入世”的谈判，所谓人权问题以及中美之间突出的经济问题都不再成为导致中美关系紧张的主要因素。相反，一度经历“蜜月”的中美军事与安全关系，却从 20 世纪 90 年代中期开始，越来越成为影响中美双边关系的重要因素。双方在这一时期经历了不少政治安全风波，甚至是危机事件，比如 1993 年的“银河号”事件，1995 年、1996 年的台海危机，1999 年轰炸中国驻贝尔格莱德大使馆事件等。中美政治与安全关系中不确定因素增加有一定的客观原因，一方面，冷战后美国成为全球唯一的超级大国，对中国的战略

① ［美］理查德·N. 哈斯：《新干涉主义》，殷雄等译，新华出版社，2000 年版，第 8 页。

需求降低，同时中国的国力军力在增强，美国将中国列为潜在“战略对手”的要求增加。另一方面，中美两国在建交后遗留下来的安全矛盾，在“蜜月期”结束后必然会显现出来。这些变化不会很快就实质性地进入到中美围绕战略武器的关系中去，也不会很快改变中美之间已经存在的战略稳定关系，但却引发两国学者与政策分析人士的关注。美国在20世纪90年代中期曾有过一场关于接触还是遏制中国的辩论，伴随着这个辩论过程，美方的对华战略目标逐步转向，主要是防止中国成为美国的下一个挑战者。而中国的学者与政策分析人士则认为，美国对华政策虽然兼具接触与遏制，但“遏制”的一面在上升。中美关系中的不确定因素，特别是安全领域的不确定因素在冷战后已经开始积累。

其次，中美战略稳定关系中的不确定因素也体现在战略武器发展与政策领域。冷战后的整个20世纪90年代，中国的核政策没有变化，形成最低核威慑后的核武库也没有明显变化。① 但美国在针对中国的核政策上却开始出现比较明显的改变。例如，美国政府改变了20世纪70年代和80年代将瞄准中国的核武器数量保持在很低水平，并于1982年将中国从“统一作战计划”（SIOP）中移除的做法，根据1998年10月完成的“统一作战计划－99”，正式将中国重新列入该计划。② 这样的改变显然反映出中美两国政治与安全关系的微妙变化。

除了美国在战略武器领域针对中国的政策调整外，美国对自身武器系统发展也有新的思路，集中在对非核战略武器的考虑上。虽然这并不意味着美国会立刻发展并部署一些非核战略武器，但非核战略武器确实成为在中美战略稳定关系中需要考虑的新内容。美国认为，核武器在冷战期间是毫无疑问的“绝对武器”，但随着时代的进步和技术的发展，其他武器技术的兴起可以在一定程度上复制、抵消或是减缓核武器的影

① 参见 Michael McDevitt，“Missile Defense and U. S. Policy Options Toward Beijing”，” China and Missile Defense：Managing U. S. － PRC Strategic Relations”，The Henry L. Stimson Center，2003，p. 86.

② Hans M. Kristensen，“The Awakening Asian Tiger China in US Nuclear Planning，” a working paper，The Nautilus Institute for Security and Sustainable Development，Novermber 2000，p. 3. http：//www. nautilus. org/wp－content/uploads/2015/07/ChinaNuke. pdf.

响。一系列非核战略武器技术，包括反导、反卫武器，远程精确打击系统等武器已经出现，这些非核战略武器会对战略稳定构成什么样的挑战，是否具备破坏战略稳定的潜力，都是美国在战略稳定领域关注的新问题。这些问题势必引发中美之间对战略稳定的讨论，成为中美都需要研究的问题。美国重视非核战略武器发展，这与美国在军事安全领域不断保持并不断追求绝对优势具有一致性。以反卫武器为例，冷战期间，美国和苏联都发展了有限的反卫能力，但双方均未大规模部署。美国的陆基、海基中段防卫系统也具备拦截卫星的能力。2008 年，美国从一艘宙斯盾巡洋舰上发射改进型的“标准－3”（SM－3 型）导弹，成功击落一颗失效的军事卫星，在当时被视作美国的反卫能力的最新展示。①作为新技术探索，2007 年中国用一枚导弹摧毁了一颗失效的气象卫星。美国国内也有声音担心，这样的动态趋势有可能加强负面的“行动—反应”循环及“零和”思维。② 尽管美国在核力量上仍保持着巨大优势，但中国国力、军力在冷战后持续保持强劲上升势头，美国对中国战略武器领域的质疑也越来越多，除了怀疑中国的核政策、核战略与核能力外，美国还会为中国制造一些“问题”，诸如中国的军事透明度问题，中国军事“威胁”论等，这些都是从 20 世纪 90 年代开始被逐渐炒作成为了关于中国的“热点问题”。

美国的核力量在数量和质量上对中国的绝对优势由来已久，中美核关系建立在非对称力量结构之上，同时将继续以非对称的方式延续和发展。这样的非对称性容易导致双方的疑虑，尤其是力量较弱一方的疑虑，进而干扰双方建立更可靠的战略稳定关系，对中美战略稳定构成挑战。一方面，中国保持现有的、数量非常少的核力量规模，且不寻求发展与美国势均力敌的核能力，但看到美国核力量发展明显不利于中国安全的一面，必然会产生疑虑；另一方面，中国国力的整体增长和军事现代化的进展，也使美国对中国战略力量的发展存有疑虑。不过，与两国业已

① “Navy Missile Hits Dying Spy Satellite, Says Pentagon,” CNN, February 21, 2008.

② Gregory D. Koblentz, Council Special Report No. 71,” Strategic Stability in the Second Nuclear Age”, November 2014, https://www.cfr.org/report/strategic-stability-second-nuclear-age.

存在的力量差距相比，美国核态势“变化”趋势中有明显不利于中国战略安全的内容，更令中国疑虑。

三、结论

对中美战略稳定关系的历史演进进行考察，可以找到衡量双方战略稳定关系的两种标准，或者说两把“尺子”。第一把尺子是经典战略稳定概念所规范的聚焦双方战略武器的政策与双边条约的安排，第二把尺子是双方围绕两国政治关系所发展的军事与安全关系。在中国拥有核力量的初始阶段，伴随中美关系的正常化，战略稳定虽然实际存在于中美之间，但并没有成为双边关系中需要特别正式讨论的具体内容，第一把尺子在这一阶段并不突出，而第二把尺子却在这一阶段产生重要的指标作用。这两个标准对于考察中美战略稳定性都有重大意义，并且在冷战结束后至今的漫长岁月里，越来越发挥出几乎同等重要的作用。在中美关系遇到困难甚至面临危机时，第二把尺子的作用更加明显，这种作用不仅影响危机本身，更会对长远的中美关系与战略稳定性发挥影响力。中美双方真正开展中美双边战略稳定性的研究是在冷战以后，而经典战略稳定概念与中美军事与安全关系始终伴随对中美战略稳定性的考察。中美战略稳定关系的历史证明，战略稳定关系主要围绕战略武器展开，冷战后相当长的时期内，中美战略稳定关系在双边关系中并不占主导地位，但这并不意味着战略稳定关系在中美双边关系中不重要。重要但不突出，应该是中美战略稳定关系在中美关系中的合理地位。

第五章　战略稳定关系的现状考察

进入21世纪，美俄（苏）传统战略稳定关系不断受到冲击，本应由两个超级核大国发挥的核裁军与战略稳定的引领作用，在美俄大国互动中并没有突出显示。美国共和党总统执政时期，即小布什和特朗普政府时期，这种“领导”作用甚至出现倒退。同时，进入21世纪，战略稳定关系中开始包含更多新的元素和新的参与者。在全球力量格局的变化过程中，影响大国战略稳定的因素也复杂多样，至少包括了安全环境判断、力量对比及国内政治因素等。

全球战略安全环境，特别是大国关系的变化，对大国战略稳定的影响是显而易见的。对于近几年全球战略安全环境的变化，美国的政策导向起到比较重要的作用。美国2015年版《国家军事战略》开篇第一句话，就是“今天的全球安全环境是40年来最难以预测的安全环境”。同时表示：“美国欢迎一个稳定、和平与繁荣的中国崛起。寻求与中国发展一种建设性的关系，这有利于中美两国人民并促进亚洲与全球的繁荣与安全。”[①] 但是，2017年底，美国《国家安全战略报告》对世界安全局势的看法已有明显变化，称“当今世界形势异常险峻，近年来种种威胁不断升级”。同时认为，中国和俄罗斯挑战美国的实力、影响和利益，企图侵蚀美国的安全和繁荣。中国试图在印度太平洋地区取代美国，扩大其国家主导的经济模式的势力范围，并以对它有利的方式改写地区秩

① The National Military Strategy of the United States of America 2015. http：//www. jcs. mil/Portals/36/Documents/Publications/2015_ National_ Military_ Strategy. pdf

序。俄罗斯试图恢复其大国地位，在其边界附近建立势力范围。①

2019 年美国国防部发布其 2018 年版的《国家军事战略》非保密版概要，其中提及的战略方针与 2018 年版《国防战略概要》概述的一系列安全趋势相结合。这些趋势，特别是美国与中国和俄罗斯重新出现的大国竞争所带来的趋势，是联合部队面临的最困难的挑战。②

中国对全球安全形势的看法相对更加稳定，但也出现变化。2015 年《中国的军事战略》白皮书开篇即是“当今世界正面临前所未有之大变局，当代中国正处于改革发展的关键阶段”。同时指出，“深化中俄两军在两国全面战略协作伙伴关系框架下的交流合作，逐步构建全面多元、可持续的机制架构，推动两军关系向更广领域、更深层次发展。构建与中美新型大国关系相适应的新型军事关系，加强防务领域对话、交流与合作……”。③ 2019 年中国政府发表的《新时代的中国国防》白皮书则认为，国际战略竞争呈上升之势。美国调整国家安全战略和国防战略，奉行单边主义政策，挑起和加剧大国竞争，大幅增加军费投入，加快提升核、太空、网络、导弹防御等领域能力，损害全球战略稳定。俄罗斯强化核、非核战略遏制能力，努力维护战略安全空间和自身利益。④ 全球和地区性安全问题持续增多。国际军控和裁军遭遇挫折，军备竞赛趋势显现。同时强调，中国按照不冲突不对抗、相互尊重、合作共赢的原则，积极稳妥处理同美国的军事关系，努力使两军关系成为两国关系的稳定器，为推进以协调、合作、稳定为基调的中美关系作出贡献。⑤

俄罗斯对外部世界的看法也在不断发生改变。其 2013 年的《外交政

---

① National Security Strategy of the United States of America 2017. https: //www. whitehouse. gov/wp - content/uploads/2017/12/NSS - Final - 12 - 18 - 2017 - 0905. pdf.

② Description of the National Military Strategy 2018, https: //www. jcs. mil/Portals/36/Documents/Publications/UNCLASS_ 2018_ National_ Military_ Strategy_ Description. pdf.

③ 中华人民共和国国务院新闻办公室：《中国的军事战略》白皮书，人民出版社，2015 年版，第 1 页。

④ 中华人民共和国国务院新闻办公室：《新时代的中国国防》白皮书，人民出版社，2019 年版，第 2 页。

⑤ 中华人民共和国国务院新闻办公室：《新时代的中国国防》白皮书，人民出版社，2019 年版，第 3 页。

策构想》中认为，国际局势出现动荡局面，全球经济危机是首先导致地缘政治版图发生深度位移的强大催化剂；第二个动荡因素是西方干预他国内政，如西亚、北非局势发生动荡，西方将自身价值观强加给他国的企图可能导致国际关系中出现动乱和失控；第三个因素是联合国地位的不稳固，这体现在某些国家试图采取安理会框架之外的单边制裁或武力行动来解决国际危机，随意解读安理会决议，实施旨在推翻合法政权的计划。俄罗斯认为自己面临的国际挑战和威胁加剧，并首度将网络空间的威胁列入重要威胁的环节。值得关注的是，俄罗斯认为当前国际形势的新特点是国际关系的重新意识形态化。① 2015 年 12 月俄罗斯通过的《国家安全战略》对俄罗斯国家安全近年来面临的新挑战和新威胁做出了回应。这一版国家安全战略指责美国及其盟友企图对俄罗斯施压，并借助政治、经济及宣传手段对俄罗斯的独立自主实施制裁，从而保持美国在全球事务中的霸权地位的行径。考虑到俄美双边关系对国际局势，尤其是在削减核武器、解决冲突和反恐战争等问题上具有极大的影响力，俄罗斯表示愿与美国在完全平等和共同利益的基础上进行合作。②

一、破坏战略稳定时代的开始

冷战期间美苏签署的一系列条约反映出双方为了维持战略稳定性所坚持的几个主要原则，即禁止发展战略导弹防御系统（不包括国土内有数量限制的点防御）；对部署的进攻性战略核武器进行逐步限制和裁减；重点裁减容易刺激首先使用核武器的系统；对削减与限制进行有效的核查等。这些原则保证双方都不敢对对方发动先发制人的进攻，在一段时期内，两个核大国的军备竞赛处于可控状态，从而有效制止了核战争的

① “俄罗斯新‘外交政策构想’出台”，http：//www. news. sohu. com/20130221/n366676840. shtml.

② 陆齐华：“俄罗斯国家安全战略的历史演进”，《俄罗斯学刊》第六卷，总第 34 期，第 38—46 页。

爆发，达到核大国之间的一种稳定状态。[①] 但这样的“稳定”虽然一定程度上限制了核大国核武器的过度发展，却无法限制两个军事超级大国争霸，实际上是保证两国处于“稳定的冲突”状态，而不是要终止这样的冲突状态。这样的战略稳定很难实质性阻止军备竞赛，只是使双方的军备竞赛在不危及各自安全的情况下可控地进行下去，两国从未真正放弃过核军备竞赛，甚至一度刺激双方军备竞赛升级。[②] 经历了冷战及冷战后十余年的发展，基本继承了美苏战略稳定框架的美俄战略稳定逐步失衡，美俄战略稳定关系的弱点日益凸显。尽管在2000年6月4日，美俄关于战略稳定合作倡议的联合声明称，两国认为其各自的核威慑能力对于维护战略稳定性和确保在国际安全环境中的可预测性是必不可少的，但布什政府仍在2002年单方面退出了被视作传统战略稳定基石的《反导条约》，这实际上已经破坏了美苏（俄）战略稳定存续的核心与基础。对美苏（俄）的战略稳定和全球整体稳定是个沉重的、也许是难以弥补的打击。按照俄罗斯总统普京的说法，其实新的军备竞赛并不是始于2019年《中导条约》被废除，而是始于2002年美国退出《反导条约》。从那时候起，俄罗斯就开始大力发展新式武器系统。[③]

根据2002年1月公布的布什政府《核态势审议报告》以及布什政府在军控领域的单边主义行为，其对核战略的重大调整总体上不利于大国战略稳定。

第一，扩大核武器使用范围。《核态势审议报告》中要求美国建立攻防兼备的“能力导向型”而不是“威胁导向型”战略力量。全面增加核威慑对象：一是在核武器总量减少的情况下继续威慑俄罗斯；二是用核打击力量和导弹防御系统威慑拥有远程运载工具的少核国家；三是用

---

① Camille Grand，“Ballistic Missile Threats，Missile Defenses，Deterrence and Strategic Stability”，Occasional Paper，Monterey，CA and Southampton：Monterey Institute of International Studies and Mountbatten Centre for International Studies，No. 5，March 2001，p. 6.

② 潘振强主编：《国际裁军与军备控制》，国防大学出版社，1996年版，第53—54页。

③ Interview to American TV Channel NBC，March 1，2018. 转引自韩克敌：“俄美的核力量、核战略与核谈判”，《俄罗斯东欧中亚研究》2019年第6期。

核武器和常规远程精确打击武器威慑“无赖国家”，特别是“邪恶轴心”国家；四是用“先发制人”的核打击与常规打击威慑拥有大规模毁伤性武器的恐怖分子或恐怖集团。

第二，全面发展导弹防御体系。2002 年版《核态势审议报告》认为寻求导弹与大规模杀伤性武器的“无赖国家”和恐怖分子将使用“美国的常规力量无法对付的武器”，攻击美国本土的要害部位和海外美军，以最小代价获取“不对称”的巨大效果。这种威胁不仅具有很大的不确定性和突发性，而且不受“核恐怖平衡”的制约，传统的“相互确保摧毁”核战略更不起作用。因此，美国必须建立导弹防御系统和防空系统，使战略力量攻防一体化，以获取对任何威胁或对手的全面优势。

第三，核打击与常规打击相结合。过去美国的战略核力量由“三位一体”的洲际弹道导弹、潜射弹道导弹和战略轰炸机组成，布什政府的核态势报告更强调战略打击手段的多样化，提出美国“新三位一体”的战略威慑力量，其中包括核与非核进攻性打击系统、主动与被动防御系统和反应灵活的基础设施。2002 年版《核态势审议报告》将核武器和常规武器统一作为进攻性战略打击力量，发展“新三位一体”的战略力量，至少表明美国的核战略有两点变化：一是从单纯依赖核武器转变为核与常规武器并重，追求战略打击手段的多样化；二是将常规武器与核武器放在一起，同样看待，用常规武器弥补削减后的核武器数量的不足，以增加美国进攻性战略力量的可靠性与可信度。而这些调整都体现出模糊核常界限，降低“核门槛”的倾向。同时，2002 年版美国《核态势审议报告》将中国列为核武器打击目标之一，也将台海危机列为使用核武器的情形之一。美国将中国置于它计划实施核攻击的 7 个国家之首，并且把台海危机列为它计划使用核武器的“突发事件”之一。尽管 2002 年版《核态势审议报告》中将中国列为核打击目标的“保密”内容是被媒体公开的，但其继续针对俄罗斯，又重点对付中国的政策倾向不用

“泄密”也可以分析出结论。①

布什政府推行单边主义，不顾国际社会特别是盟国的反对，于2001年12月13日单方面宣布退出美苏1972年签署的《反导条约》，并于2002年6月13日正式生效，破坏了全球战略稳定与核裁军的基础。实际上从20世纪90年代开始，克林顿政府就开始同俄罗斯进行谈判，以确定战略导弹防御和非战略导弹防御的区别，目的就是修改《反导条约》。而《反导条约》除了限制战略防御武器外，对在外空部署既可用于导弹防御又可用于反卫星目的的攻击性武器也施加了严格限制。《反导条约》失效后，除了在外空部署核武器还受条约限制外，在外空部署其他攻击性武器再没有法律或条约限制。美国退出《反导条约》让美俄之间的战略武器削减谈判形势黯淡。虽然美俄之间第三个削减战略武器条约在美国宣布退出《反导条约》后，仍于2002年5月24日仓促签约，但条约的削减意义大打折扣。这项被布什称为“划时代条约”的《削减进攻性战略武器条约》，又叫《莫斯科条约》（SORT），仅仅对美俄的战略核弹头总数做了一个简单限定，并允许各方在行使国家主权时可以退约。该条约允许削减的核弹头被储存起来而不必销毁，对运载工具没有做出限制，且也没有建立相应的核查机制，实际上这个仓促达成的条约并不是真正意义上的削减战略武器条约。②

俄罗斯学者认为，乔治·W. 布什上台后，开始明显偏离战略稳定原则。2002年5月签署的《削减进攻性战略武器条约》即证明了这一点，退出《反导条约》更是最具说明性的例子之一。当然，这背后还有很强的政治和意识形态动机。布什政府的意图是立足于做世界上唯一的超级

① “Nuclear Posture Review”, 8 January 2002, http://www.globalsecurity.org/wmd/library/policy/dod/npr.htm. Amy F. Woolf, “The Nuclear Posture Review: Overview and Emerging Issues”, https/fas.org/wp-content/uploads/media/The-Nuclear-Posture-Review-Overview-and-Emerging-Issues. U.S. Department of Defense. Special Briefing on the Nuclear Posture Review. News Transcript. January 9, 2002, http://www.defenselink.mil/cgi-bin/dlprint.cgi.

② 樊吉社：“美国军控政策的调整与变革：从制度建设到志愿者同盟”，《美国研究》2006年第4期。

大国，并剥夺俄罗斯的这一地位，即便在核领域也是如此。[①]哈佛大学教授、美国政治学家格雷厄姆·艾利森（Graham Allison）认为，发展导弹防御系统已经成为布什政府的信念问题，而不是政策或军事战略问题。[②]美俄双方在之后的裁军谈判中也绕过了传统军控裁军条约应坚持的可核查与不可逆原则。这样的做法客观上刺激了全球导弹攻防领域的竞赛，也刺激了导弹及大规模杀伤性武器的扩散，并且有引发太空战争的危险。[③]

除退出《反导条约》外，布什政府推行单边主义还表现在迟滞并阻挠有利于全球战略稳定的多边军控机制。明确表示不推动批准《全面禁止核试验条约》的同时，实际上仍在为恢复核试验做准备。虽然布什政府的《核态势审议报告》中表示会继续暂停核试验，但同时计划缩短重新核试验所需要的准备时间，把准备期从过去的两到三年缩短至最多不超过一年。[④] 2001 年 7 月，布什政府要求参议院“无限期推迟”审批《全面禁止核试验条约 》；8 月，宣布不再为国际现场视察能力的发展提供资金，而这是《全面禁止核试验条约》核查机制的重要组成部分；11 月，美国在联合国大会上否决了一项将《全面禁止核试验条约》置于会议议程的决议案，并随后拒绝向联合国第二次促进《全面禁止核试验条约》生效大会派出美国代表，重申不支持该条约。[⑤] 2005 年 5 月，《不扩散核武器条约》第七届审议大会在联合国召开，美国在审议会上强调无核国家履行防扩散义务，却回避多个无核国家提出的核裁军问题，这次审议大会因为美国因素没有达成共识。

---

① Andrei Kokoshin, “Ensuring Strategic Stability in the Past and Present: Theoretical and Applied Questions”, http: //www. belfercenter. org/publication/ensuring – strategic – stability – past – and – present – theoretical – and – applied – questions.

② Andrei Kokoshin, “Ensuring Strategic Stability in the Past and Present: Theoretical and Applied Questions”, http: //www. belfercenter. org/publication/ensuring – strategic – stability – past – and – present – theoretical – and – applied – questions.

③ Richard L. Garwin, “Holes in the Missile Shield”, in Sanford Lake off eds. , Strategic Defense in the Nuclear Age, Appendix, Scientific American, November 2004. p. 161.

④ Nuclear Posture Review, https: //www. nti. org/analysis/articles/nuclear – posture – review/

⑤ Presidential Election Forum: “The Candidates on Arms Control”, Arms Control Today, September 2000, http: //www. arms control. org/act/2000_ 09/pressept00. asp.

进入21世纪，俄罗斯依然强调冷战时期与美国搞军备竞赛而被拖垮的惨痛教训。“坚决放弃不惜任何代价与潜在之敌保持数量平衡的做法”，提出了“不对称”发展的建军方针，制定了均衡发展各军兵种及其他军事组织的基本原则，试图通过压缩规模、精简机构、发展高新武器，建设一支规模不大、装备精良、机动力强、职业化程度高、具有战略威慑能力和实战能力的军队。普京说：“如果军队没有前途，国家也就没有前途。”①

在这样的思想指导下，俄罗斯采取了一系列强有力的措施，尤其在其战略武器发展领域，俄罗斯持续强化战略进攻能力。为增强战略威慑与实战能力，俄罗斯放弃“不首先使用核武器”的承诺，降低了战略核力量的使用门槛，提出了“现实遏制”和“先发制人”战略，允许在发现针对俄罗斯及盟友的核突击和空天突击征候时，采取先发制人的核打击和迎击行动，使用核武器对付使用常规武器的大规模战争。特别是针对美国在中东欧国家部署核武器和反导系统的情况，俄罗斯国防部提出保留有限的战术核武器，将其作为对敌关键性军事目标和军队集团实施“惩罚”性打击的极端手段。俄罗斯核力量建设的基本思路是，调整核力量结构，由以陆基为主转向以海基和空基为主；重点发展新型战略核武器，提高战略导弹的突防能力、命中精度和毁伤能力；同时，建立战略防御力量。俄罗斯认为，在未来局部战争中，敌人将首先实施以密集弹道导弹和巡航导弹为主的空天进攻；俄罗斯面临的主要军事威胁首先是来自美国和北约的空中和太空袭击兵器；俄罗斯大约25%的目标处于其射程内，加上从水面舰艇和潜艇发射“战斧”式巡航导弹，则有45%的目标在其打击范围内。② 为了对抗美国的导弹防御系统和可能来自美国的空中和太空威胁，俄罗斯正式宣布建立“防空、反导和太空防御三位一体”的“国家空天防御系统”。在建设空天防御体系的过程中，俄罗斯并没有照搬美军的经验，而是根据俄军的特点，逐步整合陆军防空

---

① 三石：“俄罗斯对美斗争战略指导研究”，《外国军事学术》2007年第2期，第25—29页。

② 三石：“俄罗斯对美斗争战略指导研究”，《外国军事学术》，2007年第2期，第25—29页。

兵、空军防空兵、太空兵的力量，企图以此为基础打造出与战略核力量并列的新的战略遏制手段。在军控条约方面，俄罗斯认为美国单方面退出《反导条约》是错误的，也曾试图通过修改条约防止美国退约。在美退约后，俄罗斯仍配合美国达成《莫斯科条约》并签约。之后，2002 年 6 月 14 日，俄罗斯宣布，因《莫斯科条约》的达成，俄罗斯不再遵守《第二阶段削减战略武器条约》（START II），这个重要的战略武器条约因此也宣告不再有效。

二、不稳固的重返稳定时代

相较于率先破坏传统战略稳定基石的布什政府，奥巴马任内支持"无核世界"倡议，重回传统军控谈判轨道，与俄罗斯共同推动新的核裁军条约正式生效，对维护全球战略安全与稳定起到一定积极作用。2009 年 4 月 5 日，奥巴马在布拉格发表了被称作"布拉格之春"的演讲，支持一个没有核武器的世界，明确承诺美国将恪守《不扩散核武器条约》（NPT）第 6 条所规定的义务，致力于实现消除核武器的长期目标；同时，表达了进一步削减核武库的愿望，积极寻求与俄罗斯达成新的战略武器军控协议，进一步将降低核武器在美国安全中的作用作为目标，致力于寻求批准《全面禁止核试验条约》（CTBT），并设定了可能会使用核武器的非常狭窄的范围。从 2010 年开始，美国四位前政要（亦称"四巨头"，包括美国前国务卿亨利·基辛格和乔治·舒尔茨、前国防部长威廉·佩里、前参议院军事委员会主席萨姆·纳恩）提出"无核世界"的倡议，奥巴马政府予以积极回应。显然，奥巴马政府的核政策传递出清醒、克制和恪守对军控条约承诺的基调，这一基调也塑造了其任期内出台的 2010 年《核态势审议报告》。

《核态势审议报告》充分体现出奥巴马政府对美国核态势所做的积极调整，主要内容有三点：

一是对核威胁重点的新定位。该报告在开篇处就明确指出，美国面临的最紧迫和极端的危险是核恐怖主义。这样的威胁定位在美国政府文件中还是第一次出现。过去在核政策领域，美国最突出、最重要的核威胁曾经是来自苏联阵营的核战争威胁，后来又有来自所谓“流氓”国家核威胁的说法，以及来自崛起国家的不确定的核威胁等提法。尽管小布什政府后期也提到恐怖主义的大规模杀伤性武器袭击是最大的威胁，但突出地将核恐怖主义袭击定位到最高和最紧迫的威胁位置，在美国尚属首次。美国政府对核恐怖主义威胁如此定位，是基于对美国安全状况的一种现实认识。安全议程中最首要的任务，往往决定着一个国家的政治、外交努力的主方向。奥巴马政府确实将反核恐怖主义摆在美国当前首要安全目标之列，并且集中政治、外交力量对付核恐怖主义和扩散问题。该报告中对大国关系的判断比较积极，加强与俄罗斯和中国的接触成为明确的优先事项。这样的定位有利于发展大国战略稳定关系，特别是中美战略稳定关系。布莱德·罗伯茨（Brad Roberts）分析认为，尽管对于中美战略稳定的要求，奥巴马政府很少阐述其观点，但奥巴马政府确实开始在与中国的关系中优先考虑战略稳定。这在美国的战略政策中开辟了一些重要的新领域，因为以往任何一届美国政府从未像本届政府那样寻求战略稳定，并将其作为双边关系中的主导理念。[①]

二是努力使双边核削减机制化。小布什政府时期的核政策强调防扩散、反扩散，基本抛弃了需要核查的传统核裁军、核军控机制，美国政府部门的一些军控机构也被取消或大大收缩。而奥巴马政府的《核态势审议报告》则明确了走向无核世界的目标，承诺为此不断削减核武器，并且表示在恢复《削减战略武器条约》双边核裁军谈判机制基础上，准备继续深度核裁军。与此同时，奥巴马政府肯定了传统军控所注重的战略稳定性以及核查措施等。这反映了奥巴马政府力图恢复传统军控机制，并使深入核裁军机制化的一种努力。配合这一机制化削减的要求，美俄双方达成了《新削减战略武器条约》。自该条约 2011 年生效以来，美共计削减了 158 枚战略核弹头和 88 件发射装置。截至 2015 年初，美国国

① Brad Roberts：“Strategic Stability Under Obama and Trump”，*Survival* – – Global Politics and Strategy，Routledge，Vol. 59，No. 4 August – September 2017 ｜ pp. 47 – 74.

防部共存有4760枚核弹头，其中作战部署2080枚，库存2680枚。这与2009年9月美国公布的5113枚核弹头相比，大约削减了350枚。[①]

三是减少核武器在美国国家安全政策中的作用。《核态势审议报告》将美国有可能使用核武器的情况减至“只会在极端情况下为保卫美国及其盟友的关键利益才会考虑使用核武器”；继续加强常规力量以减少核武器在慑止非核进攻上的作用，使威慑核进攻成为美国核武器的唯一目标；承诺美国将不对加入《不扩散核武器条约》并遵守其核不扩散义务的无核武器国家使用或威胁使用核武器。

梳理冷战后美国的核态势调整，会发现有利于战略稳定的积极内容，或者说有明显进步意义的内容主要出现在奥巴马政府执政期间。奥巴马政府所注重的战略稳定概念，对美国战略态势形成了具体、独特的影响。这一概念最为重要的指导原则是，美国战略力量的基本能力总体能够承受一次打击，并且确定能够进行从容不迫的、毁灭性的反击。换言之，为了保持战略稳定，美国的核力量态势要具备“稳定”的能力；同时，需要将核态势中可能导致“不稳定”的因素最小化。正如美国核潜艇之父海军上将阿里·伯克曾经指出的，美国应“具备立即毁灭任何妄想对我们发动攻击、或者说已经发起攻击的任何敌人的能力，不管敌人做了些什么，什么时候做的或如何做的”。[②] 将核力量中的可能导致“不稳定”的因素最小化，是美国需要长期关注的一个问题。换言之，就是将与达到威慑之需求相适应的“美国核力量中的不稳定”因素最小化。老布什政府关于将“和平守护者”洲际弹道导弹（ICBM）退役的决定和奥巴马政府关于将分导式多弹头从所有洲际弹道导弹上拆除的决定，都是朝着这个方向的具体步骤。

关于美国核力量态势需具备的能力，可以从以下三个方面来理解。

第一，这种能力能提供威慑的最终基础。鉴于该能力所提供的选项是摧毁对方，而不是实施侵略，保持这种能力一直是美国军力规划中的

---

① Hans M. Kristensen&Robert S. Norris：“U. S. Nuclear Force, 2015”，http://thebulletin. org/2015/march/us－nuclear－forces－20158075.

② Desmond Ball, *Politics and Force Levels*: *The Strategic Missile Program of the Kennedy Administration*,（Berkeley, CA: University of California Press）, 1980, p. 12.

选项。只要美国保持其具有相互锁定属性的“三位一体”投送系统，并适当加以现代化，就能继续满足这个标准。尽管有报告表明，奥巴马政府和国会中的一些有名望的成员还在推动“二位一体”的核力量，加之财政和裁军的压力，对“三位一体”核力量的维护和现代化，并不像想象中一样理所当然，但在争取参议院认可其《新削减战略武器条约》建议的同时，奥巴马政府继续重申了保留“三位一体”的核力量并持续进行现代化的承诺。① 这至少减少了外界对其发展新核武器的担心。

第二，美国国家级指挥和控制系统（NCCS）应保持有效性、可靠性、灵活性，以及持久性和冗余性。② 由于冷战结束后的美国一度对核事务缺乏关注，为确保达到这些具体标准，需要对国家层级的指挥和控制系统予以大量投入。

第三，信息沟通的重要性不可忽视。将己方的克制态度传递给对手，甚至在冲突期间也这么做，这对于实现完全稳定的态势非常关键。国家领导人发动一场公开宣称的有限打击，必须同时通过公开和非公开渠道将相关信息明白无误地、充分地传递给对手。显然，热线是达到这一目的的一种公认的机制。

还有一个与战略稳定不直接相关、也没有纳入考虑之中的因素是数量问题。只要双方部署足够规模的核力量以进行毁灭性的报复打击，并且具备一系列实质性的有限选项，那么双方是否在数量上对等则没有太大关系。当前美国所采取的应对措施，一方面是向那些美国认可发展战略稳定关系的国家（主要是俄罗斯和中国），传递愿保持克制、维护战略稳定的信息；另一方面是采取最简单、最可靠、技术上风险最低、最廉价的解决问题方案，即在每一艘弹道导弹战略核潜艇上部署一定数量的、只装载1枚W76核弹头的“三叉戟 II D5”型导弹，或在“民兵 III

① Message of President Barack H. Obama to the U. S. Senate on the New START Treaty, February 2, 2011, http://www.whitehouse.gov/the-press-office/2011/02/02/message-president-new-start-treaty-0.

② 例如 A. B. Carter et al., eds., Managing Nuclear Operations, Washington, DC Brookings Institution, 1987, including the chapter "Continuing Control as a Requirement for Deterring" by Albert Wohlstetter and Richard Brody, pp. 142-196.

型”导弹上只装载1枚W78核弹头，这可满足降低当量的标准，同时确保可靠性和精确性。

综合分析美国核力量态势变化，仍然可以确定“两个没有变化”：一是核武器的基本作用没有变化。以最“进步”的奥巴马政府的《核态势审议报告》为例，美国核武器在国家安全中的地位也只是缩小了核武器的作用范围，去掉了过去美国消极安全保证所包含的两个条件，即如果无核国家对美国使用生化武器，或无核国与有核国家有联盟关系，则美国保留对此类无核国家进行核打击的选项。这些新提法有着降低核武器作用的意图，但也要看到，在2010年版的《核态势审议报告》中，真正去掉的只是一些并不现实的，或者说边缘性的核武器任务，而核武器的主要作用，即对核武器先发制人的攻击以及对大规模常规攻击的威慑作用仍然保留下来。二是“核作战”战略理论与能力建设没有变化。冷战期间和冷战后，美国一直在研究如何使用核武器，一直在研究如何实施“第一次打击”和预防突然袭击。为了保证核武库优势和对盟国的承诺，美国始终坚持“核作战”战略，始终坚持先发制人的政策。尽管奥巴马政府的《核态势审议报告》提出，要在执行《新削减战略武器条约》的基础上继续双边核削减，但从该条约规定以及美国后续计划看，美国在削减部署核武器数量的同时，仍要保存很强的迅速上载（uploading）能力，而且不改变以打赢核战争为目标的实质。正是这两个“没有变化”，成为美国核态势变化中不利于大国战略稳定的基本背景。

2010年签署的《新削减战略武器条约》中，对反导、先进常规武器打击等也未作实质性限制，而且允许美国保留强大的重新上载能力，[①]这进一步显示出美俄之间的战略稳定框架已经变得越来越脆弱。2011年11月底，美俄关于导弹防御的谈判宣告破裂，美国执意在欧洲部署反导

---

① Treaty Between The United States of America And The Russian Federation on Measures for The Further Reduction And Limitation of Strategic Offensive Arms, http://www.state.gov/documents/organization/140035.pdf.

系统，俄罗斯则威胁退出《新削减战略武器条约》,① 继续破坏传统战略稳定框架。在特朗普政府执政前，美国核态势调整中有三个方面的发展倾向总体上影响其他大国对战略稳定的积极态度，从而影响大国战略稳定关系：

第一，美国核战略部署中针对和防范中国的内容不断增多。将中国作为核打击目标这样的内容已不新鲜，即使这一内容在2010年版《核态势审议报告》中没有再出现，但中国是美国的核打击目标国似乎已经不是秘密。

一是美国显著增加了在西太平洋部署的核潜艇数量，同时增加了海基战略武器瞄准中国的目标数。② 美国改变其在20世纪70年代末及80年代前期瞄准中国的很低水平的核武器数量，将原来瞄准俄罗斯的核武器部分转向瞄准中国，数量达到大约1500枚到2500枚③；同时，美国将装载在潜艇上的弹道导弹替换为精确度显著提高的三叉戟ⅡD－5型导弹，对于导弹上安装的弹头也依据形势所需有所变化。美国海军于1999年9月开始在太平洋海域增加部署在战略潜艇上的W－88核弹头（当时美国核武库中最强大的弹头）数量，在接下来的若干年中，可能将W－88核弹头瞄准中国。④ 未来也有可能部分安装低当量弹头，比如10万吨

① Josh Rogin, "Medvedev announces failure of U. S. – Russia missile defense talks; threatens to withdraw from New START", http://www.thecable.foreignpolicy.com/posts/2011/11/23/medvedev_announces_failure_of_us_russia_missile_defense_talks threatens to withdraw.

② 未来美国海军将保留所有14艘“俄亥俄”级核潜艇。即便将来有可能减少到12艘，也绝不会影响装备在战略核潜艇上的核弹头的数量。Natural Resources Defense Council, "US Nuclear forces, 2007", *Bulletin of the Atomic Scientists*, Vol. 63, No. 1, 2007, pp. 79–82. 美国国防部长帕内塔在第11届香格里拉对话会上，就美国的亚太安全政策调整发言，明确了未来美国在西太平洋的军力部署，称在2020年前，美国海军将把目前太平洋和大西洋地区五五均分的力量配置重新调整为6∶4。其中，太平洋地区将部署6艘航母，以及美军大多数的巡洋舰、驱逐舰、濒海战斗舰和潜艇。参见 http://www.iiss.org/conferences/the-shangri-la-dialogue/shangri-la-dialogue-2012/speeches/first-plenary-session/leon-panetta/.

③ Jon Dougherty, "Wars and Rumors of Wars U. S. to Target China with Nukes will Turn Weapons Toward Asian Power, Away from Russia", September 5, 2001, http://www.worldnetdaily.com/news/article.asp? ARTICLE ID = 24340 & Bruce Blair, US "expanding nuclear targets", https://www.theguardian.com/world/2000/jun/16/3.

④ William J. Broad, "Spies vs. Sweat: The Debate Over China's Nuclear Advance," *the New York Time*, September 7, 1999, p. A14.

级当量的 W－76 弹头。①

二是美国空军为 B－52 轰炸机加装的远程核巡航导弹（ALCMs）将在 2020 年退役，但 2015 年空军提出购买约 1000 枚新的更先进的远程防区外核航导弹（LRSO）计划，这几乎是美国现有远程空基核巡航导弹数量的 2 倍。② 此举遭到包括美国前国防部长佩里在内的有识之士的公开反对，认为此种新的空基核弹极易造成误判和危机升级，在紧张情况下造成核战争。③ 美国空军还增强了 B－2 隐形轰炸机的航电系统，使之能在极低的高度飞行，以免被最高性能的雷达探测到。④ 美国军力部署的调整，特别是加强核力量的部署，对中国战略武器的生存能力明显构成挑战。

第二，继续发展导弹防御系统。发展战略导弹防御计划不仅容易引发核军备竞赛，破坏有核国家的关系，进而破坏战略稳定，而且使得深度核裁军难以实现。纵观军备控制的历史，限制战略导弹防御系统的发展曾经是全球战略稳定与大国核军控的基石。1972 年的《反导条约》（ABM）禁止部署国家导弹防御系统，使反导不再成为美苏两个超级大国之间战略稳定的威胁。但 2002 年，美国退出 ABM 条约并开始部署国家反导系统，破坏了战略稳定的基石。美国的军控界一直对导弹防御体系持反对态度，民主党传统上也反对部署反导系统或主张限制导弹防御系统的发展。虽然是否反对战略导弹防御多年来已经成为划分民主、共和两党阵营的重要参考标准之一，且各方也期待民主党的奥巴马政府在这方面有更进一步的主张，但从其任期内颁布的《核态势审议报告》可以看出，在这个问题上，民主党已经默认了共和党的一贯立场。奥巴马

---

① 2015，5 CSIS：Project Atom，Stimson Center，the Center for a New American Security（CNAS），and the National Institute for Public Policy（NIPP）. 2015，5.

② Kingston Reif：“Air Force Wants 1，000 New Cruise Missiles”，https：//www. armscontrol. org/ACT/2015_ 05/News/Air－Force－Wants－Thousand－New－Cruise－Missiles.

③ William J. Perry and Andy Weber：“Mr. President，kill the new cruise missile”. https：//www. washingtonpost. com/opinions/mr－president－kill－the－new－cruise－missile/2015/10/15/e3e2807c－6ecd－11e5－9bfe－e59f5e244f92_ story. html. Hans M. Kristensen：“80－1 Warhead Selected For New Nuclear Cruise Missile”，https：//fas. org/blogs/security/2014/10/w80－1_ lrso/

④ Keir A. Lieber and Garyl Press，The Rise of U. S. Nuclear Primacy. Foreign Affairs，Vol. 85，No. 2（March/April 2006），pp. 42－54.

政府拒绝接受对导弹防御计划的任何限制，这使其无法实现该政府核政策中的其他目标。[①]奥巴马政府的核政策中原本就存在一些自相矛盾的内容要素，矛盾点突出体现在其全球反导政策上。一方面，奥巴马政府表达了同中国和俄罗斯保持战略稳定的意愿，打算进一步推动核裁军，努力迈向无核世界；另一方面，继续推进全球反导系统的部署，尤其加速发展亚太反导系统。结合“重返亚太”战略，奥巴马在其执政 8 年时间里向亚太地区密集部署了各种性能的，其中不乏还在试验阶段，且并未正式通过“有效性”测试的反导拦截装置和预警装置，比如在阿拉斯加部署的地基拦截系统并没有通过导弹防御局的可行性评估。[②] 美国在亚太部署了海基和陆基相结合的反导系统，旨在拦截短程和飞行中段的导弹。[③] 在亚太反导合作上，奥巴马执政期间推动建立美日澳、美日韩两个三边反导合作框架。美日澳三边反导合作推进相对顺利，2012 年 9 月三国外长已经同意在其三边安全对话机制中成立弹道导弹防御合作工作组。2014 年 12 月，美日韩三国正式签署《关于朝鲜核武器和导弹威胁的情报交流协议》，明确韩日两国将通过美国交流有关朝鲜的导弹发射情报。在反导部署方面，继在日本部署 X 波段雷达后，美国开始着手在韩国部署战区高空区域防御系统（THAAD），而 THAAD 系统部署在韩国的真正问题，还是在于 X 波段雷达的同步部署，其真正目标是中国。[④] X 波段雷达频率高，容易做成宽频带，具有雷达成像、目标识别功能，可以识别是弹头还是诱饵，分辨是什么类型，同时还有一定的反隐身功能。更重要的是 THAAD 系统中的控制中心（C^2BMC，也称指挥、控制及作战管理、通信系统），可与美国反导大系统中所有反导设备的控制中心联网，从而很方便地纳入美国的反导大系统。这正是 THAAD 系统严重

---

① Wu Riqiang: “No Stability Without Limits On Missile Defense”, http: //thebulletin. org/limit—or – expand—missile – defense7647.

② Michael Mayer, *US Missile Defense Srategy: Egaging the Debate*, Colorado: Lynne Rienner Publishers, 2015, p. 176.

③ Ian E. Rinehart, Steven A. Hildreth, and Susan V. Lawrence, “Ballistic Missile Defense in the Asia – Pacific Region: Cooperation and Opposition,” Congressional Research Service, June 24 2013.

④ Wu Riqiang, “China's Anxiety About US Missile Defence: A Solution” . *Survival*, Vol. 55 No. 5, October – November 2013, pp. 29 – 52.

损害我国家战略安全利益的关键所在。[1] 美国太空雷达的发展也在降低中国战略武器的隐蔽性，损害其生存和机动能力。[2] 这些举动当然会引发中国高度关注和担忧，中国政府官员和学者已反复强调美国在韩部署THAAD反导系统的危害，认为其既不能真正提高韩国的防御能力，还将严重影响中韩关系发展。[3] 因此，美国导弹防御系统的发展与部署将加剧中美战略关系的失衡，不利于双方保持战略稳定。美国也许有意低估了其退出《反导条约》，以及研发、部署全球导弹防御系统对战略稳定的破坏作用，甚至把俄罗斯和中国的反应仅仅描述为“保持关切”。但实际情况是，美国的反导系统对中国这样的少核国家造成极大压力，中国的反对态度一直很明确。在美国的压力下，中国在技术上也开始投入研究，实属被动做出的反应。美国在一些报告中把中国这种合理且相当克制的反应称为“提高赌注”，其实美国更应该思考的问题是，美国为什么要摆出这种不利于战略稳定的“赌局”？

建立在非对称力量结构之上的大国战略稳定，可能将继续以非对称的方式发展。比如中国实际保持现有的、数量非常少的核力量规模，并不寻求发展与美国或其他核大国势均力敌的核能力。但如果美国坚持发展并扩大其反导部署，尤其是增加在亚太地区的部署，中国战略威慑能力所面临的挑战是显而易见的。这必然会引起中国的疑虑，促使中国为确保自身核威慑能力而设法提高核武器的生存能力。经典军控理论在中国学界依然有很大影响，即在进攻性战略武器势均力敌的前提下，当一方加强防御性武器，即造成战略不稳定，而对于进攻性战略武器原本就处于劣势的国家威胁就更大。中国正是这样处于劣势的国家。虽然美国政府坚称弹道导弹防御系统纯粹是防御性的，旨在对付来自朝鲜和伊朗这类国家的威胁而并不针对俄罗斯或中国，但这种辩解显然不能令中国

---

① 郭衍莹：“美国当前反导系统建设现状及动向”，《知远防务评论》，2018年第6期。

② Li Bin, “Tracking Chinese Strategic Mobile Missiles”, *Science&Global Security*, Vol. 15, No. 1, 2007, pp. 1 – 30.

③ Wu Riqiang, “China's Anxiety About US Missile Defence: A Solution”, *Survival*, Vol. 55 No. 5, October – November 2013, pp. 29 – 52；“中国大使：韩部署区域防御系统严重损坏两国关系”，http://mil. news. sina. com. cn/2014 – 11 – 27/0836813009. html.

信服，何况连美国负责导弹防御项目的官员都曾指出，美国建立导弹防御的努力中有中国因素，至少在东北亚地区是如此。①

第三，研发新的核弹头。小布什政府时期的《核态势审议报告》保密版曾被媒体透露，其中提到美国国家核安全局（NNSA）要开展“先进概念倡议”（Advance Concepts initiative）研究，包括改进现有弹头以增加当量灵活度，以及研发减小附带损伤的弹头等。根据2010年的《核态势审议报告》，奥巴马政府声称不再研发新的核弹头，不支持新的军事任务或提供新的军事能力，应该说这是个明显的进步。不过，在谈到核武库管理计划时，该报告一方面提出不进行核试验，“延寿计划”（LEP）将只使用核试验验证过的核部件；另一方面却提出“具体问题具体对待”，即可根据需要进行“翻新”“再利用”或“替代”核部件。②虽然该报告未对“新的核弹头”和“替代”等概念加以明确定义，但在核武器实验室的用语中，“替代”就是对核部件、核物理包进行重新设计。依据美国国会2003年有关法案的定义，如果引入了2002年以前核武库不存在的核部件，就算是新弹头，“替代”行动也就算是设计新弹头。小布什政府的“可靠替代核弹头（RRW）”计划之所以饱受批评并最终搁浅，正是因重新设计弹头而引发了可靠性质疑。2010年版《核态势审议报告》回避定义的模糊处理，可以说为核武器实验室设计新弹头预留了空间。从奥巴马政府2011年政府预算案中也可看出，奥巴马为了争取在反核恐、防扩散、裁军行动以及批准《全面禁止核试验条约》等军控进程方面争取到共和党的更多支持，愿意在核武库维护计划以及核综合体建设方面做出让步，给予美国核武器实验室更多的经费和研发空间。美国核武库“延寿计划”因此从中得益，其中就包括对B61系列弹头研发改造和现场投放试验，生产出具备新的军事能力的精确制导核弹B61-12。美国公开研发这种给无控核航弹安装精确制导组件的小型核

---

① Ann Scott Tyson, “U. S. Missile Defense Being Expanded, General Says”, *The Washington Post*, July 22, 2005, http://www.washingtonpost.com/wp-dyn/content/article/2005/07/21/AR2005072102356.html.

② U. S. Department of Defense, Nuclear Posture Review Report, April 2010, pp 37-39, http://www.defense.gov/npr/docs/2010%20nuclear%20posture%20review%20report.pdf.

弹钻地弹，并赋予这一炸弹新的军事能力，明显违背了奥巴马政府的官方政策承诺，对此美国相关领域专家也给予了批评。①

俄罗斯的核政策也在调整中，比如2009年版的《国家安全战略》中表述为“保存核潜力”这样的一般字眼，在2015年版的《国家安全战略》略显强硬，坚决表明动用核武是捍卫国家利益的有效选项。②而根据2010年的《俄罗斯联邦军事学说》，“核武器仍将是防止核军事冲突和常规军事冲突的重要因素”。同时强调：“当俄罗斯及其盟国受到核武器和其他大规模毁伤性武器进攻时，以及当俄罗斯受到常规武器进攻而生存受到威胁时，俄罗斯有权使用核武器进行还击。”③ 2014年《俄罗斯联邦军事学说》中认为，核武器将仍然是防止爆发核军事冲突和使用常规武器的军事冲突（大规模战争，区域战争）的重要因素。俄罗斯联邦在遏制和预防军事冲突方面的主要任务中，要充分维持全球和区域稳定以及核威慑潜力。在减少和限制核导弹武器方面遵守俄罗斯联邦的国际条约；建立应对互惠双边和多边合作以应对可能的导弹威胁的机制，包括在必要时建立俄罗斯平等参与的联合反导防御系统；通过部署战略反导防御系统，将武器置于外层空间，部署战略无核精密武器系统来抵消个别国家（国家集团）企图取得军事优势的企图；缔结一项关于防止在外层空间放置任何类型武器的国际条约；与其他任何军事冲突一样，防止核军事冲突是俄罗斯联邦军事政策的基础。俄罗斯联邦保留使用核武器的权利，以应对对其和（或）其盟友使用核武器和其他类型的大规模毁灭性武器，以及在威胁到俄罗斯联邦使用常规武器的情况下使用常规武器进行侵略的情况。④

---

① Hans M. Kristensen：B61 LEP：Increasing NATO Nuclear Capability and Precision Low - Yield Strikes. http：//www. fas. org/blogs/security/2011/06/b61 - 12/. Hans M. Kristensen：Video Shows Earth - Penetrating Capability of B61 - 12 Nuclear Bomb. http：//fas. org/blogs/security/2016/01/b61 - 12_ earth - penetration/.

② 罗英杰等：《俄罗斯国家安全战略研究》，时事出版社，2020年版，第240页。

③ 张玉华：“2010年版《俄罗斯联邦军事学说》评析”，《国防》，2010年7月，第69—71页。

④ 2014年《俄罗斯联邦军事学说》，http：//www. scrf. gov. ru/security/military/document129/.

三、令人担忧的不稳定时代

2017年特朗普正式就任美国总统以来，全球安全态势中的不确定因素明显增加，体现在战略关系领域，也体现在美国政府的核态势调整上，更体现在美国政府不断退出已有军控条约体系上。而俄罗斯的政策与行动反应也非常明确，根据2020年6月最新颁布的《俄罗斯核威慑国家政策》，就俄罗斯核威慑的本质、核武器的使用条件，以及俄联邦政府机构与组织执行本政策的任务和职能做了政策表述。其中，俄联邦使用核武器的条件表述如下：（1）当获得俄联邦领土和（或）俄盟友领土将遭到弹道导弹攻击的准确情报时；（2）敌方对俄罗斯领土和（或）俄盟友领土使用核武器或其他大规模杀伤性武器时；（3）俄罗斯极其重要的国家或军事设施遭受敌方影响，导致俄核反击能力破坏时；（4）使用常规武器对俄罗斯实施侵略并威胁到俄罗斯的国家存亡时。同时认为，俄罗斯总统如有必要，可将俄罗斯准备使用核武器或使用核武器的决定以及使用这些武器的事实告知其他国家和（或）国际组织的军事政治领导人。①

经历了20年（1999—2019年）的持续努力，俄罗斯认为，通过核武器的现代化及研发新型常规武器，俄罗斯的战略力量得到了加强，其战略威慑能力也得以恢复。普京总统在2018年和2019年通过两次国情咨文公开了俄罗斯庞大的武器研制计划，包括“先锋”导弹系统、“萨尔马特”洲际弹道导弹、“佩列斯韦特”激光系统、“匕首”超音速弹道导弹、“海燕”核动力巡航导弹、“海神”核动力无人潜航器、“锆石”高超声速反舰导弹和国家导弹防御体系等。② 俄罗斯还在不断加强其中短

① 内容参见“俄新版核威慑政策给美划出红线”，https：//www. sohu. com/a/400487433_162758. 韩显阳：“俄罗斯以核威慑回击美国战略挤压”，https：//epaper. gmw. cn/gmrb/html/2020 - 06/08/nw. D110000gmrb_ 20200608_ 1 - 16. htm.

② 韩克敌：“俄美的核力量、核战略与核谈判”，《俄罗斯东欧中亚研究》，2019年第6期。

程“伊斯坎德尔”导弹系统（Iskander - M/E）并进行前沿部署。在2019莫斯科国际军事技术论坛上，俄方首次公开了“萨尔马特”重型洲际弹道导弹的一些战术性能。① 可以看出，俄罗斯新的武器研发计划非常庞大，几乎涵盖战略武器和高新技术武器的所有领域。

俄罗斯认为，其正在进行的战略核力量现代化有法律依据。比如《新削减战略武器条约》第5条说，在本条约规定的前提下，可以进行进攻性战略武器的替代（replacement）和现代化（modernization）。所以在过去的5年中，为保持高质量的准备水平并改善其指挥和控制系统，俄罗斯做出了重要的努力。其战略导弹部队已接收80多枚洲际弹道导弹。战略导弹部队中现代资产的比例已达到66%，而其克服敌方进攻的导弹防御能力则提高了30%。正在开发包括“重型”在内的新型的未来导弹。它们的特征将使它们能够携带更好的有效载荷，并使用更好的导弹防御穿透器。海军正在接收新一代平台，不断推动改进“北风之神”核潜艇，因此，潜艇现代化占总数的82%，还配备了102枚潜射弹道导弹。该潜水艇噪声更小，生存力更高，战斗力也高了25%。另外还正在建造5艘“北风之神”级战略核潜艇。战略空军也正在现代化。改进图-160M和图-95MC老式战略轰炸机，使其拥有更强大的发动机和改进的航空电子设备。它们还配备了携带更高效的空基巡航导弹（ALCM）的能力。②在俄罗斯军费开支长期处于低水平情况下，核力量建设投入依然得到充分保证。2019年，俄“三位一体”核力量的现代化装备占比达82%，战略火箭兵中现代化装备占比超过76%。③

2018年美国《核态势审议报告》是特朗普政府削弱大国战略稳定的核政策重点。其内容几乎完全放弃了奥巴马政府《核态势审议报告》中有利于战略稳定的积极内容，而以不利于战略稳定的消极内容为主要特

① 具体为：起飞重量208.1吨，有效载荷近10吨，射程1.8万千米，导弹弹长35.5米，直径3米，燃料178吨，战斗部为分导式核弹头。参见：《俄“萨尔马特”重型洲际弹道导弹的性能首为人知》，http：//www.sputniknews.cn/politics/201906281028869701/.

② Vladimir Leontiev：“Modernization of Nuclear Weapons：How It Influences Strategic Stability”，http：//www.pircenter.org/en/articles/2187 - 529867.

③ “俄罗斯核威慑政策变了吗”，《中国青年报》2020年6月11日，http：//www.xinhuanet.cocm/mil/2020 - 06/11/c_ 1210656291.htm.

色。2018年《核态势审议报告》大力渲染国际局势恶化，强调大国竞争，将俄罗斯和中国视为主要威胁，决定升级美国核武库，降低核武器使用门槛等。这些政策选项不仅会破坏中美之间实际存在的战略稳定关系，也将严重影响全球战略稳定。该《核态势审议报告》非常清楚地反映了特朗普政府的政策倾向，提供的是政府高层的战略理念，反映出当前美国决策层如何看待核秩序、看待核武器的作用，传递出政府领导层的观点。特朗普政府的核政策将导致什么样的核力量态势，引发何种程度的大国竞争，给全球战略稳定带来何种程度的负面影响等，前景令人担忧。结合2018年版《审议报告》的具体内容，综合考虑特朗普政府在军控安全领域的做法，总体上传递出的是消极信号，对大国双边战略稳定性及全球战略稳定的负面影响也会逐步显露。

首先，将主要大国列为首要核威胁。美国2010年版《核态势审议报告》认定的三大威胁为核恐怖主义威胁、核扩散威胁、俄罗斯和中国的传统核威胁。这样的核威胁重点排序，客观上不会激化大国关系，有利于全球核安全合作，当然也有利于战略稳定性。2018年版《核态势审议报告》整体上认为美国面临着迅速恶化的安全环境，将俄罗斯和中国列为首要核威胁，不利于发展战略稳定关系的安全环境。该报告中有160处提及俄罗斯，55处提及中国，其中9处将俄罗斯与中国相提并论。显然，2018年报告中的威胁排序放大了大国威胁，把大国竞争甚至对抗的威胁放在首位。在针对中国的部分，该报告认为中国扩大并推进其核力量的现代化，在武器库中添加新型的、有针对性核能力的武器，对美国在西太平洋的传统军事优势构成挑战。为此，该报告明确了针对中国"量身定制"的威慑战略，即可以通过有限的战区核能力占据优势，或可以接受有限使用这种核能力，旨在防止中国发生误判。虽然该报告中也提及将"继续与中国开展对话，加强对彼此核政策、核战略和核能力的了解，提高透明度，并致力于管理误判误解的风险"等①，但在报告整体基调消极且大量渲染大国核威胁的气氛中，这种开展对话的表述显

① Nulear Posture Review 2018, https://www.dod.defense.gov/News/SpecialReports/2018 Nuclear-PostureReview.aspx.

得苍白无力。对安全环境的评价是进行核态势评估的基础。如果认为安全环境更具威胁性，尤其是大国威胁显著增加，那么核态势的调整将更具进攻性和针对性，更易导致大国间出现危机不稳定和军备竞赛不稳定。

其次，扩大核武器使用范围。2010 年版《核态势审议报告》称核武器的根本作用是遏止核攻击，并称仅会在极端情况下使用核武器。2018 年版《核态势审议报告》不但强调核威慑的重要作用，重申对延伸核威慑的承诺，而且将可能使用核武器的“极端情况”范围明确扩大到“非核进攻”。该报告强调指出，美国的核武器既是用来慑止核威胁，也是用来慑止非核威胁，“包括慑止新形式的进攻”，并称将在遭到“重大非核战略攻击”，如民众或基础设施遭到重大攻击时使用核武器。关于这种“极端情况”是否包括网络或生物攻击，美国国防部副部长约翰·鲁德（John Rood）在“评估”发布吹风会上被问及时并未作正面回答，只是表示对此类攻击的反击包括核或非核手段，将视“情形”和“后果”而定，并称对“极端情况”保持一定的模糊性是美国一贯的政策，符合美国的利益，也是加强威慑的一部分。[①] 2018 年版《核态势审议报告》所称的非核战略威胁还可能来自《不扩散核武器条约》中的无核武器成员国，这些国家正在享受美国提供的安全保证，即美国不会对他们使用或威胁使用核武器。2018 年《核态势审议报告》对这些国家提出了警告，即如果出现会导致政策改变的威胁，美国将“保留”调整这种保证的“权利”；2018 年“审议报告”指出，基于觉察到的威胁，美国将在必要时对任何国家使用核武器。此外，虽然美国的威慑态势始终是为了保护美国及其盟友，但 2018 年《核态势审议报告》宣布有必要将延伸威慑扩大到未指明的“合作伙伴”，似乎有意让核武器发挥更大作用，并覆盖更多的国家。考虑到核武器被赋予多重作用，该报告强调必须加强全域威慑，并缩小美国威慑态势中可能存在的任何差距。为此，针对每个特定对手，威慑必须要“量身定做”，有必要保持灵活的力量和多

① 美国国防部 2018 年核态势评估新闻简报会，2018 年 2 月 2 日，https：//www.defense.gov/News/Transcripts/Transcript - View/Article/1431945/news - briefing - on - the - 2018 - nuclear - posture - review/.

样化的选择，从而能够应对每一个潜在对手的特殊性并做出独特的决策。

第三，模糊核常武器区别，降低核武器使用“门槛”。2018 年版《核态势审议报告》特别关注常规冲突中的核升级威胁，强调核常结合的应对能力。特朗普政府认为，基于俄罗斯可能认为其在低水平核升级上具有胁迫性的优势，美国需要“全域能力和对应的选项”，以确保总统能够在任何情形下做出有效反应。这就包括在低水平升级上具备可用选项，并特别强调常规力量与核力量的结合使用。“美国军队将确保他们整合核与非核规划与行动的能力。为了履行这一使命，指挥部和军种将组织起来并获取资源，通过计划、训练和演习将美国的核与非核力量结合起来，在敌手实施核威胁和攻击时采取行动。”基于此逻辑，2018 年《核态势审议报告》认为，在冲突中俄罗斯可能威胁对美进行先发制人的有限打击，美国可通过提升在低水平升级中的能力加以应对，增加可用选项以抵消俄潜在的胁迫性优势。2018 年《核态势审议报告》认为，以往的核政策不足以应对正在出现的更具威胁性的世界，美国威慑能力的弱点必须予以修复，实现“全域”的能力，且为了达到这个目标，必须向总统提供备选方案。该报告指出，这一切都与美国长期奉行的核威慑政策保持一致。为了强化“量身定做”的威慑理念，体现美国有灵活、可信、低当量的核选择。2018 年《核态势审议报告》在现代化方案中增加了三个新的项目：（1）一种新型的装载核弹头的远程防区外武器，即一种从空中发射的、携带核弹头的巡航导弹，可以增强美国轰炸机的威力，并改进突防能力。在 2018 年《核态势审议报告》中，远程防区外核航导弹（LRSO）的替换计划将在未来保留能够投送防区外武器的轰炸机兵力，这种防区外武器能够突破先进的综合防空系统，不被其摧毁，从而对轰炸机这一支柱的长期有效性提供了保障。① （2）远期发展一种新型的、潜射巡航导弹（SLCM），可提供区域打击能力，并抵消俄罗斯违反《中导条约》的行为。（3）近期发展一种新的低当量核武

---

① U. S. Department of Defense, Nuclear Posture Review, February 2018. https://media.defense.gov/2018/Feb/02/2001872886/-1/-1/1/2018-NUCLEAR-POSTURE-REVIEW-FINAL-REPORT.PDF

器，计划在弹道导弹潜艇上部署低当量核武器，改进一小部分现有的潜射弹道导弹（SLBM），加载低当量核弹头，为区域打击提供平台。这些项目模糊了核常门槛，非常不利于战略稳定。由于远程防区外核航导弹和潜射巡航导弹可能是高当量或者低当量武器，以及可以装备常规或者核弹头，敌手将无法区分常规打击还是核打击，也无法区分有限还是无限的核打击。为此，2018 年《核态势审议报告》在美国也遭到广泛批评。例如，美国前助理国防部长安德鲁·韦伯指出，“这些新武器极大地增加了误判的可能性，并侵蚀了 70 年来反对使用核武器的核禁忌”。[①]还有类似的分析认为，2018 年《核态势审议报告》中关于现代化的建议是个“破坏稳定性的错误”，有可能导致“灾难性的混乱”。

第四，明确发展低当量核武器，降低核武器使用门槛。2018 年《核态势审议报告》提出增加低当量核武器的数量和种类，并以俄罗斯核态势调整为由增加低当量核武器，也包括增加潜射低当量核弹，这将进一步增加核战的风险，对保持战略稳定性极为不利。美国 2018 年《核态势审议报告》公布了研发低当量核武器的近远期规划，重新提升了战术核武器的地位和作用。近期计划包括改进一小部分现有的潜射弹道导弹，为既有的“三叉戟 -2M 等潜射弹道导弹配备低当量核弹头，用来防止地区侵略。长期而言，美国将追求现代海基核巡航导弹。与双功能飞机不同，低当量的潜射弹道导弹弹头和海基核巡航导弹不需要或依赖东道国的支持来提供威慑效果，并将在平台、范围和生存能力方面提供额外的多样性，为未来的核“突围”场景提供有价值的对冲。[②] 报告认为，俄罗斯在核武器制造能力和非战略力量方面具备相对于美国及其盟友的巨大优势；美国进行的核态势调整，是要让俄罗斯认识到，即使是首先有限使用核武器也将付出“不可估量的和无法承受的代价”。然而，且不论俄罗斯将对美国的核态势调整作何反应，低当量核武器本身的风险是显而易见的。这一认识在中美两国的学术圈中有一定共识：一是所谓

---

① Andy C. Weber, “Trump Wants New Nukes. We Can’t Let Him Have Them”, https://www.huffpost.com/entry/opinion-weber-trump-nuclear_n_5a60e243e4b01767e3d17d92.

② 参见 U. S. Department of Defense, Nuclear Posture Review, February 2018, p. 52.

“低当量”感觉上不算大规模杀伤性武器，模糊了战略武器和非战略武器的界限，从而使决策者更容易使用核武器；二是被袭击者难以判断突袭导弹的当量性质，因误判引发核战争的可能性增大；三是所谓的“低当量”核武器，其爆炸当量也大约相当于第二次世界大战结束时美国投放到长崎（约 2 万吨）和广岛（约 1.5 万吨）的原子弹，依然有巨大的毁伤力。①

特朗普政府扩大核武器使用范围，模糊核常武器界限，发展低当量核武器，都是刺激对手先发制人的手段，更易导致危机不稳定以及军备竞赛不稳定。尽管 2018 年《核态势审议报告》也宣称，扩大灵活的美国核选项可确保潜在的敌人不会认为他们在有限的核升级中能得到任何优势，从而降低使用核武器的可能性，提高了核门槛，但 2018 年《核态势审议报告》将核武器使用范围扩大到应对非核战略攻击并增加低当量核武器数量，且对“极端情况”的范围保持一定模糊性，势必引发核武器更容易被使用，导致首先使用核武器的可能性增加，这事实上是在降低使用核武器的核门槛，而不是相反。

以上政策选项同样引发美国政界、学界广泛质疑。美国加利福尼亚州州长埃德蒙·布朗（Edmund G. Brown）、美国前国防部长威廉·佩里（william J. Perry）、美国前国务卿乔治·舒尔茨（George P. Shultz）等 30 余位前政要、退役将领联名致信国会，强烈要求国会拒绝特朗普政府提出的为三叉戟导弹研制新的、更实用的“低当量”核弹头的要求。② 针对此类发展低当量核武器的计划，佩里、舒尔茨等前政要在信中给出一系列理由，认为“这些所谓的‘低当量’武器是通向核灾难的大门，不应去追求……美国不需要这种武器，制造这些武器将使美国更不安全。第一，不存在“威慑差距”。美国拥有大约 4000 枚核弹头，其中一半部署在陆基导弹、潜艇和轰炸机上。政府正

① Ricky Zipp，“What exactly is a low – yield nuclear weapon?” http：//dc. medill. northwestern. edu/blog/2018/02/09/exactly – low – yield – nuclear – weapon/#sthash. fMyrHnfa. dpbs.

② 特朗普政府为填补所谓的“威慑差距”，希望在“俄亥俄”级潜艇上开发和部署新的“三叉戟 II” D5 导弹的低当量核弹头。政府要求国会在 2019 财政年度为这种新弹头拨款 8800 万美元，纳入定于该财年完成的 W76 延寿计划中。

在重建这座军火库，在未来30年里，加上通货膨胀因素，估计耗资将达到1.7万亿美元。这个庞大的计划非常过度，并给予俄罗斯新的军备竞赛增加了新的内容，应该予以缩减。与此同时，俄罗斯不会怀疑，美国关于保持毫不含糊的强大核威慑力量的态度是认真的。第二，美国已经有许多低当量核武器。作为这个庞大军火库的一部分，美国已经拥有大约1000枚包括低当量选项的核武器，而且这些武器正在以巨大的耗资实现现代化。如果总统需要使用低当量核武器，他已经有很多选择。第三，核战争无法控制。也许整个争论中最大的谬误就是错误地和危险地认为，“小规模”核战争仍将是小规模的。如果认为俄罗斯使用“低当量”核武器，而美国做出同样的反应，冲突就可维持在这个水平，这是一种站不住脚的理论。①

实际上，有限核战争不可能存在，为这样的一场战争做准备是愚蠢的。正如里根政府国务卿乔治·舒尔茨所言，核武器就是核武器。你使用一枚小型核武器，然后你就会使用更大的。我认为核武器就是核武器，我们需要在那儿划出界限。② 时任美国防长马蒂斯也表态支持：“我认为没有像‘战术核武器’这样的东西存在，任何核武器无论在什么时候被使用，都会从战略上改变‘游戏规则’。”③ 遗憾的是，特朗普政府并没有调整其危险的政策选项，2020年2月4日，美国国防部证实已经正式部署低当量核弹头，W76－2低当量核弹头主要装备于“三叉戟II”D5潜射弹道导弹上，该导弹也是美现役海基核力量主力“俄亥俄”级战略核潜艇的主要武器装备。④ W76－2是一种新型的“低当量”核武器，其

① “Experts Write Letter to Congress to Stop Low－yield Nuclear Warheads”, http://www.wjperryproject.org/notes－from－the－brink/letter－to－congress－stop－low－yield－nuclear－weapons.

② Connor O' Brien, “Shultz warns Congress against low－yield nuclear weapons”, http://www.politico.com/story/2018/01/25/nuclear－weapons－george－schultz－369450.

③ Experts Write Letter to Congress to Stop Low－yield Nuclear Warheads, http://www.wjperryproject.org/notes－from－the－brink/letter－to－congress－stop－low－yield－nuclear－weapons.

④ 美国海军共拥有18艘“俄亥俄”级核潜艇，其中14艘各携带24枚“三叉戟II”型导弹。目前，“田纳西”号潜艇上有1—2枚导弹加载W76－2弹头。

爆炸威力是美国军火库中威力最大的常规炸药的500倍。[1] 据美国科学家联合会发表文章称，美国海军已经在“田纳西”号潜艇上部署了这一核弹头，该潜艇已于2019年底从美国海军乔治亚基地前往大西洋巡逻。[2] 根据美国2021财年预算，除了原有的W76、W88核弹头外，美国核武器委员会与国防部副部长批准发展完全新型的核弹头W93，W93核弹头项目将被用作替换美国海军的“三叉戟II”D5海基弹道导弹。[3] 这也是几十年来美国第一次研发全新的核弹头。

第五，研发常规精确打击力量。美国研发远程常规精确打击武器，试图让常规武器发挥核武器的打击功能。2001年以来，发展这种能力的最明显的努力就是常规全球快速打击系统（CPGS）。2017年4月，美国战略司令部司令约翰·海登在参议院武装部队委员会上声称，美国今后要大力发展常规全球快速打击武器，从而为美国提供跨越核门槛的选项。[4] 先进的高超音速武器是美国常规全球快速打击计划的重要组成部分。近几年，这一努力集中在发展可用于地区冲突的高超音速滑翔器和高超音速短程及中程巡航导弹上。美国国防部虽然开展了许多技术非常扎实的研发计划，但最终在计划结束时都只是研制出原型，实际的武器数量只是个位数。过去，在为高超音速武器提供资金方面美国政府一直保持相对克制，2021财年国防部用以发展所有与高超音速武器相关研究的经费需求是32亿美元，比2020财年的26亿美元需求要高。目前，美国国防部还没有就高超音速武器建立任何记录在案的计划……但是，对于寻求发展并在短期内部署高超音速武器系统，五角大楼和国会正显示

---

① Andrew Facini，“The low – yield nuclear warhead：A dangerous weapon based on bad strategic thinking” https：//thebulletin. org/2020/01/the – low – yield – nuclear – warhead – a – dangerous – weapon – based – on – bad – strategic – thinking/.

② William M. Arkin and Hans M. Kristensen，“US Deploys New Low – Yield Nuclear Submarine Warhead”? http：//www. fas. org/blogs/security/2020/01/w76 – 2deplyed.

③ “FY 2021 Presidential Budget for NNSA Released”，http：//www. energy. gov/nnsa/articles/fy – 2021 – presidential – budget – nnsa – released.

④ http：//www. stratcom. mil/Portals/8/Documents/Hyten _ 04 – 04 – 17. pd. pdf? ver = 2017 – 04 – 04 – 154107 – 750.

出越来越大的兴趣。①

对于发展包括高超音速武器在内的常规精确打击力量，美国专家们的意见也不一致，比较多的争议还在于常规精确打击力量对于战略稳定和美国军事竞争优势的潜在影响。常规精确打击武器对战略稳定可能造成四种风险。第一，与核武器相比，装载常规武器的洲际导弹或潜射弹道导弹有着同样的飞行特征，也许还是同样的飞行路径，这就增加了另一国家将其此类发射解读为核攻击的风险。美国全国科学学会的一份报告得出以下结论：“核武器与常规精确打击武器的有效载荷的模糊性，完全是无法解决的问题。”② 第二，这些武器促使攻击者在不使用核武器的情况下，对敌方的核力量发动第一次打击，从而破坏危机稳定性。如果攻击者也拥有反导系统，且此反导系统具备拦截被攻击方在第一次打击中生存下来的任何导弹的能力，那么使用常规武器攻击敌方核力量更加不稳定。第三，由于核武器和常规武器部署的不确定性，使用加载常规弹头的导弹对核武器国家的常规力量进行打击，仍可能使被打击国家误判为自己的核力量成为攻击目标，这种情况可能导致事态升级，危机不稳定的风险增加。第四，发展这类新型能力可能激发军备竞赛，因为寻求替代核武器的常规选项造成了一种有利于美国的非对称现状，而且也会刺激其他国家发展同类武器系统。各国都渴望模仿当今世界最大的军事强国，都渴望新型军事技术，或者说在新技术面前更感觉到威慑的重要性。更有专家直言，美国和俄罗斯对核“三位一体”进行的现代化，已经重新开启进攻性和防御性武器系统之间的潜在竞争，同时引入新的不稳定技术，例如加载了常规弹头，理论上能够打击对方核武器的战略导弹，因而也模糊了常规战争与核战争之间的防火带。③

在军控条约领域，特朗普政府政策的不确定性也有典型的表现。大

① Kelley M. Sayler, Hypersonic Weapons: Background and Issues for Congress, https://www.crsreports.congress.gov R45811.

② National Research Council, *Conventional Prompt Global Strike: Issues for* 2008 *and Beyond* (Washington, D. C.: National Academies Press, 2008), p. 192.

③ Linton Brooks, Francis J. Gavin, and Alexei Arbatov, "Meeting the Challenges of the New Nuclear Age: U. S. and Russian Nuclear Concepts, Past and Present", https://www.amacad.org/sites/default/files/publication/downloads/New - Nuclear - Age. pdf.

国基于条约的传统军控模式遭遇严重挑战，经过漫长的艰难谈判而签署的军控条约，无论双边还是多边条约，都不断面对退约结局，而签署新的条约却希望渺茫。2018 年 5 月，美国退出《伊核协议》，2019 年 2 月 1 日，美国宣布暂停履行《中导条约》，不到 24 小时，俄罗斯也宣布暂停履行该条约。2018 年 8 月，美国和俄罗斯相继宣布退出《中导条约》正式生效。2020 年 5 月 21 日，特朗普政府正式宣布，启动退出《开放天空条约》进程，理由同样是俄罗斯违约，6 个月后，退约正式生效。《新削减战略武器条约》即将于 2021 年到期，美俄两国至今也没有明显的动力，实质性讨论共同续约 5 年或签署新条约问题。基于一系列条约安排的全球战略稳定体系不可避免地面临着瓦解态势。在美国一系列已生效的退约行为中，最新退出《中导条约》对全球战略稳定的破坏作用正逐渐显现。正如美国学界的评论：美国正式退出了具有里程碑意义的 1987 年《中导条约》（INF），预示着一个时代的结束和一个新的、可能更危险的时代的开始。这是一个极其“危险”的威胁，也可能预示着新一轮核军备竞赛的开始。①

《中导条约》对全球战略稳定、美苏（俄）战略稳定及中美战略稳定都有积极意义。美国和苏联在 1987 年签订《中导条约》，双方同意全面禁止试验、生产和部署所有射程在 500—5500 千米之间的陆基弹道导弹与巡航导弹，并销毁各自武库中的所有这类武器，从而至少大幅度降低彼此所领导的军事集团在欧洲地区发生武装冲突的可能。这个条约经过将近 8 年的艰苦谈判才得以达成，共 17 条，主要内容是：规定美苏销毁射程为 500 千米至 1000 千米的陆基中短程巡航导弹和弹道导弹及其发射器和辅助设备，以及射程为 1000 千米至 5500 千米的陆基中程巡航导弹和弹道导弹及其发射器和辅助设备。条约生效后，禁止生产、试飞或发射任何陆基中程和中短程导弹，或生产此类导弹的发射器。最迟在条约生效 3 年后，任何一方都不再拥有这种中程导弹、发射装置、辅助设

① Tom Countryman and Kingston Reif, “Intermdeiate – range Missiles Are The Wrong Weapon for Today’s Security Challenges”, https://www.warontherocks.com/2019/08/intermediate – range – missiles – are – the – wrong – weapon – for – todays – security – challenges/.

施和辅助设备。为了监督条约执行情况，每一方都拥有现场核查的权利。各方每年进行 20 次检查，搜查被禁止的武器，此种检查为期 3 年；以后每年检查 15 次，为期 5 年，再后每年检查 10 次，为期 15 年。条约无限期有效，但缔约方如认为最高利益受损，有权退约。《中导条约》既是一份严肃的可现场核查的军控裁军条约，又是冷战后期美苏领导人审时度势后做出的重大政治与外交妥协。辅之以在欧洲的建立信任措施与军控安排，《中导条约》大致保障了它签订之后三十多年的欧洲安全与稳定。尽管从《中导条约》签署到今天，一直有评论认为其先天不足，缺陷明显，比如说销毁的武器类型只占美苏（俄）核武库 4% 左右，比例极小，再比如说条约的核查机制不健全等①，但是，在全球军控进程中，它仍是一个里程碑式的条约：它第一次彻底销毁一整类核武器，将其数量裁减至零，也是第一次真正意义上的核裁军。《中导条约》的签订的确改善了当时的美苏关系，缓和了冷战时期东西方阵营的对峙状态，极大保证了欧洲的安全稳定。《中导条约》一度成为欧洲安全的基石。同时，“全球双零点”方案又让包括中国在内的亚洲国家面临的大国导弹威胁降低，成为《中导条约》的间接受益方。就军控安全和战略稳定而言，不完美的条约限制总好过没有任何条约限制。因此，美国退出《中导条约》从而导致条约失效，对国际安全与稳定的消极影响会逐渐显现出来。

一是可能在欧洲引发军备竞赛。在历史上，美苏曾进行过两次中导角力。第一次是 20 世纪 60 年代初期，美国在土耳其和意大利部署“木星”陆基中导，苏联则在古巴部署 SS－4 和 SS－5 导弹予以反制，最终酿成了古巴导弹危机，双方走到了核战争边缘。第二次是从 1977 年到 1987 年美苏在欧洲的中导对峙，主角是美国的潘兴 II 导弹和苏联的 SS－20 导弹。《中导条约》给美苏在欧洲的中导对峙画上了句号。但该条约

---

① Robert Joseph & Eric Edelman，“Arms Control：INF，New START Show Weakness of Current Treaty Regime”，National Review，https：//www.nationalreview.com/2019/04/arms－control－treaties－russian－chinese－nuclear－forces/1.

废除将为美俄开始新一轮中导竞赛打开绿灯。[①]

随着《中导条约》的失效，关于美国会在欧洲，特别是东欧重新部署中程导弹的讨论越来越激烈。大多数欧洲国家出于安全与国内政治的考虑不愿让美国重新部署中导，但也有东欧国家，例如波兰和罗马尼亚可能成为美国重新部署的候选国家。[②] 针对美国可能的部署，俄罗斯已经发出警告：它将通过部署更多瞄准欧洲的中程导弹（可能包括弹道导弹），对美国在欧洲的部署做出回应。[③] 俄罗斯总统普京在美国 2019 年 8 月进行的中导试验后表示：我们会制造这些导弹，但只要该地区没有美国制造的这类陆基导弹系统，我们就不会在那里部署。[④] 在部署与不部署的博弈过程中，一整类的陆基中导武器将进入研制与生产，欧洲国家能感受到更加不安全的信号；同时，欧洲国家与俄罗斯发生军事意外冲突的风险或错误传达信息的风险都将会增加。这也是为什么美国宣布退约后立即引发欧洲主要国家公开反对，认为美国此举是“灾难性的决定”。[⑤] 德国外长海科 · 马斯（Heiko Maas）2019 年 8 月 2 日表示，《中导条约》的终结意味着欧洲“失去了部分安全保障”。[⑥] 同样是在 8 月 2 日，北约秘书长延斯 · 斯托尔滕贝格（Jens Stoltenberg）表示，北约“将以有计划和负责任的方式做出回应，并继续确保可信的威慑和防御”。[⑦] 支持加强欧洲“战略自主权”的评论认为，要开始认真考虑如何创建

---

① 郭晓兵：“美国退出《中导条约》的动因与影响浅析”，《中国国际战略评论 2019》（上），世界知识出版社，2019 年 8 月版。

② Ulrich KÜHN，“The End of the INF Treaty：What Does it Mean for Europe?” https：//www. carnegieendowment. org/2019/07/31/end – of – inf – treaty – what – does – it – mean – for – europe – pub – 79648.

③ Statement by the President of Russia on the unilateral withdrawal of the United States from the Treaty on the Elimination of Intermediate – Range and Shorter – Range Missiles，http：//www. en. kremlin. ru/events/president/news/61271.

④ “Putin：Russia will not be the first to deploy missiles previously banned by INF Treaty”，https：//www. tass. com/politics/1076677/amp.

⑤ “普京：美国退出《中导条约》是为了试验新的导弹”，http：//www. sputniknews. cn/politics/201908221029350210/.

⑥ INF Treaty Crisis：Background and Next Steps，Arms Control Association，https：//www. armscontrol. org/issue – briefs/2019 – 02/inf – treaty – crisis – background – next – steps.

⑦ Jens Stoltenberg’twitter on August 2，2019，https：//www. twitter. com/jensstoltenberg/status/1157222972794572800.

“欧洲威慑力量”，即如何有效地扩大法国和英国核武库的威慑能力，以覆盖其欧洲伙伴和盟国。[①] 美国也有专业评论文章分析说，俄罗斯违反《中导条约》是不可接受的，美国和北约应该确保俄罗斯不会从违反行为中获得任何军事优势。特朗普政府决定终止条约并计划开发新的陆基中程导弹，这可能是对俄罗斯违规行为的合理回应。但“合理”与“巧妙”并不相同。制造新导弹的成本和风险将超过其益处。如果没有条约，就需要制定更严格的军备控制计划，以避免在欧洲发生新的导弹竞赛。[②]

二是导致亚太安全形势更加不确定。从奥巴马政府的“亚太再平衡”战略到特朗普政府的“印太战略”，美国对亚太地区的重视不言而喻，地区内诸多安全问题更凸显出美国因素。中美关系，美国与其亚太盟国关系及中国与其周边国家关系均体现出更加复杂的特点。在美国退出《中导条约》的过程中，所谓“中国导弹威胁”不时被美国官员或媒体提及，甚至认为美国退约后应在亚太部署中导。一部分支持美国发展陆基中导的评论者认为，虽然特朗普政府退出《中导条约》的主要原因是俄罗斯，但却在亚洲产生最大的效用。他们坚持认为，不是《中导条约》缔约国的中国正在通过部署大量导弹在东亚获得军事优势，这些导弹很容易瞄准该地区的美国及其盟国的军事基地。他们声称，如果在该地区部署从南海和东海第一岛链发射、可以击中中国本土高价值目标的美国导弹，将有助于扭转日益严重的地区失衡，并使中国更难超越美国在地区内的脆弱盟友。[③] 2019 年 8 月初，美国新任国防部长埃斯珀就在亚太部署中导的可能性表态后，关于美国退约后将在西太平洋地区部署

---

① Nick Witney, “Nothing to see here: Europe and the INF treaty”, https://www.ecfr.eu/article/commentary_ nothing_ to_ see_ here_ europe_ and_ the_ inf_ treaty.

② Tom Countryman and Kingston Reif, “Intermdeiate - range Missiles Are The Wrong Weapon for Today's Security Challenges”, https://www.warontherocks.com/2019/08/intermediate - range - missiles - are - the - wrong - weapon - for - todays - security - challenges/.

③ Tom Countryman and Kingston Reif, “Intermdeiate - range Missiles Are The Wrong Weapon for Today's Security Challenges”, https://www.warontherocks.com/2019/08/intermediate - range - missiles - are - the - wrong - weapon - for - todays - security - challenges/.

中导的可能性分析也在增加。① 此外，也有相当一部分分析者认为，如果美国真要在亚太地区，尤其是中国周边部署陆基中导，将会面临比较大的困难。

第一，中国政府已明确表态反对。在美国正式退约后，中国官方机构连续发声。2019年8月6日，中国外交部军控司司长傅聪就《中导条约》等军控问题强调，中国对美国推动在亚太地区部署中导坚决反对。中国拥有的陆基中短程导弹全部部署在本国境内，完全出于防御目的，不威胁任何国家，特别是不会打到美国本土。而美国军事上偏重前沿部署，明显具有进攻性。如果美国执意在亚太地区部署，就是在中国"家门口"挑衅，中国绝不会坐视自身利益受损，将不得不采取必要的反制措施。中方希望美国在此方面保持克制，同时希望韩国、日本、澳大利亚等有关国家谨慎行事，不要允许美在其领土部署中导。② 8月22日，中国常驻联合国代表张军在安理会上全面阐述了中国关于中导的立场。针对美国无端指责中国发展中导力量，张军强调，退出《中导条约》是美国奉行单边主义、推卸国际义务的又一消极举动，其真实目的是自我松绑、谋求单方面绝对军事优势。中国始终奉行防御性的国防政策，拥有的陆基中程导弹全部部署在本国境内，完全出于防御目的，不威胁任何国家。中方坚决反对美国在亚太地区部署陆基中导，要求美方在此方面保持理性和克制。③

第二，确定部署地点难。美国相关评论认为，在特朗普政府对其几个联盟关系造成重大损害的时候，达成协议将需要华盛顿做出政治资本的重大投资。五角大楼是否能够在美国关岛以外的东亚国家找到一个地方来部署中程导弹还有待观察。尽管担心中国在该地区的军事实力不断

---

① 美国新任防长埃斯珀曾表示，如果美国军方开发出一套全面运作的陆基巡航导弹系统，他希望美国陆基常规中程导弹可以部署到亚洲。"Secretary of Defense Esper Media Engagement En Route to Sydney, Australia", https://www.defense.gov/Newsroom/Transcripts/Transcript/Article/1925072/secretary-of-defense-esper-media-engagement-en-route-to-sydney-australia/.

② 外交部军控司司长傅聪就《中导条约》等军控问题举行中外媒体吹风会，https://www.fmprc.gov.cn/web/wjb_673085/zzjg_673183/t1686553.shtml.

③ 常驻联合国代表张军大使在安理会中导问题公开会全面阐述中国立场，https://www.fmprc.gov.cn/web/zwbd_673032/wshd_673034/t1691206.shtml.

增强，行为更为自信，但澳大利亚、日本、韩国和菲律宾等盟国并不急于接纳中导。2019 年 8 月 2 日，美国正式退出《中导条约》；次日，美国防部长埃斯珀就表示，希望在亚太尽早部署陆基中程导弹。尽管埃斯珀并没有说明会在何处部署，然而消息一出美国频频“遇冷”。5 日至 7 日，澳大利亚、韩国和菲律宾相继明确表示拒绝。可见，亚太地区没人欢迎美国的导弹。[①] 在埃斯珀的评论之后，澳大利亚总理斯科特·莫里森表示，部署中导问题，“一直没有被问及”，“现在没有被考虑”，并且“一直也没有向我们提及”。[②] 韩国国防部发言人说，“我们内部还没有评估这个问题，也没有评估的计划”。[③] 即使是在关岛部署，美国也面临着容易受到中国攻击，从而增加危机不稳定性的挑战。[④] 正如美国学者及前官员所言，煽动与俄罗斯和中国的导弹竞赛的火焰，不会增强美国的安全或盟国的安全。维持适当的军事准备必须与对话、区域建立信任和军备控制措施相结合。[⑤]

第三，时间与费用成本高。美国有学者详细分析了重新发展与部署陆基中导、继续保持美国在亚太空基及海基导弹力量两个选择之间的效费比，得出的结论是综合考虑各种投入与产出的因素，重新研发生产并部署陆基导弹并没有什么军事上的优势，投入的成本却很复杂，花钱不少，时间周期不短。[⑥] 这其中，国会批准相关预算的过程更加麻烦。虽

---

① “亚太不欢迎美国导弹”，http：//www. xinhuanet. com/mil/2019 – 08/12/c_ 1210238614. htm.

② “Australia rules out hosting US missiles”，https：//www. news. yahoo. com/amphtml/australia – rules – hosting – us – missiles – 050947886. html.

③ “No discussions on U. S. missile deployment in S. Korea：ministry”，https：//www. en. yna. co. kr/view/AEN20190805002752325？input = tw.

④ Tom Countryman and Kingston Reif，“Intermdeiate – range Missiles Are The Wrong Weapon for Today’s Security Challenges” https：//www. warontherocks. com/2019/08/intermediate – range – missiles – are – the – wrong – weapon – for – todays – security – challenges/.

⑤ Tom Countryman and Kingston Reif，“ Intermdeiate – range Missiles Are The Wrong Weapon for Today’s Security Challenges”，https：//www. warontherocks. com/2019/08/intermediate – range – missiles – are – the – wrong – weapon – for – todays – security – challenges/.

⑥ Pranay Vaddi，“Leaving the INF Treaty Won’t Help Trump Counter China”，https：//www. carnegieendowment. org/2019/01/31/leaving – inf – treaty – won – t – help – trump – counter – china – pub – 78262.

然美国《2018 年国防授权法》拨款 5800 万美元，授权国防部研发陆基中程巡航导弹。特朗普政府要求在 2020 财年提供近 1 亿美元，用于开发三个新的陆基导弹系统，这些导弹系统将违反 1987 年《中导条约》的射程限制。[①] 但在 2019 年 1 月，美国 11 名参议员重新提出了“2019 年防止军备竞赛法案”。[②] 该法案将禁止为美国陆基弹道导弹（射程范围在 500—5500 千米之间）的采购、飞行试验或部署提供资金，直到特朗普政府提供符合七个特定条件的报告。其中包括确定一个正式愿意接纳这种系统的美国盟友，并且就欧洲国家而言，要求所有北约国家同意该盟友主持该系统。[③] 2019 年 7 月，众议院勉强批准了众议员弗兰克尔（Lois Frankel）在 2020 财政年度对国防授权法案（NDAA）提出的修正案。[④] 该修正案禁止为符合《中导条约》禁止的导弹系统提供资金，直到国防部按要求完成评估。根据最终通过的美国《2020 财年国防授权法案》，要求国防部长在法案颁布后 120 天内，在与国务卿和国家情报局局长协商后，向众议院军事委员会、常设情报专门委员会、外交事务委员会和参议院军事委员会、情报专门委员会和外交关系委员会提交一份评估报告，在上交该评估报告之前，不予拨款。评估报告应包括以下 6 项内容：（1）俄罗斯无限制地部署中程巡航导弹和弹道导弹对美国或其在欧洲的盟友的军事威胁的影响。（2）美国可能需要哪些新的能力，以寻求更多的技术或方案来抵消俄罗斯的这种能力，以及与这种能力、技术和方案相关的费用。（3）评估一旦《新削减战略武器条约》失效，俄罗斯战略核力量对美国的威胁。（4）除退出条约外，还可以采取哪些措施，包括经济、军事和外交手段，以增加对俄罗斯违反《中导条约》的压力。

---

① Kingston Reif, “Trump Increases Budget for Banned Missiles”, https://www.armscontrol.org/act/2019-05/news/trump-increases-budget-banned-missiles.

② Merkley, Markey, “Senators Introduce Bill to Prevent Nuclear Arms Race”, https://www.markey.senate.gov/news/press-releases/merkley-markey-senators-introduce-bill-to-prevent-nuclear-arms-race.

③ “S. 312 - Prevention of Arms Race Act of 2019”, https://www.congress.gov/bill/116th-congress/senate-bill/312/text.

④ Frankel Amendements, “Preventing a Nuclear Arms Race, Combatting Violent Extremism included in Strong Democratic NDAA”, https://www.frankel.house.gov/news/documentsingle.aspx?DocumentID=2958.

（5）与盟国就《中导条约》进行所有磋商的情况，以及俄罗斯不履行条约义务的部队所构成的威胁。（6）俄罗斯退出《中导条约》和《新削减战略武器条约》到期，对美俄长期战略稳定可能产生的影响。[①]

三是破坏全球军控体系。退出《中导条约》后，美国的相关研发活动加速进行，美国认为这是应对俄罗斯的威胁。[②] 2019 年 8 月 18 日，在退出《中导条约》仅仅半个月，美国在加利福尼亚州的圣·尼古拉斯岛（San Nicolas Island）测试了陆基中程巡航导弹，导弹射程超过 500 千米。这是美国在正式退约后首次试射条约限制的导弹类型，测试表明美国的技术储备和前期研发准备非常充分。普京随即对美国的行为表示了失望，认为这恶化了世界特别是欧洲的局势，证明了此前俄罗斯的指控，即美国部署在罗马尼亚和波兰的导弹防御系统具有发射进攻性武器的能力，只是要稍微修改一下软件即可。[③] 在《中导条约》的退约问题上，俄罗斯表现出明显的针锋相对的态度。2019 年美国正式宣布要退约之后，俄总统也宣布启动退约程序。并且，俄罗斯的陆基中程导弹的研发、试验和生产也迅速提上日程。宣布要在 2019—2022 年制造出海基远程“口径”巡航导弹系统的陆基版本。退约生效后的 2019 年 8 月 5 日，普京主持俄罗斯安全会议，专门研究《中导条约》终止后的国际安全局势。一方面，俄罗斯继续指责《中导条约》废除的责任完全在于美国；另一方面，俄也呼吁俄美立即进行战略稳定与安全对话，以避免无限度的军备竞赛。[④] 会议提到目前俄罗斯用来反击美国的四种主要武器系统：X－101 空射巡航导弹、“匕首”空射导弹、“口径”海基巡航导弹和“锆石”高超声速反舰巡航导弹。俄罗斯表示，在研发和生产中程导弹方面，俄

---

① “National Defense Authorization Act for Fiscal Year 2020”, SEC. 1236, https://www.congress.gov/bill/116th－congress/senate－bill/1790.

② Statement from Secretary of Defense Mark T. Esper on the INF Treaty, August 2, 2019. https://www.defense.gov/Newsroom/Releases/Release/Article/1924386/statemen－from－secretary－of－defense－mark－t－esper－on－the－inf－treaty/.

③ Joint News Conference with President of Finland Sauli Niinistö, August 21, 2019. http://www.en.kremlin.ru/events/president/news/61349.

④ Statement by the President of Russia on the Unilateral Withdrawal of the United States from the Treaty on the Elimination of Intermediate Range and Shorter Range Missiles, August 5, 2019. http://www.en.kremlin.ru/events/president/news/61271.

罗斯将采取和美国相应的行动。在部署方面，除非美国决定部署，否则俄方不会先行部署陆基中导，而一旦美国先行一步，俄罗斯有能力在较短时间内部署陆基导弹予以反制。

2019 年 8 月 22 日，应俄罗斯要求并得到中国支持，联合国安理会举行中导问题公开会，俄罗斯对美国试射导弹展开严厉批评，并呼吁欧洲国家要醒悟。[①] 显然，美国退出《中导条约》有可能首先在欧洲引发严峻的军备竞赛态势，并由此破坏全球战略稳定，而更悲观的形势还在后面。美俄双方于 2010 年签署的《新削减战略武器条约》（New START）将于 2021 年到期，双方可选择将条约期限延长 5 年，即延长至 2026 年；双方也可选择不续约。在特朗普正式卸任前，外界普遍认为，受《中导条约》失效与双边关系的影响，美俄两国几乎没有续约的政治意愿。并感叹如果《新削减战略武器条约》也终止履行，那么国际社会将出现自 1972 年以来，首次对两个超级核大国的核武库毫无条约限制的状况，进入“无军控条约”时代。更有悲观主义者认为，随着核武器控制条约的消失，下一次俄罗斯在其大规模演习结束时试射一枚洲际弹道导弹，整个西方社会都没有人会知道这只是一次试验还是更严重的状况。而这种“战略盲目”和不信任以及误解可能性的结合将推动新的军备竞赛。[②]

现有的全球军控体系或军控秩序，主要建立在美苏（俄）双边战略军控条约及美苏（俄）带头参加的多边军控条约之上。但其中大部分双边军控条约有的到期，有的因单方面退约而失效。加强战略稳定与美俄继续双边核裁减相辅相成。从 2002 年小布什政府退出全球战略稳定的基石——《反导条约》以来，美俄双边战略武器军控体系就开始动摇，美俄战略稳定框架已经受到侵蚀。更为严重的是，两个超级核大国不想再发挥领头作用，承担主要军控与裁军责任，其他有核国家对于参与这样

① 安峥：“深度：特朗普为何要撕《中导条约》，世界军控体系正摇摇欲坠？”，https：//www. shobserver. com/wx/detail. do？ id = 111960.

② RM Staff，Expert Survey：Is Nuclear Arms Control Dead or Can New Principles Guide It？ https：//www. russiamatters. org/analysis/expert – survey – nuclear – arms – control – dead – or – can – new – principles – guide – it.

的和平体系也会犹豫不决。①超级核大国的核力量没有具有法律效力的条约限制，多边军控条约体系的维持也会更加困难。2019 年就有媒体曝出特朗普政府想退出《开放天空条约》的消息，还有传闻说特朗普政府也有可能撤销对《全面禁止核试验条约》的签署。② 2020 年 5 月，美国正式宣布启动退出《开放天空条约》进程，11 月正式宣布退约。外界一度悲观地认为，特朗普政府撤销对《全面禁止核试验条约》的签署也有很大可能，国际核军控与不扩散机制恐怕更加难以维持了。核大国在核裁军道路上的退步——停止核军控，增加核武器数量甚至是进入核军备竞赛——导致纵向核扩散几乎不可避免，这也将直接引发横向核扩散“进步”，即加速核扩散的风险。在法定五核国之外，实际拥有核武器的国家将不会只限于印度、巴基斯坦、朝鲜和以色列，更多的核门槛国家会不安于现状，拥有核武器制造技术并有可能在比较短的时间内实现拥核的国家至少包括日本、韩国、伊朗和沙特阿拉伯。冷战时期美苏两个超级核大国牵头，经过艰难的外交斡旋与谈判建立起来的全球军控安全体系，有可能在不久的将来走向终结。这意味着核军备发展将难以被规则限制，大国之间军备竞赛的可能性加剧，无核国想要变成有核国的意愿加强。在这个时代，像印度和巴基斯坦这样有核武器的国家正是为了克什米尔地区起冲突；有核武器的以色列觉得受到了伊朗的威胁；朝鲜正在试验新的导弹；外界认为像沙特阿拉伯这样的国家可以接触到核武器，或是有能力造出核武器。③ 在最坏的情况下，世界将陷入大国的武装冲突、核升级和灾难性恐怖主义的泥潭。④ 也许，在经历了巨大的财政浪

---

① Dmitry Polikanov，“A gloomy outlook for nuclear arms control”，https：//www. europeanleadershipnetwork. org/commentary/a – gloomy – outlook – for – nuclear – arms – control/.

② 美国是《全面禁止核试验条约》的签约国，但国会至今未批准这个条约，所以签署尚未生效。美国从 1996 年签约开始，实际上一直支持该条约筹委会的工作，也遵守了条约规定的义务。如果特朗普政府撤销签署（unsign），那么美国有可能不仅不再对该条约筹委会的工作进行资金和技术支持，还有可能恢复核试验。

③ Steven Erlanger，“Are We Headed for Another Expensive Nuclear Arms Race?” https：//www. nytimes. com/2019/08/08/world/europe/arms – race – russia – china. html.

④ Expert Survey：Is Nuclear Arms Control Dead or Can New Principles Guide It?，https：//www. belfercenter. org/publication/expert – survey – nuclear – arms – control – dead – or – can – new – principles – guide – it.

费和战略对抗之后，恢复双边和某些形式的多边军备控制的必要性将变得显而易见。但是，太多的时间将会丧失，太多的新武器和技术或许已难以回头。

四、变革中的未来时代

"对外政策永远不能脱离其国内背景的发源地。没有国内社会和国家，也就没有对外政策。"①美国国内政治因素对大国战略稳定的干扰尤为明显。从狭义的军控政策到广义的对外政策的制定与实施，无不打上了国内政治因素的深刻烙印，其中党派政治与利益集团对美国对外政策的影响力自冷战后一直处于上升状态。

一是党派政治带来不确定性。美国的党派政治也是两党政治。共和党特别相信军事实力的作用，不惜增加军费展开军备竞赛，倾向于反对以条约为基础的军备控制，并力图使政府结构不利于缔结有效的军控条约；民主党则更倾向于多边主义和国际主义，善用多边谈判与合作解决对外关系中的问题，倾向于推进和维护军备控制条约。② 换言之，共和党的理念是现实主义的"以实力求和平原则"，认可实施军控的必要性，但更强调强化自身实力，以为可能发生的核战争做好准备，并争取在这样的战争中取胜；民主党则倡导进行制度建设，通过构建由条约组成的国际制度，确认共识，缓和紧张局势，防止大规模杀伤性武器扩散及其威胁，并认为国际制度的约束可以将核战争的可能性降低。③ 由此可见，两党在军备控制领域的政策分歧客观存在。美国政府更迭，两党轮流上台执政，势必影响其军控政策的连续性，甚至有可能导致美国军备控制

---

① ［英］克里斯托弗·希尔：《变化中的对外政策政治》，唐小桦等译，上海人民出版社，2007 年版，第 39 页。

② 周宝根、李彬："党派政治对冷战后的美国军控政策的影响"，《世界经济与政治论坛》，2002 年第 4 期，第 64 页。

③ 樊吉社：《美国军控政策中的政党政治》，社会科学文献出版社，2014 年版，第 64—65 页。

政策出现较大摇摆，这无论对传统战略稳定还是对建立新型战略稳定，都存在负面影响。此外，不同党派执政时对另一党派总统在位期间的内外政策做出一定调整，甚至是完全放弃某些前任总统的政策都在所难免。例如，共和党的小布什上台后，正式退出被称作全球战略稳定基石的《反导条约》，不受限制地发展战略导弹防御；推出新“三位一体”的核力量结构，将常规战略打击力量、导弹防御等纳入战略武器行列；在美俄双边核裁军问题上采取消极态度等。这些政策调整对美俄双边战略稳定及全球战略稳定造成极大破坏。民主党奥巴马执政后，在核军控领域做出了有利于战略稳定的积极调整，倡导“无核世界”理念，推动签署美俄《新削减战略武器条约》等，并因其在核军控领域的表现获得诺贝尔和平奖。但随着共和党的政治素人特朗普上台，这些调整同样又难以为继。特朗普政府时期，一方面，大国特别是中美两国在经济领域的良性互动与信誉保障遇到了前所未有的挑战。中美贸易摩擦对双边关系造成的损害还在发酵过程中，这导致双方在安全领域更难积累互信，反而是军事领域多年来为避免冲突而建立的信任措施成为双边关系不出现重大变故的保底机制。另一方面，特朗普政府在核领域政策退步明显。2018 年 2 月特朗普政府发布的《核态势审议报告》，内容明显不利于中美战略稳定态势。2019 年，特朗普政府宣布退出《中导条约》，加之其他退约行为，特朗普政府对现有的全球军控体系造成严重破坏，对全球战略稳定造成巨大的负面冲击。

二是利益集团对美国对外政策带来的影响。这一点并不见诸官方观点，却是广为认可的事实存在。美国的利益集团与政府相关部门之间或者政府立法机构之间，都存在着或深或浅、千丝万缕的关联，利益集团的游说活动也是决定美国对外政策及其走向的重要因素之一。甚至有研究认为利益集团从根本上掌握了美国政治生活的命脉，从而保障了一小部分人的利益。①在诸多利益集团中，军工复合体可被视作权势利益集团

---

① ［美］威廉·多姆霍夫：《谁统治美国—— 权力、政治和社会变迁》，吕鹏等译，译林出版社，2009 年版，第 328—336 页。Paula Stern, *Water's Edge*, *Domestic Politics and the Making of American Foreign Policy*, (Westport: Greenwood Press), 1979, p. 212.

的代表。军工复合体作为行政机构中的军事机构与私营部门的军工企业的联合体是一种特殊的利益集团，对美国的军控与安全政策影响很大，这一特点在冷战时期就已十分明显，冷战后依然存续。一方面，军工复合体自然地成为战争的积极推动者。战争直接导致国防预算攀升，军火商们因此在战争中得到巨额利润。另一方面，军工复合体从来都是国家假想敌的制造者，即使是处于和平时期。美国利益集团，特别是军工复合体对中美关系，尤其是中美安全关系的影响也十分明显。中美建立军事与安全互信的诸多障碍中，最核心的就是台湾问题、美对台军售，而这些事件的背后都有军工复合体等利益集团的影子。美国利益集团对大国战略稳定的干扰深植于美国政治体制本身，短期内很难改变。

基于以上对美国国内政治变化的分析，2020 年的美国大选则引发更多关注。在宣布民主党候选人拜登胜选后，战略稳定的未来多少可以预测，关于美国新总统重回大国战略稳定轨道的期待再次上升。拜登在竞选期间已经展现出对特朗普政策的扭转态势，在军控安全领域，认为过去四年来，特朗普政府发出傲慢的核威胁，轻率退出关键的军控条约和核协议，以及不计后果地支持新的军备竞赛，都使美国和世界变得更加不安全。由于特朗普放弃了军控安全领域领导权，美国人面临的核危险超过了几十年来任何时候。并强调，特朗普政府制造新核武器的建议是不必要的、浪费的，也是站不住脚的。初步分析拜登的竞选言论及民主党政策传统，以下几点值得关注：

第一，美国军控政策将重回条约时代并推进新的谈判模式。民主党竞选纲领承诺加强《不扩散核武器条约》，维持暂停核武器试验，推动批准《联合国武器贸易条约》和《全面禁止核试验条约》，并无条件延长美俄双边《新削减战略武器条约》。拜登还在竞选过程中表态说，如果伊朗恢复全面遵守协议内容，美国将重新加入《伊朗核协议》。除了回到传统的军控条约模式外，美国新总统可能推进新的军控谈判模式。一是以更灵活的方式推动战略武器谈判进程。按“民主党竞选党纲”要求，美国会继续与俄罗斯就战略武器进行谈判，与俄罗斯合作，以可核查的方式限制和削减双方核武库，并将在这一基础上，谈判并达成新的军控协议，以反映中国等新角色的出现。① 二是推动双边战略稳定对话，增加中国在全球战略稳定态势中的作用。与中国就战略稳定对话由奥巴马政府首次提出，中美战略稳定首次出现在2010年《核态势评估报告》里。在奥巴马任内，中美就此问题有一些官方和学者层面的互动，未来拜登政府可能会继续推进。

第二，外空与网络空间将成为重点竞争领域。拜登在竞选中表示，为了让俄罗斯和中国望而却步，他将把投资从“不相关的遗留系统”转移到“对技术和创新的明智投资——包括在网络、外空、无人驾驶系统和人工智能领域”。与核武器指挥控制系统直接相关的外空与网络空间，既是美国技术发展的关键领域，也是美国希望与中国进行战略武器对话或谈判的重要内容。不对对方核指挥控制系统进行网络攻击等内容已经在中美战略军控领域的“二轨”（非官方）对话中反复讨论过。关于打击外空资产或网络攻击无疑是未来中美两国技术竞争加强的新型领域，也将是拜登政府在军控领域关注的重点。

第三，美国版“不首先使用核武器政策”极有可能被正式推出。“民主党竞选党纲”强调，美国核武库的唯一目的应该是威慑，如果必要，还应对核攻击进行报复性打击。美国将努力把这一信念付诸实践。同时减少对核武器的过度依赖和过度开支。② 拜登在其竞选网站上再次提及这段“党纲”内容，将核武器的作用限制在慑止和报复核进攻上，这实际已经显示出美国版本的“不首先使用核武器”政策的内容。拜登胜选执政后，大概率会继续推动这一政策。另一方面，美国版“不首先使用核武器”政策在美政策层已有一定基础。从2010年美国四位前政要提出“无核世界”倡议开始，美国政策层一直有力量在推动美国版“不

---

① 2020 Democratic Party Platform, https://www.demconvention.com/wp-content/uploads/2020/08/2020-07-31-Democratic-Party-Platform-For-Distribution.pdf.

② 根据民主党竞选党纲，防止核生化武器扩散，并最终确保销毁这些武器是美国的道义责任与国家安全的必需。该党纲同时强调，美国核武库的唯一目的应该是威慑，如果有必要，还应对核攻击进行报复性打击。在同美联盟及军队协商的情况下，美国将努力把这一信念付诸实践。美国将努力保持强大、可信的威慑力，同时减少美对核武器的过度依赖和过度开支。2020 Democratic Party Platform, https://www.demconvention.com/wp-content/uploads/2020/08/2020-07-31-Democratic-Party-Platform-For-Distribution.pdf.

首先使用核武器”政策。2016年，时任总统奥巴马甚至打算宣布“不首先使用核武器”政策，但受到一些盟国的阻挠；同时，由于当时奥巴马政府面对与俄罗斯和朝鲜不断升级的紧张局势，不得不软化了态度，这一政策宣示最终没能在其任内成功。特朗普政府时期也陆续有民主党国会议员向国会提出议案，建议美国宣布“不首先使用核武器”的政策。拜登是民主党资深政治家，又是奥巴马任内的美国副总统，对于限制使用核武器也一直持支持态度。拜登当选后，继续推进奥巴马任内未完成的政策目标，可能性极大。

五、结论

美国发展战略武器的态势，总体上加剧了大国核力量的失衡，不利于建立大国战略稳定。同时还对核力量处于弱势的国家造成两个连带后果：首先是增加了大国提升透明度的顾虑；其次是大国长期坚持的发展核力量的克制态度受到干扰。以此为背景，美国在其2010年《弹道导弹防御评估报告》和《核态势审议报告》中提出维持与俄罗斯和中国的战略稳定。美国将中国与俄罗斯相提并论，似有意将美苏战略稳定框架应用于中美战略稳定关系，这样的表述如果是为了延续战略稳定的经典概念，为未来中美讨论战略稳定寻求一定规范，对中方而言似可理解；但如果这样的表述是想将中国和俄罗斯列为同等核力量的对手，这既有悖于力量现实，也易引发中国对冷战时受到超级核大国“核威压”① 的记忆，使中方很难接受，更凸显中美建立战略稳定面临的现实挑战。

当前的大国战略稳定关系，在达成相互威慑的前提条件下，实际上至少存在力量对称与力量不对称两种战略稳定关系。中美战略稳定关系的特点与美苏战略稳定关系的主要区别在于：第一，国家关系基础不同。美苏之间是明确的敌对关系，而中美之间是正常的国家关系，虽然存在

---

① 李彬：“中国核战略辨析”，《世界经济与政治》，2006年第9期，第6—22页。

竞争，但不冲突、不对抗的两国关系定位得到双方认可。双方错综复杂的相互依存关系使两国关系必须保持稳定发展，努力维护已有的大国关系现状。第二，核关系在国家关系中的比重不同。冷战时期的两极安全体系建立在两个超级核大国战略核威慑的基础之上，美苏两国展开核军备竞赛，两国关系也围绕争夺核优势展开。军备竞赛和裁军谈判一直是美苏关系中的基本内容。①而核关系或围绕战略武器的关系只是中美关系中的一个有限部分，且长期处于边缘地位。即使近年来由于中美双边关系更具竞争性，战略稳定因素有所凸显，但也并没有发生实质性的变化。第三，核力量基础不同。美苏是超级核大国，核力量基本对等，而中美之间核力量差距明显，中国也并不以寻求和美国发展同样的核力量体系为目标。第四，核政策不同。美苏都奉行先发制人的进攻型核政策，均采取基于一次打击的“核战”战略，都采取延伸威慑政策，向相关国家提供“核保护伞”；而中国的核政策以无条件不首先使用核武器为核心，重点建设基于第二次打击能力的核力量，不采用核武器的延伸威慑政策，属于完全防御性的核战略，呈现“后发制人”的特点。

建立在力量对等和关系敌对格局下的美苏战略稳定框架，难以解决力量非对称和关系非敌对国家关系格局下的中美战略稳定问题。中美建立战略稳定应基于更加广泛的共同利益和目标，基于中美整体安全关系，远非仅限于两国的核关系。为此，在研究中美战略稳定的过程中，需要深刻把握中美建立战略稳定概念内涵与外延的不同，处理好两组相互交织的关系：

一是美苏（俄）战略稳定与中美战略稳定的相对关系。美苏（俄）传统战略稳定的优劣，目前还是作为考察中美战略稳定的基础，尽管根本目的是强调中美与美苏（俄）的不同，避免重复冷战的历史教训，但在实践中却很难完全跳出美苏（俄）的框架。美苏（俄）传统战略稳定框架维持至今，其固有弱点日益凸显，主要体现在：传统战略稳定主要取决于两个超级核大国之间稳定的核力量关系。美俄两国通过一系列军控条约强化了“相互确保摧毁”的格局，使双方都不敢对对方发动先发

① 刘金质：《冷战史》（上），世界知识出版社，2003 年版，第 15 页。

制人的进攻，在一段时期内，两个核大国的军备竞赛处于可控状态，从而有效制止了核战争的爆发，达到核大国之间的一种战略稳定状态。所谓“稳定”，就是要便于两个军事超级大国争霸，主要保证两国处于“稳定的冲突”状态，而不是要中止这样的冲突状态。[①]这样的战略稳定并没有改变军备竞赛的本质，而只是使双方的军备竞赛在不危及各自安全的情况下，“稳定”地进行下去。所以两国从未真正放弃过核军备竞赛，甚至一度刺激双方军备竞赛升级。[②]

随着冷战结束，基本继承了美苏战略稳定框架的美俄战略稳定逐步失衡，其本身固有的弱点进一步凸显出来。布什政府2002年底决定退出被视作传统战略稳定基石的《反导条约》，实际上已经破坏了美苏（俄）战略稳定存续的核心与基础。2014年以来美俄关于《中导条约》履约问题龃龉不断，更互相指责对方违约。[③]《中导条约》最终难逃失效噩运，成为特朗普总统执政后一系列极具个人风格的退约行为中的一环。由于涉及战略武器与全球安全，当然也引发全球关注。传统战略稳定框架的弱点在美俄中导退约之争中再次得到证明，核军控是否只能依靠核大国的计数游戏，还是应该寻求更合理的途径？至少，为避免美苏（俄）战略稳定的弱点，中美必须发展一种新的战略稳定关系，这种关系一定是两国安全关系的一部分，这种关系应从结构上避免实质性激发两国军备竞赛。

二是中美安全关系与中美战略稳定的相对关系。中国认为中美战略稳定应遵循已有经典含义，并增加新安全关系、安全环境要素，以及现实的中美关系所赋予的新内容。中美两个大国的关系现状，在历史上没有先例，既不能无视“修昔底德陷阱”的历史教训，又要避免“自挖新

---

① Camille Grand, “Ballistic Missile Threats, Missile Defenses, Deterrence, and Strategic Stability”, Occasional Paper, (Monterey, CA and Southampton: Monterey Institute of International Studies and Mountbatten Centre for International Studies), No. 5, March 2001, p. 6.

② 潘振强主编：《国际裁军与军备控制》，国防大学出版社，1996年版，第53—54页。

③ U. S. State Department, Adherence to and Compliance with Arms Control, Nonproliferation, and Disarmament Agreements and Commitments, July, 2014, pp. 8－10, http://www.state.gov/documents/organization/230108.pdf; [俄] 弗拉基米尔·穆辛：“俄罗斯是否需要中短程导弹条约”，《独立报》，2014年8月8日。

陷阱”的现实错误。中美应立足实际情况争取实现两国在各领域的良性互动。在军事与安全领域，包括战略武器关系领域，对建立和保持这种良性互动的期待更为突出。中国倡导的“新型大国关系”正是对这种良性互动的定位。遗憾的是，中国致力于建立的中美新型大国关系并没有得到美方的完整回应，到特朗普政府时期，这样的良好愿望更无法推进。所以，中美应客观看待新的安全关系现状，以便于建立新形势下的战略稳定关系。对中美战略稳定关系未来向何处发展，中国政府和学术界的思考与讨论还在继续。尽管中美之间核力量态势对比差距明显，但中美之间的战略稳定性实际已经存在于中美两国关系中，并且为保证中美关系的整体稳定发挥着重要作用。未来如何保持并规范中美战略稳定性，需要分析可能挑战中美战略稳定性的主要因素，继而探讨中美如何在新的战略竞争态势下发展符合两国实际情况的战略稳定。上述两组相对关系，将深刻影响中美战略稳定的未来。

第六章　全球战略稳定的未来框架

大国之间建立新的战略稳定框架是大国保持稳定成熟关系的重要途径，也是探索建立一种新型国家关系的过程，不仅有利于大国关系稳定，而且可为新的安全环境下建立大国战略稳定与保持全球战略稳定提供示范。当前，全球战略稳定态势及国际军控秩序正面临大变革的转折点，这一变革也是当今世界百年不遇之大变局的重要组成部分。毋庸讳言，冷战时期形成的美苏（俄）主导的全球核军控机制，随着美苏（俄）双边条约的不断瓦解，越来越面临着消亡的风险。拜登政府执政后，《新削减战略武器条约》（NEW START）续约问题在最后期限勉强过关，美俄两国达成一致，条约续约 5 年，世界陷入无军控条约时代的期限得以后延。但无论如何，传统的以大国军控条约主导的国际军控体系和全球战略稳定态势正在面临越来越大的挑战，旧的全球核军控机制的消亡只是时间问题，新的全球军控机制呼之欲出。在此背景下，大国竞争加剧的国际安全环境、核不扩散的难题、无核国的禁核诉求，以及如何构建新的国际军控秩序，引发越来越多的关注。美国外交政策和政治学的著名学者罗伯特·莱格沃德（Robert Legvold）全面概述了 21 世纪核时代的挑战："军控机制陷入困境是一回事，两个超级核大国没有能力或不愿意开始解决这个新时代带来的、比冷战时代复杂得多的危险，是另一回事……。"[①] 传统的美苏（俄）战略稳定体系正在遭遇巨大挑战，新的大国战略稳定尚未以广泛认可的方式真正建立起来。在此背景下，大国竞

① Linton Brooks，Francis J. Gavin，and Alexei Arbatov，"Meeting the Challenges of the New Nuclear Age：U. S. and Russian Nuclear Concepts，Past and Present"，https：//www. amacad. org/sites/default/files/publication/downloads/New – Nuclear – Age. pdf.

争加剧的国际安全环境，引发人们对核问题更多的关注。总结如何建立传统战略稳定关系的历史经验，对观察当前和未来的全球战略稳定态势或有裨益。毕竟，“作为战略的一部分和谈判的一个方面，核武器将继续影响国际格局。七十年来吸取的经验教训需要继续支配未来。”[①]

一、美苏（俄）战略稳定关系的启示

冷战时期的大国战略稳定呈现出一些基本特征：第一，美苏主导。战略稳定实质上是两个超级大国和两大军事阵营在对抗中建立起来的一种平衡。第二，军事安全几乎成为战略稳定的全部内容，而其中核均势又是构成战略稳定的基础。第三，世界其他国家的共同参与为冷战时期的战略稳定做出了重要的贡献。例如，中国从拥有核武器起就以“不首先使用核武器”的政策决定了其不参加核军备竞赛的态度，美苏得以长久维持相互确保摧毁的局面，与包括中国在内的其他有核国家的克制态度密切相关。20 世纪 80 年代后，第三世界国家力量逐步壮大，它们不但对两个超级大国的军备竞赛起着巨大的牵制作用，而且以实际行动为消除核战争的危险做出重大贡献，比如在无核国家的推动下，全球已经建立起五个无核武器区等。第四，军备控制谈判签署的协议和建立起来的条约体系，为保持大国战略稳定态势和维护全球战略稳定提供了有效的框架。

传统战略稳定体系并非完美无缺，这一基于军备控制协议及后续安排的体系确实有其天然局限性。但核武器作为大规模杀伤性武器的特殊性，又使得军备控制与战略稳定不可或缺。无论是冷战期间美苏两个超级核大国对战略稳定的探索与实践，还是冷战结束后更多国家对战略稳定在新的历史时期的讨论，战略稳定的理论与实践总体上促进了人类和

---

① Henry A. Kissinger and Brent Scowcroft, “Nuclear Weapon Reductions Must Be Part of Strategic Analysis,” *Washington Post*, April 22, 2012, https://www.washingtonpost.com/opinions/nuclear-weapon-reductions-must-be-part-of-strategic-analysis/2012/04/22/gIQAKG4iaT_story.html.

平与大国关系的稳定，其亘大战略价值与发挥的积极作用值得珍视。大国寻求战略稳定的努力曾经取得过历史性的进步成绩，即便许多问题不能迅速或一揽子得到解决，这一战略稳定态势与军控安全进程仍应处于国际安全的核心地位。历史可以照进未来，但仍需要首先回到历史。

（一）战略稳定来自不稳定和相互脆弱性

考察美苏之间战略稳定形成的历史过程，可以看出战略稳定的思想理念恰恰诞生于美苏两个超级核大国之间政治与军事关系非常不稳定的情况下，经由学界与政界的广泛讨论，最后作为官方理念提出。① 换言之，战略稳定建立在两国关系相当程度不稳定的基础之上；同时，这个过程还伴随着美苏敌对关系的固化，以及美苏处理一系列危机事件的实践。与此相类似，战略稳定在中美之间开始有“明显”或“突出”迹象时，恰恰也是两国关系“不稳定”倾向开始变得明显的阶段，至少是在中美关系变得相对不确定及双边关系中的不稳定因素有所增加的情况下。中美围绕战略稳定关系的互动是将中美关系推向冲突与对抗，还是使中美关系总体上更加稳定？这是一个非常值得研究，且需要长时期观察的重要问题。美国官方已经明确将中国定位为战略竞争对手，标志着中美关系进入冷战后一个相当特殊的互动阶段。考虑到中美两个国家的共同利益，以及中美对世界安全格局的影响力，中美都有责任力避两国之间的整体关系陷入消极的“自我实现的预言”。对中美之间的战略稳定关系而言，亦是如此。

战略稳定不是来自战略武器的强大，而是来自脆弱性，即不可承受的损失。这是战略稳定的又一个重要启示。基辛格在其著作《世界秩序》中指出，超级大国本身的威慑理念正是建立在“世界末日”的风险之上。说得更委婉一些，相互确保摧毁论背后的逻辑是领导人为了和

① ［英］劳伦斯·弗里德曼：《核战略的演变》，黄钟青译，中国社会科学出版社，1990年版，第265页。

平而故意把平民置于灭绝的威胁之下。[1] 美苏两国正是因为认识到双方存在脆弱性，所以才要把战略稳定的框架保持下来。[2] 中美之间在核武器数量与结构上有着巨大差距，但彼此报复能力的存在使相互脆弱性成为中美之间的现实情况。依据这样的逻辑，尽管形式有所不同，但中美战略稳定关系实际存在，而且需要双方就总体框架和一系列双边或多边安排展开讨论，将这样的“稳定性”机制化。这不仅依靠一系列军控安全领域的技术性安排，更需要在这个过程中寻求推动中美关系健康稳定发展。

（二）保持核禁忌的传统

如前文所述，不使用核武器是一种强烈的禁止性规范，又被称为核禁忌。核武器的特殊性决定了必须保持核禁忌传统。美苏两国从认识到核禁忌的规范，到将其落实到具体政策中，走了很长的弯路。冷战时期，出于对对方首先使用核武器的恐惧，美苏展开自觉或不自觉的军备竞赛，不断寻求力量“平衡”而增加核武器数量与种类，根本目的仍是要避免对方先发制人的打击，即避免对方首先使用核武器打击己方。这直接导致两国花费几十年时间和大量军费让各自核武库“稳定地”增长，把支持“相互确保摧毁”的核武器数量推高至极度危险的状态。为了建立能挺过首轮打击的核武库，双方核武器数量达到峰值时竟有 6 万多枚。[3] 然而，美苏通过拥有巨大数量的核武器、一触即发的高戒备状态、三位一体的力量结构等核武库维持方式，力图保证对方不敢发起先发制人的打击，最终却认识到核武器是“不能使用”的武器，让核武器的数量和能力达到“超杀”程度，完全是巨大的浪费。这不仅造成经济上的过重负担，而且为保证这些武器的安全无事故，又额外消耗大量人力、物力

---

① ［美］亨利·基辛格：《世界秩序》，胡利平等译，中信出版社，2015 年版，第 438 页。

② 苏联官方虽然并不承认其战略力量的脆弱性，但在与美国就战略武器军备控制进行谈判的过程中，实际上也是以承认脆弱性为前提的。——作者注。

③ “Table of U. S. Nuclear Warheads,” http：//www. nrdc. org/nuclear/nudb/datab9. asp；and “Table of USSR/Russian Nuclear Warheads,” http：//www. nrdc. org/nuclear/nudb/datab10. asp.

和财力。同时，美苏的超级核武库还招致全球绝大多数无核武器国家的谴责，背上了沉重的军费与道义的双重负担。即使一部分人曾对“有限使用”的理论有过热切期待，试图把核武器的使用限制在可控的战场或军事目标上，但这些理论探索也均告失败。毕竟，一旦越过使用核武器的门槛，战争性质便走向人类自我毁灭的核战争。20 世纪 80 年代一些美国专家的计算表明，即便只是“打击军事目标”（counter – force），如只打击部署在美国人口稀少地区的洲际弹道导弹基地等，由放射性尘埃造成的平民伤亡人数也可能在 500 万到 1800 万之间。[①] 根据美国科学家 W. 多尔蒂、B. 利瓦伊和 F. 冯希佩尔的估计，如果用 3000 枚弹头袭击更大范围的多达 1200 个军事目标，美国人口的伤亡数将达 1300 万人至 3400 万不等，这取决于爆炸时的气团方向和某些附加因素。另外，减少弹头当量、减少运用核弹头摧毁的目标数量，以及提升其精确度等，虽然可以大幅度减少核打击的副作用，但仍然意味着数百万人的死亡。基辛格博士曾是提出有限核战争理论的著名人物之一，[②] 但核武器可能导致不可承受的巨大破坏的现实，以及不可能控制核战争达到“有限”的现实，使他最终改变了观点。约瑟夫·奈也曾经谈到，核武器的出现使军事力量作为维护安全的手段走到了极限，甚至走向其反面。人们认识到，在核战争中没有赢家，核武器可能使全人类面临灭亡的危险。[③] 美苏双方的战略家在“相互确保摧毁”的概念上至少达成了心照不宣的共识，战略稳定成为核时代的和平机制。[④]

美苏之间的历史不应在中美之间重演。中国不会，也完全没有必要花这么大代价来认识这个结果。中国“不首先使用核武器”政策完全体现了对核武器特殊性的充分理解，完全符合核禁忌的传统规范，也积极维护了中美之间实际存在的战略稳定。中国以“不首先使用核武器”政

---

① F. von Hippel, *The Effects of Nuclear War*, (Princeton University Press, 1983), p. 32.

② 这些理论家——布罗迪、考夫曼、基辛格和奥斯古德等都强调有限核战争。参见［英］劳伦斯·弗里德曼：《核战略的演变》，黄钟青译，中国社会科学出版社，1990 年版，第 124 页。

③ 小约瑟夫·奈：《理解国际冲突：理论与历史》，张小明译，上海世纪出版集团，2005 年版，第 162—174 页。

④ ［美］亨利·基辛格：《世界秩序》，胡利平等译，中信出版社，2015 年版，第 437 页。

策与力量基础，与美国保持了实际上的战略稳定关系，在道义与操作层面都有积极意义。未来，中美可尝试通过“相互确保不首先使用核武器”，包括不威胁使用核武器进行先发制人的打击，为大国战略稳定模式做出新的探索，并由此开启中美战略稳定的新时代。

（三）恐怖平衡模式不可持续

首先，中美战略稳定不可能照搬美苏“恐怖平衡”的模式。美苏保持基于数量大致平等的相互确保摧毁的力量结构、基本对称的威慑政策（都有延伸威慑政策），拥有军控谈判和对话的沟通渠道，综合起来力求保证危机稳定性与军备竞赛稳定性。中美两国的核力量尽管在数量上差距比较大，也保持了相对稳定，根本原因在于彼此报复能力的存在，形成了相互威慑。托马斯·克罗姆比·谢林在20世纪中期就提出，并不是“平衡”，即力量规模的完全平等或对称能够构成“相互威慑”，而是平衡中的稳定构成“相互威慑”。这一理念没能成功运用于美苏之间，但有可能在中美之间实现。中美之间的战略稳定实际上建立在明显的数量（力量）差距基础上，在力量不平衡中保持相互威慑。中国并不追求数量的平等，中国“不首先使用核武器”政策，以及这一政策所规范的极为克制的核力量发展模式，确实能够保证双方的战略稳定性。中国在一定程度上保持对自己战略力量数量和部署的模糊政策，保证了中国的核报复能力，进而保证了中国核威慑的有效性。这样的政策为保持中美战略稳定关系起到极其重要的作用。基于中国“不首先使用核武器”政策，未来中国在核武器数量上也不应有大幅度增加，但中国必须有能力保证自己核威慑的有效性，有明确的核报复能力。此外，美国的核政策虽然出现过鼓励继续裁减冗余核武器的倾向，但其核战略同时限制了美国未来实质上深度裁减的空间，中美仍将保持数量不平衡的稳定状态。除非中美两国有任何一方对自己的核战略与核政策进行不利于稳定的重大调整，比如美国核态势调整出现明显的针对中国的敌意政策，美国不断扩大部署在监测和拦截能力上都削弱中国核报复能力的导弹防御系统，或使用其他新的技术手段来明显削弱中国的核报复能力等，那么才有可能导致中国作为应对，不得不大幅度增加核武器数量等，中美由此或可重现核恐怖平衡下的战略稳定，并将因此引发中美之间战略稳定关系的重大变化。当然，这样些假设的变化在实践中很难真正存在于中美之间。

其次，发展中美战略稳定应从加强政治安全关系入手。分析美苏（俄）围绕战略武器的谈判历史，可以看出国家关系改善也是大国达成战略稳定相关条约的重要背景。当美苏（俄）两国实力差距明显时，有利于战略稳定的对话与军控谈判最多只能达成一些原则目标，很难取得实质进展，双边对话启动难、失败多；而双方达成明确的军备控制条约，更多是在两国战略力量发展到相对均衡的能力之后。同样，双边关系的改善也为谈判达成协议起到巨大推动作用。美苏从第二次世界大战结束后就开始限制和裁减核武器的谈判，但收效甚微。直到20世纪60年代初，两国核武器相互威慑、互为制约的关系逐步形成，特别是古巴导弹危机后，双方都惧怕军事对抗引发危机可能导致核战争的风险，才逐步达成《太空条约》《美苏热线协定》等实质性条约。而《中导条约》《第一阶段削减战略武器条约》的达成都发生在美苏关系缓和的大背景之下。中美之间战略力量差距明显的战略稳定能够保持下来，其中的一个重要原因是中美关系整体上的稳定，是因为中美两国的相互依存与相互需要。所以对中美而言，为达到机制化的战略稳定所进行的对话与谈判更要循序渐进，尤其不可照搬美苏（俄）模式，即先放纵双方核力量达到数量“超杀”后再谈判军备控制与裁减。中美之间应立足现实条件，综合考虑安全环境、力量现状、双边关系、互信程度等情况，拓展“二轨”（非官方）及“1.5轨”（半官方）对话渠道，通过学界、半官方的持续交流，推动尽早开始官方对话，逐步建立符合当今中美战略力量对比和时代特征的战略稳定架构。同时，中美之间持续就战略稳定进行对话，也将促进双方的政治与安全关系，增信释疑，进而达成有关战略稳定的双边谅解。甚至不排除时机成熟时，中美可达成双边或中美共同参与的多边的、有利于稳定性的军备控制条约，这些都是保持双方战略稳定可能的有效途径。

随着中国在国际战略格局中的地位进一步提升，作为守成大国，美国将中国视为“现实对手”的趋势十分明显，中美两国关系的竞争性日益突出，这一点在考察挑战大国战略稳定关系的因素时，应作为基本背景。立足于中美之间实际存在的战略稳定关系，充分考虑中美战略稳定可能遇到的挑战，面向中美关系的未来，必须深入思考如何在新的安全环境中保持和发展中美战略稳定关系。基辛格说，不可能将“最大的恐怖与最大的确定”结合在一起。“一种武器的力量越大，反对使用它的阻力（除了在最极端的紧急状态下）也就越大，也就更可能没有一种目标似乎足够重要到必须依赖发动全面战争来解决。”他进一步表示，如果政府愿意考虑这样一种选择，它就是在破坏自己一直坚持的立场：在战略事务方面，治疗不应比疾病本身更糟糕。① 鉴于此，需要建立一种相对于美苏（俄）战略稳定的新战略稳定关系，这种战略稳定关系需要一个基本框架，这个框架既要推动大国增强互信，又要有效降低双方发生危机与冲突的可能性，既要正视新技术对原有战略稳定概念范畴的影响，又要在新的安全环境中发挥继续管控双方的安全意外与危机的作用，并且要在整体上有利于大国关系的稳定。这个框架要面对战略武器领域不断出现的新挑战，建立适应这些挑战的原则，并且设计出具体的应对措施。

二、新技术挑战对战略稳定的影响

新兴技术在国际政治领域一直发挥着重要作用，人类对新技术的探求永不止步，新技术对武器装备发展的直接影响以及对战术、战略的间接影响更不可忽视。越来越多的观点倾向于，新兴技术有可能成为军事和战略事务中的“游戏规则改变者”。② 而新兴技术对战略武器的影响

① 转引自 John Lewis Gaddis. Strategies of Containment：A Critical Appraisal of American National Security Policy during the Cold War［M］. Oxford University Press；Revised，Expanded ed. edition 2005（6）：173 – 174.

② 例如，Brimley，et al.，Game Changers：Disruptive Technology and US Defense Strategy，Washington，DC：Center for a New American Security September 2013；Haffa，Robert and Anand Dalta，Hypersonic Weapons：Appraising the‘Third Offset’Washington，D. C.：American Enterprise Institute 2017.

也必将投射在战略稳定关系中。早在“9·11”恐怖袭击事件后，就有评论认为，高新技术的迅猛发展，为发达国家特别是唯一的超级大国发展和部署新的武器系统、进行军事革命提供了新的物质手段，但也为大规模杀伤性武器扩散提供了新的可能。[①] 从更深层次看，高新技术的发展为各国的经济发展和社会进步增添了新的动力，但也正极大地改变着人们的生活和思维方式以及传统的社会运作机制。“9·11”恐怖袭击事件带给人类社会的启示之一，就是国家的力量变得越来越强大，但社会和个人却变得越来越脆弱和容易受到攻击。如何对付这些人们称之为非传统领域的安全威胁，已成为国际社会需要迫切解决的一个重要问题。

今天的大国战略稳定不仅面对更加复杂的安全环境，而且战略稳定涉及的武器类型更呈现出多元化的特点。不断涌现的、可能影响核武器稳定性的新技术挑战更是首当其冲，例如太空武器、常规快速打击武器，以及包括网络空间在内的电子战武器和使用人工智能赋能的自主武器，等等。美国在使用新兴技术发展武器装备方面从不落后。奥巴马政府曾实施的所谓第三次“抵销战略”，其目的也是利用先进技术，使美国获得压倒对手的优势。特朗普政府在其2018年《国防战略概要》中也指出，快速的技术变革是未来安全环境的决定性挑战之一。[②]

新技术发展速度快，直接或间接影响叠加。太空及网络武器等对国际安全形势造成的威胁一度被称作“跨域威胁”，这一概念的讨论尚无定论，以人工智能技术为主体的自主武器系统已蓬勃兴起。美国2018年《核态势审议报告》也同样认为，“美国目前存在范围和混合程度都史无前例的威胁，包括重大的常规、核生化威胁及空间和网络威胁，还有暴力的非国家行为体带来的威胁。这些威胁产生了更多的

① 潘振强：“关于重建全球战略稳定的理论思考”，《国际关系专论》，2002年第4期，第1—6页。

② US Department of Defense，Summary of the 2018 National Defense Strategy of the United States of America，https：//www. dod. defense. gov/Portals/1/Documents/pubs/2018 - National - Defense - Strategy - Summary. pdf.

不确定性和风险”。[①] 以太空、网络及人工智能领域的技术发展为代表的新技术领域，与传统的核武器领域密切相关。这种相关性使新技术的发展特点直接或间接影响到全球战略稳定态势，也必然会影响大国战略稳定。新技术领域呈现出难防御、无禁忌、无边界等特点，可能对战略武器领域产生复杂的直接或间接影响，例如对“核常交缠”（entanglement）的讨论，对“发射以左”（left of launch）的讨论，都是比较典型的例子。

“核常交缠”在美国学者中讨论较多，中方学者也有一些专业讨论文章，主要包含两个方面的内容：一是非核军事技术与军事能力，包括反卫、网络、高超音速、无人自主武器、精确制导武器和导弹防御技术等，可以影响或干扰核武器及其指挥、控制、通信和信息（C^3I）系统发挥作用，威胁核武器系统的生存；二是核武器系统与常规武器系统在功能上的重叠，可能引发误判。“核常交缠”实际上主要集中于常规武器或武器系统对核武器生存能力与使用门槛的影响，尤其是在危机情况下，有可能成为危机升级的诱因。俄罗斯学者认为，核战争最可能的诱因是常规能力与核能力的相互影响，或者称作核交缠。的确，“交缠”可能导致误解和升级，从而增加对常规攻击进行核反应的风险。未来的战略武器条约必须承认这一新现实，并进行调整以减轻这种风险，例如通过限制双重能力的（核和常规）空射巡航导弹来降低风险等。[②]

“发射以左”或译作“主动抑制发射”，也是美国学者讨论多年的概念，针对的目标大都是所谓朝鲜的导弹威胁。[③] 在一些研讨场合，笔者曾就此问题与美国资深学者进行过交流。他们对此概念的理解如下：“发射以左”是指在敌方发射之前进行打击。这个“之前”或“以左”可能是很长的时间，包括在一种武器的发展阶段、部署阶段、发射阶段对其进行打击，这都是“以左”或“发射之前”；而使用的“打击手段”

① U. S. Department of Defense, Nuclear Posture Review, February 2018. https：//www. media. defense. gov/2018/Feb/02/2001872886/ -1/ -1/1/2018 - NUCLEAR - POSTURE - REVIEW - FINAL - REPORT. PDF.

② NTI Seminar：Alexey Arbatov Offers a Russian Perspective on Renewing Arms Control and Strategic Stability，https：//www. nti. org/analysis/atomic - pulse/nti - seminar - alexey - arbatov - offers - russian - perspective - renewing - arms - control - and - strategic - stability/.

③ 以下均译作“主动抑制发射”。

既包括直接打击，也包括用网络攻击来瘫痪发射系统等。① 而美国官方公开不久的报告表达了更广泛的含义。美国国防部长及参谋长联席会议主席 2017 年 5 月根据《2017 财年国防授权法》（Pub. L. 114 – 328）第 1684（c）（S）条款的要求，向国会提供了一份报告《关于“主动抑制发射”能力的政策声明、作战概念和使用指南》，其公开部分这样描述：打击敌方发射导弹的能力，即一种被称为“主动抑制发射”的作战方式，是作战总部指挥官可能采取的一种抗击弹道导弹和巡航导弹的措施。其他措施包括主动防御和化解措施（例如，抗打击性、加固和疏散）。这些措施增加敌方导弹攻击失败的可能性，减轻导弹防御系统的负担，从而增加导弹攻击不成功的可能性。在冲突开始之前或冲突开始之后，可以采取“主动抑制发射”行动，以努力阻止敌方导弹发射。在国家进入武装冲突后，“主动抑制发射”行动将被视为正在进行的作战行动的一部分，要根据总统或国防部长的命令，并且在作战总部指挥官的任务授权和程序范围内开始行动。导弹生产和储存设施、导弹发射装备和阵地以及指挥和控制设备，被普遍认为是武装冲突期间可能成为攻击目标的合法军事目标。② 美国官方报告这样解释“主动抑制发射”的范围和内容，加之这份报告还有保密部分，③ 可以确定的是所谓“以左”是指对手的导弹发射之前，可以是在和平时期，也可以是战时。显然，用先进技术、常规方式瘫痪对方核打击系统可能已经进入美国的政策考虑，由此将可能引发严重的政治、军事后果。类似的基于新兴技术的概念设想，也激起人们对当前或未来战略稳定模式的更多讨论。

---

① Missile Defense Project, “Future Options,” Missile Threat, Center for Strategic and International Studies, April 7, 2017, last modified June 15, 2018, https://missilethreat.csis.org/future-options/. Ewen Levick, “Operating left of launch”, https://www.aspistrategist.org.au/author/ewen-levick/.

② Report to Congress: Declaratory Policy, Concept of Operations, and Employment Guidelines for Left-of-Launch Capability, https://www.fas.org/man/eprint/left.pdf.

③《关于“主动抑制发射”能力的政策声明、作战概念和使用指南》中指出，“本节讨论关于冲突前‘主动抑制发射’行动的政策声明。随后各节和机密附件中的讨论既涉及冲突前行动，也涉及国家进入武装冲突之后所采取的行动。”Report to Congress: Declaratory Policy, Concept of Operations, and Employment Guidelines for Left-of-Launch Capability, https://www.fas.org/man/eprint/left.pdf.

（一）新技术领域多呈现易攻难守的特点

在核武器领域，双方实际存在相互脆弱性，这一具有特定含义的术语可以被视为两国保持战略稳定的基本前提条件之一。而在网络空间、太空等新技术领域，则因技术本身的特点而具备天然的技术脆弱性，这种技术上的脆弱性可使主动攻击行为的成本更低，有可能降低危机稳定性。网络空间和太空两个领域的相似点很多，比如这两个领域内的行动都更为追求功能性的效应，而非对敌方目标实体的物理摧毁；对网络空间和太空资产进行防御难度都很大，而发起进攻就显得容易得多，这使得网络空间和太空两个领域都成为易攻难守的领域。由于网络空间与太空系统都直接或间接影响到核武器的生存与突防能力，其对危机稳定性的影响更加直观。如果以核武器和大规模常规武器发动攻击，攻击的来源一般是明显的，但在网络空间中，情况却有相当大的不同。网络空间的攻击可能来自任何地方，确定攻击者身份及其动机方面存在许多难以克服的困难。我们经常会见到类似这样的情景描述，即一人一机便可对某国太空资产发起进攻。这个人可能就坐在一部遥远的控制设备旁，掌握控制台和键盘，通过网络发起攻击行动。这样的行动包括对全球定位系统信号的阻塞，以降低全球制导武器的使用效能，而这一行动本身即同时涵盖太空和网络空间两个领域。这两个领域所覆盖的范围互有重叠和交集，它们造成的影响都是全球性和战略性的。网络空间的攻击能力能否称作“威慑”尚待讨论，但无法否认的是网络攻击与战略武器资源相关联后会造成一定的威慑效果。

当今，网络空间战已经成为各主要国家的重点研究对象，普遍认为发动网络攻击的技术门槛低、成本低，且难以溯源。这使得任何有能力的国家、组织甚至个人，都有可能通过网络空间向一国发起攻击。[①]“要准备一场能够瘫痪美国的网络空间攻击，需要两年时间，每年开支不到

---

① 吕晶华：《美国网络空间战思想研究》，军事科学出版社，2014 年版，第 79—87 页。

500万美元”，且“只需要不到600人进行感染计算机的工作”。[①] 特别是随着黑客、网络攻击技术的扩散，个人或小型组织构成的攻击源都可以通过网络对大国实施非对称攻击，并有可能造成所谓“灾难性的级联效应”。网络空间的防御面临严重的困境，而网络空间技术准入低，发动攻击难以被溯源，自然使得进攻成为网络空间较量的首要选择。换言之，网络空间会成为一个进攻占主导的环境。[②] 在现实世界中，各类网络攻击的模式可能受到相当一部分国家、组织或个人的青睐。这种攻击可能发生在美国这样的超级大国身上，也可能发生在其他实力不及美国的国家身上。“震网”（Stuxnet）病毒破坏伊朗离心机项目就是典型案例。《经济学人》杂志对“震网”事件的评论是：“我们很难搞清楚是谁攻击了谁，很难判断攻击是否取得了成功，甚至不知道攻击是否真的发生了。这似乎就是网络空间战应有的样子。我们只能努力去适应。”[③] 也有学者认为，在战争中可以将网络空间看作一种武器系统……虽然不认同网络空间武器与核武器相似的说法，但运用网络空间力量带来的升级风险和政治不确定性确实与核力量相似。[④] 溯源困难、间接破坏预测困难和非对等的脆弱性，成为限制在网络空间发展威慑对手能力的三个重要因素。在互联网高度发达、人类社会对网络的依赖不断增强的今天，网络空间技术的发展给主要大国造成的潜在危机与挑战正与日俱增。如果一国能确保在网络空间内占据主导性的技术优势，那么这种优势也会广泛“外溢”到其他现实的行动领域，比如地面、空中或太空。反之，如果一国未来无法保持在网络空间内的技术确定性甚至于技术优势，也会使其他关键领域连带受到负面影响。如果将人工智能与网络能力相结合，其破坏性可能会迅速升级，特别是假设这种互相结合的能力也开始

---

① Ottawa Citizen, “Time to Wake up to Cyber Attack Threat”, *Experts*, June 18, 2010, http://www.ottawacitizen.com/news/Time+wake+cyber+threat+Experts/3170415/story.html.

② Stephen Biddle, “Rebuilding the Foundations of Offense – Defense Theory”, *Journal of Politics*, August 2001, pp. 741 – 745.

③ “The meaning of Stuxnet”, *The Economist*, October 2, 2010, http://www.economist.com/node/17147862?story_id=17147862.

④ James Andrew Lewis, *Cyber Attacks, Real or Imagined, and Cyber War*, July 11, 2011, https://www.csis.org/publication/cyer – attacks – real – or – imagined – and – cyber – war.

扩散的话。

太空领域的技术竞争并不是冷战后的新产物，而是从冷战延续至今，并且是技术不断更新的领域。由于太空领域与核武器、反导、反卫领域不可分割的联系，也被称作新的战略制高点。冷战时期，美苏两国的太空项目，不论是太空武器、军事卫星或者深空探测器，都直接或间接地增强战略核力量，确保双方战略力量的稳定与平衡。这一时期，美苏两国都进行了太空核试验，结果或者摧毁了卫星，或者是通过核爆炸产生的电磁脉冲影响了卫星功能的发挥。① 在整个冷战时代，美国共进行了14 次高空、太空核爆炸；苏联也进行了 7 次此类试验。② 此外，任何反导防御手段——即使是同时配备核弹头和非核弹头的陆基拦截器——也是一种默认的反卫系统。对于各种潜在的反卫星技术的开发，自 20 世纪 50 年代末就已经存在，有些甚至更早。反卫星系统可以是陆基、海基、空基和天基。该系统可能使用动能毁伤手段和定向能武器，如激光和粒子加速器；也可使用各种电子战战术。毕竟，为使卫星发生故障，不需对其进行物理摧毁，只需用电子干扰系统等各种电子战武器对其致盲、切断其与地面控制的联系就已足够。20 世纪 80 年代，美国在开展与反导防御相关的各种研发活动时，加强了各种反卫系统研制力度，苏联也开展了类似活动。为了建立更强的反卫系统，两国都有非常先进的研发计划。两国还使用重型战斗机（苏联的米格－31 战斗机和美国的 F－15 多用途战斗机）分别装备两级卫星毁伤导弹，旨在从位于大气层较高处的飞机发射，以打击低轨道卫星。反卫星武器还包括可在有关轨道上预先部署的各种“太空地雷”。美苏两国专家都清楚地认识到，反卫星武器领域的竞争十分危险，其可对很多重要设施造成威胁，包括对构成所谓“国家技术控制手段”的侦察卫星造成威胁，以及对导弹预警系统（带有探测弹道导弹起飞传感设备的卫星）第一层手段和基于卫星的空间基础设施的其他一些要素构成威胁。这使外空及相关武器系统成为确

---

① 何奇松：“国际太空新秩序与中国的责任”，《世界经济与政治》，2016 年第 8 期，第 104—129 页，第 114 页。

② “High－Altitude Nuclear Exposion”，https：//en. wikipedia. org/wiki/High－altitude_ nuclear_ explosion.

保美苏在战略武器领域达成协议的不可或缺部分。

太空技术特别是推进技术的发展使核武器真正成为可以投掷使用的武器，对核武器锁定和摧毁目标发挥着重要作用，可以说太空技术大大提升了核武器的战略威慑能力。美苏冷战期间在太空领域展开的军备竞赛，主要涉及两国的核力量预警、通信、指挥和控制系统。冷战后，随着太空技术加速发展，卫星不仅用于核威慑，也广泛用来提升军力，太空的设备资产已同陆地军事领域的方方面面相关联。导航定位卫星、预警卫星等太空资产的作用也日益增强，成为核常威慑效果的“黏合剂”。太空技术及其运用成为军力的“倍增器”和军事战略的“赋能器”，在军事行动中发挥的作用越来越大。攻击正确的卫星，或者攻击正确的计算机，一方可能会破坏另一方使用核武器的能力——或者至少会让另一方的指挥官产生怀疑，从而影响指挥决策。因此，太空对抗可以说是打破与维护国际战略稳定与力量平衡的斗争。

虽然与网络的低成本相比，建成强大的太空能力需要庞大的投资，但就当今的技术而言，太空资产本身就存在重大缺陷，即面对攻击具有相当大的脆弱性，比如保卫卫星及其数据链就很有难度。因此，太空防御与网络空间的防御一样，都面临极大挑战。卫星本身是一种精细而又脆弱的设备，任意一种现有的太空武器都能将其轻易摧毁，像激光、射频干扰以及拥有致命动能拦截器的地空导弹等，它们中许多都是相对小型的移动系统。当卫星在近地轨道运行时，最容易遭到激光和高射动能拦截器的伤害，而卫星在地球同步轨道和高椭圆轨道之外运行时会有一个共同的常见致命点，就是容易受到射频干扰和强力电磁的袭击。卫星并不是只有遭受物理攻击后才能报废。卫星向地面站及其使用者提供指挥和提供服务是通过电磁波谱的形式进行的。为此，干扰发射台和各种电子入侵都可以使卫星功能受损甚至失效。①

太空资产易攻难守的特性，使得对太空依赖度越来越高的人类社会更加忧虑。太空对抗实际上就是大国博弈在太空的投射，事关国际战略

① 聂春明等编译：《太空力量与国家安全》，航空工业出版社，2016 年版，第 350—352 页。

的稳定与平衡。如果核大国把攻击卫星看成核战争的前奏，尤其是对弹道导弹预警卫星的攻击，有可能导致相互攻击对方的卫星，甚至引发核战争。一旦出现危机与冲突，太空设施可能会诱使敌对方展开抢先进攻，以占领军事上的优势，这就可能触发战略武器被使用，甚至是被先发制人地使用。因此，太空博弈尤其是大国反卫能力的博弈降低了一次打击稳定性，对当前全球战略稳定形成潜在威胁，对未来战略稳定也可能带来重大冲击。

（二）新技术领域尚无具有约束力的军备控制条约

军备控制的条约与限制措施往往跟随军事技术的发展而变化，太空、网络甚至是人工智能领域的军备控制也不例外。但作为新技术领域，情况却复杂得多。网络空间、外层空间技术与核武器技术密切联系，但却没有与限制核武器类似的比较完整的条约体系，以及基于这种条约安排的武器发展与使用禁忌。

在网络领域，近年来，全球性网络安全威胁尤其是国家间网络冲突与摩擦增多，在网络空间建立类似于军备控制的条约规范与束缚更加困难。越来越多的专家认为，对于网络空间的安全威胁，无论是网络犯罪还是网络攻击，“究其根源，无一不是行为主体的失范，如由于缺乏能够得到普遍认可与遵守的行为规范，国家间的网络冲突与争端升级；再如由于缺乏对非国家行为体的有效管束手段，网络犯罪与网络恐怖主义的危害巨大”。①

在太空领域，现有的制度规范基本上制定于20世纪六七十年代。联合国框架下以《关于各国探索和利用外层空间包括月球与其他天体活动所应遵守的原则的条约》（简称《外层空间条约》）为代表的五大条约和四大制度，② 保证了今天的太空依然是和平的空间环境。早在1963年，

---

① 李艳：“网络空间国际治理中的国家主体与中美网络关系”，《现代国际关系》，2018年第11期，第41页。

② 五大条约除《外空条约》外，还有1968年生效的《营救协定》、1972年生效的《责任公约》、1976年生效的《登记公约》和1984年生效的《月球协定》。

在人类的外空活动刚刚开始的阶段，美苏首先认识到外层空间核试验的危害，签订了《部分禁止核试验条约》等禁止性规范条约。之后，有核国家基本没有可能在外空进行核试验。同年，联合国大会还一致通过了《各国探索和利用外层空间活动的法律原则宣言》（简称《外空宣言》），概括性地规定了各国进行外层空间探索和利用的九个原则。1966 年 12 月，在《外空宣言》的基础上，联合国大会通过了《关于各国探索和利用外层空间包括月球与其他天体活动所应遵循的原则的条约》（即习惯上所称的 1967 年《外层空间条约》），该条约于 1967 年 1 月开放签字，同年 10 月 10 日生效，美国、英国和苏联都已签署。其他与太空活动相关的条约还有 1972 年的美苏《反导条约》、1973 年的《国际电信公约》以及 1980 年的《禁止为军事或任何其他敌对目的使用改变环境的技术的公约》等。①

从本质上讲，今天的太空安全主要依赖于《外层空间条约》的保证，该条约作为整个外层空间法律体系的核心，规定了各国平等利用外空的权利，确立了外空和平利用的基本宗旨。虽然《外层空间条约》规定不得在外空部署大规模杀伤性武器，却无法明文禁止在外空部署和实验其他武器，这是否意味着所有杀伤力更小的武器可以被允许实验和部署，成为该条约备受争议的一点。一方面，《联合国宪章》第五十一条规定了给予每个国家进行自我防卫的固有权利，因此可以假设这一固有权利包括对太空武器和基于太空武器的自我防卫，这样的理解可能会推动各国在军事准备上倾向于进行太空战；另一方面，尽管某些禁止性措施可能无法达成，但由于外空军事技术的不断发展，其军事利用已经不仅限于平时的军事保障和支援活动，还可能在战时深入参与到作战过程中，发挥对陆、海、空等传统作战力量的倍增作用，更成为战略武器发挥作用的桥梁。所以，尽管《外层空间条约》只禁止了最基本的能造成大规模杀伤力的太空武器，但仍对太空武器化起到抑制作用。至少到目前为止，由于《外层空间条约》的存在，虽然没有任何国际条约或法律

---

① John J. Klein, *Space Warfare: Strategy, Principles and Policy*, (Abingdon: Routledge), 2006, p. 11.

条例明文禁止在地球轨道或太空其他天体和轨道上部署对地球上、大气层或太空目标进行打击的非核军事系统或武器，但每个国家都在尽力避开研发部署此类非核武器，因为开发这类武器很可能降低危机稳定性，引发核武器对抗。冷战时期，为防止外层空间军备竞赛，苏联于1983年首先单方面宣布，暂停在外层空间部署和试验反卫星武器。苏方宣布，在美方不再采取同样的行动之前，暂停决定将一直有效。这一“暂停决定”在互惠基础上确实一直保持有效，直到21世纪。虽然在1985年，美国进行了一次反卫星武器试验，用F－15战斗机携带反卫导弹，[①] 首次进行拦截卫星的飞行试验，成功拦截了一颗报废的P78－1实验卫星，但美国国会立即中止相关拨款，阻止了进一步的试验。美苏在20世纪80年代都认识到在这一领域的竞争极其有害和危险。自那以后，双方在无异议基础上遵守了共同暂停此类试验的规定，“暂停试验”一直保持到2008年2月，美国重新开始反卫试验为止。这是没有通过任何双边条约而在法律上正式确定的限制军备竞赛措施的一个例子。

如前文所述，在核武器方面，尽管没有法律的强行禁止，甚至很多国家自身的政策允许首先使用核武器，但所有有核国家在处理核武器的使用问题时都相当克制和谨慎，形成“核禁忌”。但是，即使外空武器影响重大，外空领域却至今没有形成部署及攻击的“禁忌”或“规范”，即不首先攻击外空资产。长期以来，为弥补这一缺陷，各国提出了修定现有条约或谈判出台新的《外层空间条约》等建议。比如，鉴于外空武器化发展的趋势和外空所面临的安全威胁，中俄两国从2002年起联合推动裁谈会就缔结防止外空武器化的条约进行谈判，2008年正式提出《防止在外空放置武器和对外空物体使用和威胁使用武力的条约》（PPWT）草案，该提案试图界定和禁止在太空中扩散武器，并提供了被禁武器的定义。按照该条约的界定，所谓在外空的武器即为“位于外空、基于任何物理原理，经专门制造或改造，用来消灭、损害或干扰在外空、地球上或大气层物体的正常功能，以及用来消灭人口和对人类至关重要的生

① 该导弹用一种改进的短程攻击导弹为一级助推器，“牵牛星”火箭发动机为二级助推器。

物圈组成部分或对其造成损害的任何装置”。① 不过，由于裁谈会长期处于僵局状态，特别是美国仍不能摆脱其追求绝对安全的思维方式，明确拒绝了该条约提案，导致大国围绕外空议题的实质性军控讨论无法展开。即便如此，中国和俄罗斯仍在继续提出这一条约草案。此外，另一具有积极意义的外空行为规则，是欧盟2008年提出具有建立信任措施、增强透明度性质的《外空活动行为准则》草案（“Space Code of Conduct”）。这是一套关于空间碎片和宇宙飞船或卫星运行等问题的自愿规则，但该草案一方面内容上有天然缺陷，偏重外空和平利用过程中产生的问题，并不能防止外空武器化的危险；另一方面，该草案并非条约也无强制性，靠自愿加入，没有法律约束力。因此，包括美国、俄罗斯、中国和印度在内的大多数重要太空国家都拒绝签署。② 历史更长的《防止外空军备竞赛决议》（PAROS）是一项联合国决议，旨在禁止空间武器化。它最初是在20世纪80年代由裁军谈判会议的一个特设委员会提出，近年来该提案又重新被引入，并每年进行一次投票，美国是唯一反对它的国家。③

特朗普总统执政后，不断破坏现有的军控条约体系，对于像网络、太空甚至是人工智能领域的军备控制更不感兴趣，其对力量优势的绝对追求只能让新兴技术领域的规范控制更加困难。以外空为例，特朗普政府非常重视太空领域，突出加强美国的太空军事能力和未来太空作战能力，其政府的空间政策既有前任政府的连续性，也贴上了鲜明的“特氏标签”，突出宣扬“美国第一”的政策理念。根据2018年美国《国家太空战略》的描述，特朗普政府的“国家太空战略”优先考虑美国的利

① Michael Listner, “An Exercise in the Art of War: China's National Defense White Paper, Outer Space, and the PPWT,” *The Space Review*, April 25, 2011, http://www.thespacereview.com/article/1828/1

② Michael Listner, “U. S. Rebuffs Current Draft of EU Code of Conduct: Is There Something Waiting in the Wings?” *The Space Review*, January 16, 2012, http://www.thespacereview.com/article/2006/1.

③ Federation of American Scientists, “Prevention of an Arms Race in Outer Space,” November 26, 2012, http://www.fas.org/programs/ssp/nukes/ArmsControl_NEW/nonproliferation/NFZ/NP-NFZ-PAROS.html>.

益，要确保其成为一项将使美国变得强大、有竞争力和伟大的战略，在更广泛的国家安全政策范围内发挥作用，把美国的利益放在第一位；要确保国际协议把美国人民、工人和企业的利益放在第一位。特朗普的太空战略建立在“国家安全战略”的基础上，强调通过在太空领域的力量实现和平。根据此战略，美国将寻求阻止、打击和击败空间领域中不利于美国及其盟国国家利益的威胁。为此，美国《国家太空战略》将与私营部门及美国的盟友密切合作，推动美国政府在空间领域的领导作用并采取整体做法，具体有四个基本支柱：一是向更具弹性的空间架构转型，即美国将加快转变其空间架构，以增强复原力、防御能力和重建受损能力；二是加强威慑和作战选项，即加强美国和盟国的选择，以阻止潜在的敌人将冲突扩展到太空，如果威慑失败，就打击为敌对目的所使用的威胁手段；三是改进基础性能力、结构和流程，美国将通过改进态势感知、情报和采购过程来确保有效的空间操作；四是推动生成有利的国内和国际环境，即精简监管机构、政策和流程，以更好地利用和支持美国商业，美国将寻求双边和多边接触，以促进人类探索、促进负担分担，并为合作应对威胁做好准备。①

特朗普政府推进其建设美国强大太空力量的工作，可谓一步接一步，具体落实到位。2017 年 6 月 30 日，24 年来特朗普首次重启美国国家太空委员会（National Space Council）。2017 年 12 月 11 日，特朗普签署了“空间政策指令 -1”，该指令指示美国航空和航天局（NASA）将美国宇航员送回月球进行长期探索和利用，随后是人类前往火星和其他目的地的任务。2018 年 6 月，特朗普指示国防部长启动成立天军的进程，美国《2018 财年国防授权法案》要求国防部 8 月 1 日完成筹建独立天军的方案研究。2018 年 8 月 9 日，美国国防部发布《国防部国家安全太空部门组织与管理结构的最终报告》。根据这份报告，建设天军成为落实《国家太空战略》的重要举措，并明确 2019 年在空军内部成立独立军种太空

① “President Donald J. Trump is Unveiling an America First National Space Strategy”, https://www.whitehouse.gov/briefings-statements/president-donald-j-trump-unveiling-america-first-national-space-strategy/.

部队（即天军），建立隶属战略司令部的“美国航天司令部”，并宣布着手建立美军第六军种“太空部队”。这份报告认为，太空能力是其他关键的国防部现代化努力的基础，包括核力量、网络空间、指挥、控制、通信、计算机、情报、监视和侦察（C^4ISR），以及导弹防御系统等。此外，新的太空能力将开启创新的作战概念，因为国防部预见到新技术对战场的影响，采取动态力量运用以增加美国的灵活性，并使对手的计划性更加复杂化。① 该报告在威胁判断中将中国和俄罗斯一并看作美国的空间力量威胁，认为“中国和俄罗斯是我们的战略竞争对手，正在明确地追求太空作战能力，以便在冲突期间削弱美国的太空能力”。②

对于网络、外空及人工智能技术等新兴领域的约束性规范问题，中国的官方政策一直体现了积极合作的态度。中国政府一直追求和平利用网络空间，不赞成个别国家强化网络威慑战略，加剧网络空间军备竞赛的行为，从而对世界和平构成新的挑战。中国国家互联网信息办公室2016年发布的《国家网络空间安全战略》，认为和平利用网络空间符合人类的共同利益，各国应遵守《联合国宪章》关于不得使用或威胁使用武力的原则，防止信息技术被用于与维护国际安全与稳定相悖的目的，共同抑制网络空间军备竞赛，防范网络空间冲突。坚持相互尊重、平等相待，求同存异、包容互信，尊重彼此在网络空间的安全利益和重大关切，推动构建和谐网络世界。反对以国家安全为借口，利用技术优势控制他国网络和信息系统、收集和窃取他国数据，更不能以牺牲别国安全谋求自身所谓绝对安全。③ 中国尤其支持联合国发挥主导作用，推动制定各方普遍接受的网络空间国际规则、网络空间国际反恐公约，健全打击网络犯罪司法协助机制，深化在政策法律、技术创新、标准规范、用

① Final Report on Organizational and Managemennt Structure for the Naitoral Security Space Components of the Department of Defense, https：//docs. voanews. eu/en－US/2018/08/09/143dbce3－98f9－498e－9717－e5a1fc84f4a6. pdf.

② Final Report on Organizational and Managemennt Structure for the Naitonal Security Space Components of the Department of Defense, https：//docs. voanews. eu/en－US/2018/08/09/143dbce3－98f9－498e－9717－e5a1fc84f4a6. pdf.

③ 《国家网络空间安全战略》，2016 年 12 月，国家互联网信息办公室，http：//www. cac. gov. cn/2016－12/27/c_ 1120195926. htm.

户、关键信息基础设施保护等领域的国际合作。① 2019 年中国的《国防白皮书》就网络空间的政策表述为：网络空间是国家安全和经济社会发展的关键领域。网络安全是全球性挑战，也是中国面临的严峻安全威胁。中国军队加快网络空间力量建设，大力发展网络安全防御手段，建设与中国国际地位相称、与网络强国相适应的网络空间防护力量，筑牢国家网络边防，及时发现和抵御网络入侵，保障信息网络安全，坚决捍卫国家网络主权、信息安全和社会稳定。②

特朗普任美国总统后，在太空力量建设上迅速推进。对于美国宣布着手建立其第六军种“太空部队”，中国第一时间做出回应：中国政府一直认为，外空是全人类共同财产，中方一贯主张和平利用外空，反对外空武器化和外空军备竞赛，更反对把外空作为战场。希望各方共同努力，切实维护外空持久和平与安宁。③ 2019 年，中国颁布的《国防白皮书》继续将外空定位为“战略制高点”，认为“太空是国际战略竞争制高点，太空安全是国家建设和社会发展的战略保障。着眼和平利用太空，中国积极参与国际太空合作，加快发展相应的技术和力量，统筹管理天基信息资源，跟踪掌握太空态势，保卫太空资产安全，提高安全进出、开放利用太空能力”。④ 2019 年 8 月 14 日，在日内瓦裁军谈判会议全会关于“防止外空军备竞赛”的专题讨论中，美国裁军大使发言攻击抹黑中国军力发展及外空政策，反复指责中国发展、试验反卫星武器，并声称中俄外空条约草案刻意回避反卫星武器问题。裁谈会的西方专家也予以附和，贬毁中俄草案，称该草案缺乏有效核查措施，并片面宣扬中俄外空主张。针对上述论调，中国裁军大使李松做长篇即席发言予以驳斥。

---

① 《国家网络空间安全战略》，2016 年 12 月，国家互联网信息办公室，http：//www.cac. gov. cn/2016 – 12/27/c_ 1120195926. htm.

② 中华人民共和国国务院新闻办公室：《新时代的中国国防》白皮书，人民出版社，2019 年版，第 18—19 页。

③ 在美国总统特朗普昨天宣布着手建立美军第六军种“太空部队”后，外交部发言人 6 月 19 日答记者问，2018 年 6 月 19 日外交部发言人耿爽主持例行记者会，https：//www. fmprc. gov. cn/web/wjdt_ 674879/fyrbt_ 674889/t1569911. shtml.

④ 中华人民共和国国务院新闻办公室：《新时代的中国国防》白皮书，人民出版社，2019 年版，第 18 页。

李松大使在发言中重申，中国一贯奉行防御性的国防政策，致力于和平利用外空，积极倡导和推动国际社会就防止外空武器化和外空军备竞赛问题立即开展工作，致力于达成防止外空武器化和外空军备竞赛的国际法律文书。中方上述政策、主张和举措充分表明，中国从来没有利用武力或武器系统谋求外空霸权的战略或规划。李松大使还强调，中国之所以积极主张防止外空武器化和外空军备竞赛，并与俄罗斯共同在裁谈会提出相关条约草案，针对的就是谋求外空霸权的战略和规划。我们提出的联大决议草案每次都获得压倒性多数支持，这充分反映了国际社会的强烈关切和呼声。美方曾经在裁谈会提出工作文件质疑中俄草案，中俄也以工作文件的形式全面回应了美方关切。外空问题上，我们越是面临现实困难，推动国际军控条约的历程越是任重道远，越是遇到一些来自强大国家的阻力，我们越要坚持防止外空武器化和外空军备竞赛的目标，并且在裁谈会尽一切所能去实现。①

人工智能在新技术领域可能是最新的热点话题。中国政府对人工智能技术同样持开放立场。2018 年 9 月，中国国家主席习近平在给 2018 年世界人工智能大会的贺信中阐明了中国的立场和态度，指出新一代人工智能正在全球范围内蓬勃兴起，为经济社会发展注入了新动能，正在深刻改变人们的生产生活方式。把握好这一发展机遇，处理好人工智能在法律、安全、就业、道德伦理和政府治理等方面提出的新课题，需要各国深化合作、共同探讨。中国愿在人工智能领域与各国共推发展、共护安全、共享成果。② 对于人工智能及其相关自主武器系统而言，各国尚未形成控制与规范的共识。人工智能的自身特点使得建立相关国际军控规则变得更加困难。在 2018 年 7 月清华大学第七届世界和平论坛“人工智能与安全”分论坛的讨论中，《智能时代的战略竞争》报告的作者之一格里戈利·艾伦（Gregory C. Allen）表示，人工智能也有军民两用性，但其军事应用不同于核，更像电。如果认为核是一种黑白技术，只

① 中国裁军大使李松在裁谈会全会上关于外空问题的即席发言”，https://www.news.sina.com.cn/o/2019-08-16/doc-ihytcern1276225.shtml.

② 新华社：“习近平致 2018 世界人工智能大会的贺信”，2018 年 9 月 17 日，http://www.xinhuanet.com/politics/leaders/2018-09/17/c_1123441849.htm.

存在“有”或“没有”两种状态，一国要么是有核国，要么是无核国。电则更像一种光谱技术，就像红橙黄绿蓝靛紫七色光有不同的波长和媒介反射率一样，不同的国家都可以用电，只是应用方式和程度会有很大差异。人工智能在军事上的应用更像电，无法禁止哪一个国家使用人工智能。就像美苏冷战期间的军备竞赛一样，未来很可能出现人工智能强国之间的算法竞赛。问题是，当年美苏通过军控谈判签署了一系列核军控协议，确定了基本规则，未来的人工智能强国间能否本着同样的精神达成算法控制协议呢？艾伦认为，从目前大国关系态势看，达成这样的共识几乎没有可能；然而，考虑到未来无序发展的风险，大国又必须认真考虑就此进行共同探讨的必要性。①

（三）新技术领域正不断实现技术突破

随着人类社会的发展，在科学技术领域不断实现着突破，在新兴技术领域更是如此。新兴技术领域的独特魅力之一正是其创新与发展的无限可能性，或可称作技术发展无边界的特点。这一方面吸引更多研发力量投入新兴技术领域，另一方面也引发巨大担忧。以人工智能技术为例，你不可能要求一台智能机器同时具备灵活的推理能力，却又要求它不具备自主意图的产生能力。这是因为，灵活的推理能力本身就要求系统能够在有限的时间资源内对特定的信息表征加以聚焦，而这种聚焦在原则上就会受到注意力以及工作意图的牵导。这就会使这些系统的设计陷入一个两难境地：要么将这些意图予以事先的固定，但这样一来，系统就无法在特定语境中根据新涌现的意图来灵活地改变注意力的聚焦方向；要么放手让系统自己去决定它应当去聚焦哪些对象，但就得容忍它在意图产生方面的“不可控性”。② 而这种不可控性又有可能正是技术突破点所在。难怪霍金在谈及人工智能时也不无担忧地表达道：人工智能的真

---

① 转引自傅莹：“人工智能将如何影响国际规范”，http：//www. sss. net. cn/118/71340. aspx.

② 徐英瑾：“试论深度学习技术对人类社会持续发展所造成的风险”，《当代美国评论》，2019 年第 1 期，第 23 页。

正风险不是它的恶意，而是它的能力。一个超智能的人工智能在完成目标方面非常出色，如果这些目标与我们的目标不一致，我们就会陷入困境。[①] 对人工智能的长期担忧则是人工智能系统失控的潜在风险，因为人工智能遵循的一个逻辑是，计算机在理论上可以模仿人类智能，然后超越。未来，人工智能可以发展出自我意志，一个与我们冲突的意志。我们无法知道，人类将无限地得到人工智能的帮助，还是被藐视并被边缘化，或者很可能被它毁灭。但事实是，聪明的机器将能够代替人类正在从事的工作，并迅速地消灭数以百万计的工作岗位。[②] 特斯拉创始人埃隆·马斯克（Elon Musk）也曾警告说，争夺人工智能的优势可能是导致第三次世界大战的原因。2017 年 7 月，哈佛大学肯尼迪学院贝尔福科学与国际事务中心发布了《人工智能与国家安全》报告，认为未来人工智能有可能成为与核武器、飞机、计算机、生物技术不相上下的变革性国家安全技术。[③] 兰德公司在 2018 年发布的《人工智能对核战争风险的影响》报告指出，未来几十年，人工智能有可能通过削弱“相互确保摧毁”来打破核战略平衡，技术进步会使得报复性核反击力量成为目标，且这一目标被摧毁的可能性大大增加，从而削弱“相互确保摧毁”的基础，打破核战略平衡。即使各国无意发起先发制人的攻击，也会倾向于追求先发制人的能力，以此作为与对手讨价还价的手段，而这无疑将破坏战略稳定。[④] 核战略专家的回应是，一个人工智能系统不需要完美地工作来引发核紧张。一个对手只需要考虑它的作用，并做出相应的反应。结果将是引发核武器竞争对手之间的竞争和不信任的新时代。该报告还认为，在技术成熟之前使用人工智能，可能会令人承受很大压力，甚至是颠覆性的挑战。因此在未来几十年保持战略稳定可能是极其困难的，

---

① “霍金：人工智能的威胁就像核武器，世界将发生 10 大变化!”，https：//www. sohu. com/a/214060948_ 165070.

② “霍金：人工智能的威胁就像核武器，世界将发生 10 大变化!”，https：//www. sohu. com/a/214060948_ 165070.

③ Greg Allen and Taniel Chan，“Artificial Intelligence and NationalSecurity”，Cambridge：Belfer Center for Science and International Affairs，Harvard KennedySchool，2017，p. 1.

④ Edward Geist and Andrew J. Lohn，“How Might Artificial Intelligence Affect the Risk of Nuclear War?” Rand Corporation，p. 8. https：//www. rand. org/pubs/perspectives/PE296. html.

所有的核大国都必须致力于限制核风险。[①] 但该报告也指出，人工智能在少数情况下可以通过提高情报收集和分析的准确性，提高战略稳定性。先进的监测技术、更好的解释对手的行动都可以减少战略误判，从而减少战争的意外升级。也有研究人员认为，考虑到未来的技术发展，最终人工智能系统虽然存在出错的可能，但比人类出错的可能性要低，因此长期来看可能还是趋于稳定的。

中国同样高度重视新兴技术的发展，并且从历史与战略高度理解与发展新兴技术。在已经到来的新一轮科技革命中，中国将包括人工智能在内的新技术作为国家和平崛起的有力标杆和实现中华民族伟大复兴的重要手段。2018 年，中国国家主席习近平在金砖国家工商论坛上发表讲话指出，“人工智能、大数据、量子信息、生物技术等新一轮科技革命和产业变革正在积聚力量，催生大量新产业、新模式，给全球发展和人类生产生活带来翻天覆地的变化。我们要抓住这个重大机遇，推动新兴市场国家和发展中国家实现跨越式发展”。[②] 就发展人工智能而言，中国发展人工智能技术的目的同发展其他新兴技术的目的一样，就是不能在技术领域落后，并且要让技术为增进国家乃至人类的福祉服务，而非威胁他国安全。此外，中国更不会被外部力量的话语和威胁打乱新科技的发展节奏，更不能被意识形态的竞争所绑架和蒙蔽，甚至被拖入依托新兴技术的军备竞赛。毕竟，“尽管地缘政治竞争依然存在，但是国家在国际体系中的生存已不再完全是冷战结束前的那种传统威胁了”。[③]

人工智能可能通过侦查情报、指控系统、运载系统及决策系统等途径介入一国战略武器的发展与使用。基于大数据的人工智能情报侦查能力，可能更容易破坏一国战略武器的隐蔽性，使其生存能力大幅降低；人工智能对核指控与运载系统的隐蔽破坏能力则可能极大诱使一国产生

---

① Edward Geist and Andrew J. Lohn，“How Might Artificial Intelligence Affect the Risk of Nuclear War?” Rand Corporation，p. 8. https：//www. rand. org/pubs/perspectives/PE296. html.

② “人工智能如何赋能新时代？习近平这样说”，http：//www. xinhuanet. com/politics/2018－09/18/c_ 1123447464. htm.

③ 秦亚青：“世界格局、国际制度与全球秩序”，《现代国际关系》，2010 年庆典特刊，第 15 页。

先发制人的冲动；而现代战争与危机的速度极大压缩了决策者的反应时间，有可能迫使决策者让渡部分决策给人工智能，最终陷入机器决定的危险境地。所以，人类在新技术领域寻求技术突破本身并不会破坏核武器领域的战略稳定性，但新技术鲜明的发展特点及其与战略武器结合的无限潜能又极有可能引发大国间的军备竞争及"囚徒困境"。如果主要国家在相关技术及武器装备发展上缺乏克制，各国间又缺少双边或多边的互信机制或军控条约的规范，那么相关国家在发展新技术上争先恐后就难以避免。如果再进一步，都去效仿超级大国，追求绝对优势与绝对控制力，不加限制地发展有可能破坏战略稳定的进攻与防御能力，这一方面可能引发军备竞赛，破坏军备竞赛稳定性；另一方面，一旦出现危机甚至是军事冲突，则很有可能诱发一次打击，降低大国间战略武器领域的危机稳定性。对美苏（俄）战略稳定和中美战略稳定而言，都是同一逻辑。

新技术对战略稳定形成的挑战不可忽视，但以新技术发展来否定军备控制与战略稳定，认为最新的武器系统和军事技术从根本上改变了战略稳定观念，不必受传统军备控制的约束，这可能本质上仍属于军事创新的虚假谜题。① 军事技术进步带来的革命性影响并不是什么新鲜事，而是历史上反复出现的符合逻辑的现象。纵观战略稳定与军备控制的历史，恰恰是为实现战略稳定而谈判制定的军备控制条约与后续安排，使新技术可以在规则范围内继续发展，避免新技术陷入恶性军备竞赛的循环，同时也避免新技术武器在危机时刻成为促进升级的不确定因素。这样的案例在历史上也反复出现。

20 世纪 50 年代末出现了远程弹道导弹，随后在 20 世纪 70 年代和 80 年代美苏为洲际弹道导弹（ICBM）和潜射弹道导弹（SLBM）配备了分导式多弹头（MIRV）。这导致核弹头数量增加了 5 倍，而运载工具的数量保持不变。更糟糕的是，尽管数量对等，分导式多弹头导弹创造了

---

① Alexey Arbatov，"A New Era of Arms Control：Myths，Realities and Options" – Carnegie Moscow Center – Carnegie Endowment for International Peace，https：//carnegie. ru/commentary/801722/12.

一种假设的可能性，即发动第一次打击可以使对方的武装力量完全瘫痪，而不会受到报复性打击。然而，1991 年的《第一阶段削减战略武器条约》和随后系列“削减战略武器条约”设法解决了这个问题。各方就前所未有的控制措施达成一致，其中包括降低导弹投掷重量，以及禁止在测试期间加密遥测信息等。最终，美俄战略部队的弹头总数减少到与 20 世纪 60 年代末部署分导式多弹头系统之前大致相同的水平。20 世纪 70 年代末，高精度的中程巡航导弹的问世引发了另一场革命。这些导弹分别是空中发射（ALCM）、海上发射（SLCM）和地面发射（GLCM）的巡航导弹。由于其低空和曲折的弹道，在最短的警告时间内造成了核打击的威胁。事实证明，弹头或运载工具的削减条约也有可能管理这种威胁。比如，1987 年的《中导条约》完全消除了陆基巡航导弹（连同中程和短程弹道导弹）。罗纳德·里根（Ronald Reagan）于 1983 年制定的“战略防御倡议”（SDI），呼吁进行一场比当时所有技术创新加起来更大的军事技术革命。新计划将不可避免地破坏《反导条约》和以其为基础的整个军控进程。然而，由萨姆·纳恩（Sam Nunn）担任主席的美国参议院特别委员会进行了大量工作并得出结论，在太空测试外来系统违反了《反导条约》第五条和共识 D 款。[①] 尽管受到美国军工复合体和里根总统的强大压力，《反导条约》仍在 20 世纪 80 年代幸存下来并持续了 30 年，而“战略防御倡议”最终被废止。核时代以来几十年的经验清楚表明，不是新技术使战略稳定消亡，而是战略稳定使新技术合理存续。同样，核时代以来几十年的教训也清楚表明，追求军事技术的绝对优势、“某国优先”的思路，带来的是全球战略安全领域的不稳定，最终受到损害的是包括“优先”国在内的所有国家。

面对新兴技术对战略稳定的新挑战，对战稳定的概念与理论不能轻率下结论，更不能简单抛弃这个完全可行的概念及理论体系。而需要根据新的技术和安全环境灵活调整战略稳定的内涵，让新的战略稳定框架

---

① Alexey Arbatov，“A New Era of Arms Control：Myths，Realities and Options” – Carnegie Moscow Center – Carnegie Endowment for International Peace，https：//www. carnegie. ru/commentary/80172 2/12.

适应技术进步，并制定包容新技术的核查安排，使其与具有政治约束力的承诺、建立信任措施和透明度制度相结合。要认识到，在战略稳定领域，只要主要国家领导层和政治精英们有政治意愿，加上足够的专业与智力努力，军控最重要的内容即使在今天的安全环境下也是可以保留的；同样，无论面临怎样的技术进步，用不断更新的军备控制框架安排可以继续取得令人振奋的成功。

三、建立新战略稳定关系的可能路径

（一）对战略稳定时代背景的讨论

传统战略稳定关系的基础不断遭到破坏，出现越来越多的有核国家成为第二核时代不可避免的趋势。① 2020 年，美国国防部负责核问题的助理国防部长帮办办公室撰写的非正式报告《2020 年核问题手册》指出，自核时代开始以来，已经出现了三个明显的时代。第一个核时代以 1945 年使用原子弹为开端，接下来美苏进行核军备竞赛，这一时代终止于 1992 年，以冷战结束后美国进行最后一次核爆炸试验为标志。第二个核时代从 1992—2018 年，其特点是在没有地下核试验的情况下继续保持冷战遗产式的威慑。这一时代终止于 2018 年，以美国颁布《核态势审议报告》为标志，该报告公开承认俄罗斯的复兴和中国的崛起，并将这两个国家作为战略竞争者和潜在敌手。美国现在处于向第三个核时代的过渡期，其特点是在没有核爆炸试验的情况下具备有限的核武器生产能力。②

对于核时代的转变，也有学者进一步解释，从两极世界向多极世界

---

① CSIS：Project Atom，Stimson Center，the Center for a New American Security（CNAS），and the National Institute for Public Policy（NIPP）. 2015，5.

② Office of the Deputy Assistant Secretary of Defense for Nuclear Matters：“Nuclear Matters Handbook 2020”，https：//www. fas. org/man/eprint/nmhb2020. pdf.

的转变为战略稳定增加了显著的复杂性。他们认为，军备竞赛及危机不稳定的核心思想，形成于一个完全不同的世界，那个世界的特点是两极化、军事对抗和类似于“世界末日”的核战争风险，与当今更加多极的安全环境截然不同。当今世界的多极化趋势，使美国与不同潜在对手的关系以不同程度的竞争与合作为特征，即不是对抗性的敌对关系，也不是亲密的友邦关系。相关国家在解决问题时往往不得不合作，同时又为各自利益不断竞争。至少相对于冷战而言，当前军事热点是存在的，但通向重大战争的道路是高度不确定的。① 同样，也有学者认为，2019 年已经显示出新的核时代拐点的三个关键特点：再次兴起的大国间的核竞争；新的有核国家的出现，无论其是美国的敌人还是盟友；现有核力量间更加能够容忍核升级的风险，而升级有可能带来巨大的灾难性后果。② 同时有学者关注到，随着《新削减战略武器条约》即将到期，从 2020 年开始形势可能会恶化，一个新的更加危险的军备竞赛时代即将开启。除了美国在 2019 年退出《中导条约》引发的负面效应外，美俄两国在超高音速导弹等新的武器系统上的预算投入都在增加，2020 年有可能成为既不能阻止这样的军备竞争螺旋升级，又不能让这样的升级失控的一年。正如美国洛斯·阿拉莫斯核实验室前主任西格弗里德·赫克教授所言，我们并不十分清楚怎样处理这些问题，我们需要的是一起重返谈判；然后表示，让我们谈谈战略稳定吧，而不是只谈下一个裁减核武器的条约是什么。③ 核时代的拐点究竟出现在哪一年，学者们完全可以继续讨论，但对于一些趋势性的变化，却必须尽早关注。比如，大国竞争的战略环境必然引发大国间的核竞争；新的有核国家继续出现，在大国竞争

---

① Brad Roberts (2017) Strategic Stability Under Obama and Trump, *Survival*, 59: 4, 47 – 74, DOI: 10. 1080/00396338. 2017. 1349780.

② Nicholas L. Miller and Vipin Narang, “Is a New Nuclear Age Upon Us? Why We May Look Back on 2019 as the Point of No Return”, https: //www. foreignaffairs. com/articles/2019 – 12 – 30/new – nuclear – age – upon – us.

③ Michael Moran, “2020: The End of New START, or the Start of Something New?” https: //foreignpolicy. com/2019/12/20/new – start – expires – 2020 – united – states – russia – talks – arms – race/. https: //foreignpolicy. com/2019/12/20/new – start – expires – 2020 – united – states – russia – talks – arms – race/.

加剧的环境下，难以共同应对核不扩散的挑战；超级核大国在核政策中倾向于降低核武器使用门槛，不再坚持核禁忌的传统，等等。

尽管我们在讨论战略稳定框架时更强调大国框架，但不可否认的是，绝大多数无核国家放弃拥有核武器的选择，同样是在为全球战略稳定做出贡献。20 世纪 60 年代，埃及、意大利、日本、挪威、瑞典、联邦德国六个国家放弃了本国当时正在进行或正考虑启动的核武器计划；20 世纪 70 年代以后，澳大利亚、阿根廷、巴西、加拿大、南非、西班牙、瑞士、南斯拉夫、利比亚、乌克兰、白俄罗斯、哈萨克斯坦、韩国以及中国台湾地区先后放弃了核武器计划或撤出了曾部署和遗留在其领土上的核武器。南非是世界上第一个曾经拥有核武器又自愿放弃核威慑计划并销毁了全部核武器后加入《不扩散核武器条约》的国家。拥有可用于开发核武器核项目技术的阿根廷，1991 年同巴西签署了相互核查的双边协议。苏联解体后，乌克兰、白俄罗斯与哈萨克斯坦成为事实上的核国家，但在国际社会的共同努力下，1996 年 11 月前完成了将这三个国家境内的战略核弹头全部运至俄罗斯销毁的无核化进程。1997 年哈萨克斯坦等国以无核国家地位加入了《不扩散核武器条约》和《全面禁止核试验条约》。①

同时，无核武器区（无核区）在世界各地陆续出现。无核区指在特定区域范围内禁止制造、拥有、试验、使用或部署核武器，它是根据条约或公约而建立，并经联合国大会承认的地区。目前，世界上已达成拉丁美洲、南太平洋、东南亚、非洲和中亚五个无核区条约，而有关印度洋无核区、中东无核区、朝鲜半岛无核区以及中欧和北欧无核区的倡议也正在推进之中。可见，除了联合国承认的五个法定有核国家外，全球大多数国家选择了放弃核武器，加入《不扩散核武器条约》，② 并且有五个无核区已经建立起来，在这种大环境的压力下，任何一个国家要反其道而行，都不得不慎重考虑它可能得到的利益和必须付出的代价。无核

① ［美］卡内基国际和平基金会研究报告：《普遍履约：全新的核安全战略》，中国军控与裁军协会译，世界知识出版社，2005 年版，第 8 页。

② 到目前为止，除了印度、巴基斯坦、以色列和古巴以及加入后又于 2002 年退出该条约的朝鲜五个国家以外，世界其他国家都已签署了《不扩散核武器条约》。

国家的努力在一定程度上限制、遏制了核武器的横向扩散，为所有国家在核军控与裁军方面提供了一种行为规范，也同时推动有核国家按照规则控制自己的核武器，主动抑制纵向核扩散，以更积极的态度确保全球战略稳定。

（二）建立新战略稳定关系的思路和指导原则

当前和未来，大国关系竞争性加剧的趋势如何发展还很难预测，全球军控安全形势正面临困境。在美国不断退出军控条约的负面影响下，全球将有可能进入核大国的核武器没有任何条约限制的所谓无军控条约时代，或者，即使《新削减战略武器条约》已经成功续约，始于冷战的军控条约体系也依然面临重大挑战。同时，由于核武器本身的发展变化，非核战略武器的发展，以及高新技术对国际军备控制和全球战略稳定带来的挑战等，都在推动现有全球军控秩序和战略稳定态势的根本性变化。人类社会事实上已经开始进入全球军控秩序的“后现代”状态，也就是旧的军控机制无可挽回地走向消亡，而新的军控秩序尚未建立起来的时代。正因如此，现有的大国军控秩序和全球战略稳定态势更值得珍惜与维护，这也是为更好地构建新的全球战略稳定创造条件，给未来的“扬弃”争取时间，避免因现有秩序削弱而造成失控。旧的军控秩序起源于冷战时期，如果其内在问题与现实矛盾难以克服，必将催生新的军控秩序，这是一个“破旧立新”的过程，在这个过程中仍要强调，即使出现无条约或条约稀缺的时期，也不等于无军控，更不等于无战略稳定。所以，以战略稳定为目标的军控与安全机制及具体措施依然符合各国的长远利益，依然会是国际社会的共同期待。

在构建新型全球战略稳定态势过程中，大国尤其是核大国对于管控核武器依然有特殊责任。美俄两国应继续承担主要责任，努力维护并重构条约体系；同时，中国作为负责任的大国，也应发挥更大的建设性作用。探索全球战略稳定的未来框架，也依然要立足于超级核大国发挥主要作用，照顾广大无核国的利益需求，同时关注战略稳定中新的要素，特别是需要正视中美之间实际上存在的战略稳定关系，将这一组新的战略稳定关系嵌入未来全球战略稳定的框架。建立起新形势下的中美战略稳定关系，这本身也是中美两个大国构建新的全球战略军控秩序的重大实践。

新形势下的大国战略稳定关系理应顺应国际军控秩序的整体演进和变革，在理念上寻求突破，在实践中继续创新。当然，突破与创新要有扎实的历史考察与理论基础，这一过程不应是鲁莽的“破旧立新”“另起炉灶”，而应是谨慎的扬弃和变革。相较于建立新的、符合时代特点的理论与实践体系，推翻和否定原有理论显得更加容易，但问题仍然在于，推翻后是否能够提出全新的理论以及支持这一理论的合理逻辑。更进一步，认为以战略稳定为目的的军备控制手段不再是遏制核风险的可行方法，这一观点本身会让国际环境更加危险。如果人类社会依然想要追求更安全的世界，则推翻战略稳定与军备控制手段的观点有可能引发更多不安全。正如俄罗斯学者阿尔巴托夫指出：“这种观点会给领导者一种错误的安全感，让他们觉得不必参加谈判并做出令人不悦的让步。当今的政治领导人还太年轻，无法记住对迫在眉睫的核战争的恐惧，并且倾向于将军备控制系统视为理所当然。结果，他们低估了这一系统出现故障的影响。”① 阿尔巴托夫还强调，新一代政策制定者必须认识到，时间不在我们这一边，领导人必须紧急采取行动，维护核军备控制所带来的稳定。② 实际上，一个所谓新的体系原本就应该是建立在对原有体系合理扬弃的基础之上，这正是人们所熟悉的“继承并发展”思路，而这一思路在战略军控领域尤其重要。军控安全毕竟是国家安全战略与国际战略的重要组成部分。“战略”一词虽源自军事，但战略的本质更偏向稳定，它同时泛指关于全局性、高层次、长远性的重大问题的方针和

① NTI Seminar：Alexey Arbatov Offers a Russian Perspective on Renewing Arms Control and Strategic Stability，https：//www. nti. org/analysis/atomic – pulse/nti – seminar – alexey – arbatov – offers – russian – perspective – renewing – arms – control – and – strategic – stability/.

② NTI Seminar：Alexey Arbatov Offers a Russian Perspective on Renewing Arms Control and Strategic Stability，https：//www. nti. org/analysis/atomic – pulse/nti – seminar – alexey – arbatov – offers – russian – perspective – renewing – arms – control – and – strategic – stability/.

策略。①。因此，将现在和未来战略稳定关系中出现的新情况、新要素放在原有理论的基本框架中加以研究，并及时更新理论要素与实践渠道，更加符合“扬弃”的逻辑与战略的本质。

基于得到广泛认可的美苏（俄）战略稳定的实践，以及长期存在且尚未得到普遍认可的中美战略稳定，构建新的战略稳定框架面临的第一个实际问题就是继续维护传统战略稳定关系，即美苏（俄）战略稳定。当前，美俄两国均有学者对维护两国传统战略稳定关系提出了宝贵观点。

俄罗斯学者普遍强调延长2010年《新削减战略武器条约》的重要性，并敦促签署双边协议，以此限制在《中导条约》废除后美俄两国在欧洲部署该条约禁止的中程导弹。除了《新削减战略武器条约》之外，俄罗斯学者还提出了未来美俄战略武器谈判协议中应包含的三点变化：第一，未来的协议应该限制战略轰炸机的空基核武器实际数量，而不是依照《新削减战略武器条约》的计数规则，即每个部署的战略轰炸机的载弹量仅按一个核弹头计数。这样可以限制核弹头的总体数量，更准确地反映部署在战略系统上的核弹头的实际数量。第二，未来的战略武器条约必须包含更广泛的范围，将常规和核武器系统作为战略稳定的决定性因素，战略稳定应成为这样一种状态，即任何一个国家都没有动机进行第一次核打击。因为从历史上看，发动大规模解除对方武装的袭击能力是对战略稳定最大的威胁。第三，未来的军控协议必须明确涵盖新的核战略武器系统，包括俄罗斯正在追求的一些新核系统，例如“波塞冬”核动力鱼雷和“布列韦斯特尼克”核动力巡航导弹。另外，尽管在网络、无人机和太空等新技术领域没有简单的解决方案，但世界不能忽视它们，未来的军备控制谈判必须为应对新技术和纳入更多谈判国家奠定基础。②

美国的军控研究学者则提出了保持美俄战略稳定的一整套一般性原

---

① 全军军事术语管理委员会：《中国人民解放军军语》，军事科学出版社，2011年版，第50页。

② NTI Seminar：Alexey Arbatov Offers a Russian Perspective on Renewing Arms Control and Strategic Stability，https：//www. nti. org/analysis/atomic – pulse/nti – seminar – alexey – arbatov – offers – russian – perspective – renewing – arms – control – and – strategic – stability/

则，即相互保证，任何一个国家都不能显著降低对方的战略能力，共同承诺防止未来的美俄军事危机，共同评估核危险，以及双方都准备好利用机会以重新建立合作习惯。但是，他们也认为，一些技术问题和当前的政治环境是实施以上原则的障碍，并指出“两国不仅已经走在通往战略对抗的道路上，而且在过去五十多年来对双方战略关系进行的合作管理模式也即将崩溃——不仅是基于条约的军备控制，还包括旨在实现美俄战略稳定目标的所有类型的合作管理”。[①] 也有一些美国学者，他们基于核武器几乎没有提供军事利益这一假设，以及认识到核武器不是解决现有国家安全威胁特别有效的办法，对核裁军趋势持乐观态度。认为核武器在任何意义上都更像是一个政治武器，当维持核武库的战略理由变得脆弱，或者当军队、政府和公众开始认为核武器越来越无关紧要时，让核武器淡出世界政治就成为可能。换句话说，缺乏军事利益正在成为核裁军的关键原因，核裁军体系日益完备，反核成为国际共识，而化学武器裁军也为核武器提供了类似的裁军路径。[②] 美俄两国学者对继续保持传统军控条约及战略稳定的观点，至少可以证明美俄战略稳定及一系列的条约安排虽然不是最理想的办法，但可能是防止核军备竞赛和消除核战争危险的唯一现实的办法，也是保持当前全球战略稳定的有效措施。同时，这也为下一步探讨新的战略稳定关系提供重要参考。

中国政府始终主张全面禁止、彻底销毁核武器。在 2009 年 9 月联合国安理会核不扩散与核裁军峰会上，中国国家主席胡锦涛发表演讲时提出五点主张，其中第一点就是“维护全球战略平衡和稳定，积极推进核裁军进程”。[③] 在 2014 年 3 月的海牙核安全峰会上，中国国家主席习近平指出：“中国将坚定不移维护地区和世界和平稳定，……同各国一道

---

① Arbatov, Dunn argue for updating of the concept of strategic stability, http://www.pircenter.org/en/news/6987-3585846

② James J. Wirtz, “Nuclear disarmament and the end of the chemical weapons ‘system of restraint’”, *International Affairs* 95.4 (2019): pp. 785-799.

③ “安理会核不扩散与核裁军峰会开幕，胡锦涛参加峰会并发表重要讲话”，http://www.fmprc.gov.cn/eng/zxxx/t616870.htm.

致力于消除核恐怖主义和核扩散存在的根源。”① 美国奥巴马政府高举“无核世界”旗帜，对裁减核武器态度相对积极，对防扩散的诉求更加强烈。特别是奥巴马政府常常用“战略稳定”来指代中美关系的总体稳定。特朗普执政后，中美关系虽然遇到困难，但两国领导人在战略安全领域仍保持了比较积极的互动。2019 年 6 月底，中国国家主席习近平同美国总统特朗普在日本大阪举行会晤。两国元首就事关中美关系发展的根本性问题、当前中美经贸摩擦以及共同关心的国际和地区问题深入交换意见，为下阶段两国关系发展定向把舵。双方同意推进以协调、合作、稳定为基调的中美关系。习近平指出，中美关系是世界上最重要的双边关系之一。回顾中美建交以来的 40 年，国际形势和两国关系都发生了巨大变化，但一个基本的事实始终未变，那就是中美合则两利、斗则俱伤，合作比摩擦好，对话比对抗好。当前，中美关系遇到一些困难，这不符合双方利益。中美两国虽然存有一些分歧，在一些领域分歧还比较明显，但双方利益相互交织，合作领域仍很广阔，不应该落入所谓冲突对抗的陷阱，而应相互促进、共同发展。特朗普表示，“我对中国没有敌意。希望两国关系越来越好。我珍视同习近平主席保持良好的关系，愿意和中国加强合作”。特朗普还表示，美方将和中方按照两国元首确定的原则和方向，努力工作，共同推进以协调、合作、稳定为基调的美中关系，并表示相信美中元首此次会晤将有力推动美中关系发展。② 2020 年 3 月 27 日，中国国家主席习近平应约同美国总统特朗普通电话，习近平指出，当前，中美关系正处在一个重要关口，并再次强调“中美合则两利、斗则俱伤，合作是唯一正确的选择”。指出“中美要发展不冲突不对抗、相互尊重、合作共赢的关系”。③

基于大国对战略稳定的认识，在探讨新的战略稳定关系时，必须及

---

① “习近平在荷兰海牙核安全峰会上的讲话”，http：//www. xinhuanet. com/politics/2014 – 03/25/c_ 126310117_ 2. htm.

② “习近平同美国总统特朗普会晤”，http：//www. xinhuanet. com//mrdx/2019 – 06/30/c_ 138185778. htm.

③ “习近平同美国总统特朗普通电话”，http：//www. world. people. com. cn/n1/2020/0327/ c1002 – 31651395. html.

时更新思路，在传统战略稳定中加入适应新情况的理论与实践内容。以现实主义的视角定位大国关系，竞争性增强可能是一种趋势。在这个前提下展望大国战略稳定，有“三个变化”和“三个不变”。“三个变化”是指：第一，大国关系的竞争性与对抗性增强，导致双边关系总体上趋于不稳定；第二，如果美国继续不加限制发展导弹防御系统和其他破坏战略稳定的能力，比如在亚太部署中导、大规模部署常规战略打击武器和反导系统等，相关国家为了确保第二次打击能力，必定会在战略力量发展上有所调整；第三，尽管中美都认识到危机稳定性降低的危害性，但由于以美为首的西方军队的舰机在中国周边频繁活动而导致各方兵力的高频度相遇，擦枪走火引发危机升级的可能性增高。“三个不变”是指：第一，大国都没有陷入正面对抗的主观意图；第二，有核国核武库存在的数量差距是客观现实；第三，中国坚持“不首先使用核武器”的政策，并始终将核力量维持在国家安全所需的最低水平，继续对全球战略稳定做出重要贡献。

从战略稳定的案例研究来看，大国整体关系对战略稳定有比较大的影响，而其他战略稳定可能涉及的技术性因素等，对未来战略稳定的影响也值得关注。为此，大国战略稳定的未来框架至少包括但不限于以下内容：一是基于历史经验的扬弃，即应充分考虑美苏之间就战略稳定形成的理论与实践、经验与教训，从中得到启发，既要有选择地继承，更要果断抛弃不适合于当今安全环境和大国关系的内容。具体而言，战略稳定的未来框架应遵从结构导向而非数量导向。正如基辛格和斯考克罗夫特在 2012 年撰文所言，“战略力量的构成不能光用数字来定义。这也取决于运载工具类型及其组合”。他们坚定地认为，“未来谈判的目标应是战略稳定，减少武器数量应是战略分析的结果，而不是抽象的先入为主的决定”。[①] 在设计未来大国军控条约框架时，首当其冲是建立健全战略武器领域危机管控机制及相关内容，确保大国关系不因危机事件出现

① Henry A. Kissinger and Brent Scowcroft, “Nuclear Weapon Reductions Must Be Part of Strategic Analysis,” *Washington Post*, April 22, 2012, https://www.washingtonpost.com/opinions/nuclear-weapon-reductions-must-be-part-of-strategic-analysis/2012/04/22/gIQAKG4iaT_story.html.

不可控的风险，这应是大国双边战略稳定近期的重点所在。其次才是结构与数量考虑。结构导向的本质将仍然会有利于维护全球战略稳定态势。二是基于大国关系特殊性的战略稳定。大国政治安全关系对战略稳定的影响显而易见，美俄关系困难重重，中美关系也正经历新的历史时期的考验。在设计未来军控秩序与保持战略稳定态势时，不可能脱离大国关系的影响。为此，创造一个有利于大国增强互信、改善政治与安全关系的国际环境尤为重要。三是基于事实上存在的战略稳定关系，承认相互脆弱性。未来建立大国战略稳定也必须承认双方战略武器的相互脆弱性，或者美国作为力量强大的一方，承认其相对于其他国家战略武器的脆弱性，以达成双方认可的、更加规范的条约体系。主要大国需认可，保持军备竞赛稳定和危机稳定符合各方利益。四是不断涌现的新技术影响。网络、外空、人工智能、常规快速打击技术等能够对大国战略稳定产生影响的新技术不断出现并更新换代，必将成为未来构建大国军控秩序与战略稳定要重点讨论的问题。

建立新的大国战略稳定通常需要一些原则理念和与之相应的具有约束力的国际协议加以规定，实现某种程度的机制化，形成一个能为各方接受的战略框架。在这个框架内，不同的国家可能具有不同的权利和义务，但都会接受某种程度的约束。一个没有约束规范的国际社会不可能建立持久的战略稳定。从这一意义上讲，战略稳定与国际社会的行为规范和国际法准则密切相关。美国军控与安全学者路易斯·邓提出需要根据不断变化的战略能力和威胁进行调整，重新研究和扩大，在概念上勾勒出一系列美俄战略稳定的原则，具体为：（1）相互保证，两个国家都不能显著降低对方的战略能力。包括冷战中的核能力，现在还包括空间和网络资产，或将其称为威慑稳定。（2）共同承诺防止未来的美俄军事危机，并在发生此类危机时避免采取可能加剧升级为引发军事冲突或危机稳定风险的政治军事行动。（3）对核危险的共同评估，包括最重要的是重申“里根—戈尔巴乔夫禁令”，即一场核战争不可能获胜，也决不能进行战争——任何核战争。（4）双方愿意利用机会重新树立华盛顿和莫斯科之间的合作习惯，特别是在保护《不扩散核武器条约》方面进行合作。①

俄罗斯学者阿列克谢·阿尔巴托夫在强调美俄领导人应再次确认"核战争不可能胜利，也决不能进行核战斗"的信念后，又提出了六个提高战略稳定性的步骤：（1）应该将过去对战略稳定的定义扩展为"一种战略关系状态，这一状态消除鼓励进行第一次核打击和首先使用核武器的动机"。必须相互理解，任何使用核武器的方法，无论有多么有限，本质上都是逐步升级的，应排除在双边战略关系之外。（2）应该达成共识，威胁彼此战略力量和C^3I系统②资产生存能力的武器系统意味着第一次打击战略并刺激先发制人。双方进行战略力量削减的同时，应优先降低相互间的快速反击能力。（3）扩大防御体系以减少双方对第三国和非国家对手的脆弱性，应基于双方都同意的共同接受的战略进攻和战略防御武器之间的关系。（4）应该认识到，太空打击系统以及最重要的反卫星武器高度不稳定，应通过可核查的协议予以限制或禁止。（5）关于与战略C^3I系统相关的网络战技术，应达成相同的协议。（6）必须从主要权力的最高层次紧急解决军备控制系统的问题，首先是《中导条约》，最后是《新削减战略武器条约》后续安排，《联合全面行动计划》（伊核问题全面协议）及《不扩散核武器条约》。③

基于各国学者对未来大国战略稳定的讨论，新的大国战略稳定应明确从各方都容易接受的指导原则入手。具体是：

第一，继续维护以美俄战略稳定为核心的传统战略稳定格局，支持在核裁军领域的大国优先原则，美俄继续履行军控协议，包括《新削减战略武器条约》延期，鼓励美俄双方继续推动基于条约的战略稳定谈判。

第二，从大国军事与安全关系的角度，了解并充分尊重各方的核心利益和重大安全关切，努力扩大各方战略利益交汇点，保证各方军事与安全关系总体稳定。大国尤其要避免意识形态化的偏见，更要放弃谋求

---

① Lewis Dunn, "Hard, but necessary: upholding four principlesof strategic stability", http://www.pircenter.org/en/articles/2160-3306282.

② C^3I系统：指挥、控制、通信和情报系统。

③ Alexei Arbatov, "Updating the Concept of Strategic Staiblity", http://www.pircenter.org/en/articles/2161-9085022.

绝对优势的思路。尽管大国竞争难以避免，但大国不是必然走向对抗。各国都需采取切实行动，降低刺激大国走向对抗的可能性。同时，强化核禁忌，将战略武器的使用可能降至最低。重申“里根—戈尔巴乔夫禁令”，即一场核战争不可能获胜，也决不能进行战争——任何核战争。为此，需主动创造有利于战略稳定的国内和国际环境，区别对待各方应承担的责任与义务，以增进互信的态度改善大国关系。

第三，认识到各有核国核力量差距的现实，不将美苏（俄）冷战式的核力量平衡作为建立新的大国战略稳定的基础，但同时不能单方面降低力量弱小一方的核反击能力。谨慎研发、量产与部署新型武器系统，以及网络、外空、人工智能赋能武器、常规快速战略打击力量等；各主要核国家宜优先考虑为报复性的第二次打击做好准备，而不是追求数量上的优势，以确保大国军备竞赛稳定性。

第四，建立切实可用的危机管理渠道，有效降低相关方发生危机与冲突的可能性，并能够管控各方的安全意外，服务于双边关系中的危机稳定性；应充分听取各方意见，了解各国对透明度等概念的不同理解，在建立起危机管控机制过程中，逐步就建立信任措施与增进透明达成一致。

第五，由于构成战略稳定的要素发生了诸多变化，如何将战略稳定的目标转化成军备控制的实际行动，将是个崭新的课题。从现在开始就需要以达成全球战略稳定为目标，为未来建立起新的国际军控秩序商讨标准。综合考虑对战略武器数量限制和结构限制的要求、新技术对战略稳定的影响因素，以及建立健全战略武器领域危机管理机制等，进一步科学谨慎出台国际社会普遍认同的有利于战略稳定的规范与标准。

第六，各国应将战略力量发展中的可能导致“不稳定”的因素最小化。换言之，就是将与达到威慑需求相适应的各国核力量中的“不稳定”因素最小化。大国在力量发展上应采取克制，在新的军控秩序建立过程中，不以追求绝对优势的力量发展模式，绑架国际社会的总体安全稳定。美俄两国作为战略力量强大的国家，应更加积极主动，展示诚意，而中国等其他有核国家作为力量较弱的一方，应以积极合作的态度履行承诺。各方从易到难、循序渐进地发展战略稳定关系，逐步取得实质性成果。

（三）避开三边核军控谈判的“毒丸”

2019年2月，美国宣布启动退出《中导条约》的正式程序，在是否可能重返条约的条件中指出，如果重返，新的《中导条约》必须包括中国。特朗普总统在其2019年《国情咨文》中也建议，应该有一个包括中国和其他国家在内的新的《中导条约》。[①] 4月4日，特朗普同我国国务院副总理刘鹤在白宫一同会见记者时公开提议，美俄中应共同削减军事开支。[②] 4月10日，美国务卿蓬佩奥在出席参议院外交关系委员会听证会时称，美方提议将包括中国在内的其他国家纳入《新削减战略武器条约》。5月3日，美国总统特朗普同俄罗斯总统普京通电话，再次谈及美俄中签署核军控协议话题。5月7日，蓬佩奥在芬兰接受采访时表示，现有军控条约签署于数十年前，与当时的情况不同，中国已成为地缘战略“威胁”，美方希望中方能参加相关协议，美方将为此而努力。5月，美国副国务卿汤姆森在国会作证时称，中国投入大量资源推进核力量现代化，在当前安全环境下，美方应考虑推动中国加入美俄军控协议，避免美国受到军控协议限制，而中国从中受益。6月底，在日本大阪20国峰会期间，美国总统特朗普与俄罗斯总统普京会面时提出，美俄寻求达成一项军备控制条约，该条约将首次不仅限制两个最大国家的核武库，还将把中国涵盖在内。[③]

---

① The White House（2019）. Remarks by President Trump in State of the Union Address. Washington, D. C., 6 February 2019, https://www.whitehouse.gov/briefings－statements/remarks－president－trumpstate－union－address－2/.

② Paul Sonne and John Hudson, “Trump orders staff to prepare arms－control push with Russia and China”, https://www.washingtonpost.com/world/national－security/trump－orders－staff－to－prepare－arms－control－push－with－russia－and－china/2019/04/25/c7f05% E2% 80% A6.

③ Peter Baker, “Trump Sends Negotiators to Geneva for Nuclear Talks with Russian and Also Seeks to Limit Chinese Warheads”, *New York Times*, July 15, 2019, http://www.nytimes.com/2019/07/15/us/political.

美国特朗普政府打算将中国纳入美俄军控谈判进程，推动以限制削减战略武器为目标的三边军控谈判，意图非常明显，尽管支撑这个意图的理由相当不充分。具体而言，特朗普政府有可能想形成一个三边形式的《中导条约》或达成三边削减的《新削减战略武器条约》，也可能是一揽子裁减战略武器条约。中国外交部对此迅速做出反应，明确彻底拒绝了美国特朗普政府的要求，表明中国不会参加任何三边核裁军协议的谈判。[①] 中国还与俄罗斯一起谴责美国退出《中导条约》的行为，并承诺对美国在亚太部署新的中程导弹做出严厉回应。[②] 随着美国退出《中导条约》生效，三边重签《中导条约》的想法不可能继续；而继续拉中国进入美俄《新削减战略武器条约》续约谈判，或拉上中国谈判签署一个新的三边一揽子裁减战略武器条约，美国仍没有放弃。美国务院负责国际安全与防扩散的助理国务卿克里斯托弗·福特（Christopher Ford）在 2019 年 12 月曾表示："我们希望与俄罗斯和中国同行直接进行有关战略安全、核态势与核学说，以及核武器在各自安全态势中的作用的双边对话，最终再发展为三边会谈，以期制定措施，为我们各国和全世界拿出真正的安全成果。"[③] 此后不久，福特邀请俄罗斯和中国参加与美国的双边"战略安全对话"。2020 年 1 月中旬，美俄进行了双边战略安全对话，而中国对美国的提议并没有做出回应。

对于让中国加入美俄现有的双边核军控谈判进程，可以首先参考美国和俄罗斯学者的分析。美国学者认为，鉴于中国小得多的核武库，美国想把中国纳入《新削减战略武器条约》的谈判需求显得十分怪异。因为任何纳入中国的协议都意味着要么鼓励中国增加其核武库数量以达到美俄同等水平，要么强迫中国接受一个数量比较少的核武器发展上限，但同时美俄两国也要同意减到这个数量作为自己核武库的上限。显然中

---

① "2019 年 5 月 16 日外交部发言人陆慷主持例行记者会"，http：//www. fmprc. gov. cn；"2019 年 5 月 6 日外交部发言人耿爽主持例行记者会"，https：//www. fmprc. gov. cn/web/fyrbt_673021/t1661103. shtml.

② "中俄防长香山论坛强硬表态 中方强调'搞分裂是死路一条'"，https：//www. world. huanqiu. com/article/9CaKrnKnmBa.

③ Ford，Christopher（2019）. Remarks on The p. 5，the "N5，" and the NPT Review Conference，Wilton Park Nonproliferation Conference，16 December 2019.

国对这一提议没兴趣，那么任何想让中国加入《新削减战略武器条约》谈判的企图，都相当于准备彻底杀死这一条约的毒药。[①] 赫克教授认为，美国现在坚持军控谈判要把其他核国家拉进来才可以开始，这其实是一项几乎确定无疑的阻止谈判开始的要求。俄罗斯当然也有他们的要求，包括要谈常规武器、反导及外空军事化等问题。[②] 也有更详细的解读得出同样的结论，比如汉斯·克里斯滕森（Hans Kristensen）认为，如果没有《新削减战略武器条约》，美国和俄罗斯的核态势规划将进入一个不可预测的时代，对两国的战略稳定和目前正在进行的昂贵的核武库现代化计划都将产生严重的后果。这些现代化计划是基于这样的假设，即两国核武库都将保留在《新削减战略武器条约》限制的水平中。如果没有该条约的限制，双方都必须重新评估它们的计划，以适应可能导致每个国家的核武库大幅增加且不受约束的核态势。特朗普政府辩称，《新削减战略武器条约》忽视了中国，因此在当今的安全环境下这个条约是不足够的。条约因不包括中国而终止是一个有缺陷的战略。它将无助于解决美国对于中国核力量的安全担忧，并且失去限制俄罗斯规模大得多的核武库的能力。此外，如果美俄双方对其核力量的限制突然消失，中国很可能会决定大幅增加核库存以适应更大的核威胁。那些寻找借口扼杀《新削减战略武器条约》的人选定了中国的角度，这并不是巧合。强迫中国加入《新削减战略武器条约》作为该条约延期谈判的前提条件就是一枚"毒丸"，其结果只能是条约的死亡。[③] 即使是支持核军控与削减需要多边讨论的观点，也要求美俄先承担特殊责任，削减到一定水平之下，

---

① Nicholas L. Miller and Vipin Narang, "Is a New Nuclear Age Upon Us? Why We May Look Back on 2019 as the Point of No Return", December 30, 2019, https://www.foreignaffairs.com/articles/2019-12-30/new-nuclear-age-upon-us.

② Michael Moran, "2020: The End of New START, or the Start of Something New?" https://www.foreignpolicy.com/2019/12/20/new-start-expires-2020-united-states-russia-talks-arms-race/.

③ Hans Kristensen, "The New START Treaty Keeps Nuclear Arsenals In Check And President Trump Must Act To Preserve It", https://www.forbes.com/sites/hanskristensen/2019/12/10/the-new-start-treaty-keeps-nuclear-arsenals-in-check-and-president-trump-must-act-to-preserve-it/#3dd7b3b46e74.

才可放在国际议程上让其他国家共同讨论。[①] 可以看出，美国军控与安全学者比较主流的观点是一致的，即让中国加入现在的美俄双边军控谈判，形成美俄中三边军控谈判，不仅不合理，而且简直就是终止原有美俄双边谈判责任的借口。

对于美国特朗普政府提出中国加入美俄谈判进程的三边核军控协议立场，俄罗斯学者阿巴托夫的观点比较全面客观。他认为，这是特朗普政府的"中国综合征新版本"。如果从理论分析的角度给出建议的话，阿巴托夫最终得出的结论是：理论上讲，如果中国改变已有立场加入三边核军控谈判，可能会获得可观的政治红利，甚至可能获得战略红利，而实际对这一假设的"如果"进行操作，既不可能让中国获利，也不可能成为国际军控与裁军困境的新出路。在俄罗斯学者设计的方案中，第一个方案的谈判目标应该是为相似的武器系统设定同等的上限。按照目前中国陆基中短程导弹的数量来设定这样的平衡，意味着中国同意限制现有系统，以换取美国和俄罗斯部署 2000 件此类武器的权利。那么这样的条约对中国有什么好处呢？如果中短程导弹被限制在较低的水平（甚至完全禁止），中国减少部署导弹能换来什么？中国不太可能同意这种不平衡的交换，特别是考虑到美俄两个国家在战略武器方面的压倒性优势，中国更不可能同意这种在法律上确认对手优势的做法，所以第一个方案不可行。第二个方案就是设定总体上限，即中国与俄罗斯和美国设定中程导弹的总体上限，同时包括陆基和海基巡航导弹（空基巡航导弹部署在重型轰炸机上，已受《新削减战略武器条约》的约束）。美国的所有舰队拥有 6000 多枚巡航导弹，俄罗斯显然也拥有数百枚巡航导弹（据官方报道，俄罗斯最近将巡航导弹武器库增加了 30 倍）。核查这类导弹的总数将是一个巨大的挑战。它们与防空和反舰导弹一起部署在舰船的万能导弹发射器上，也部署在改装的战略和多用途潜艇上，以及攻击潜艇的鱼雷管中。与陆基中程导弹不同，移动海基系统并不局限于特

---

① Henry A. Kissinger and Brent Scowcroft, "Nuclear Weapon Reductions Must Be Part of Strategic Analysis," *Washington Post*, April 22, 2012, https://www.washingtonpost.com/opinions/nuclear-weapon-reductions-must-be-part-of-strategic-analysis/2012/04/22/gIQAKG4iaT_story.html.

定的地区，因此中国将坚持全球上限的第二个方案。不过，即使在美苏《第一阶段削减战略武器条约》（START I）时期和整个 20 世纪 90 年代，也就是军备控制合作的黄金时代，苏联（俄罗斯）和美国也无法将海基的核导弹和海基常规巡航导弹分开，或以可核查的方式限制其总数。

然而，从军控的角度来看，上述对中国的假设立场又是相当合理的，会使美国在某种程度上处于极其尴尬的境地，俄罗斯当然也是这样。中国将获得一笔重大的政治红利，即使谈判没有取得任何进展，这也不是中国自己的错。与此同时，成功的谈判将是中国的一次重大战略胜利。如果中国参与下一个削减战略武器条约（《新消减战略武器条约》），可能会给两个超级大国带来更大的问题。例如，中国可以要求在目前的战略武器水平上实现平等，这需要将《新削减战略武器条约》的上限降低 70%—80%；或者可以坚持利用条约现有数量限度，将这一类别的武器增加 70%—80%，从而达到与俄罗斯和美国同等的数量。很难说哪种可能性会让华盛顿更害怕，对俄罗斯也是如此。因此，从双边军控裁军到三边甚至多边军控裁军的想法仅仅在假设上是可能的，扩大核军备控制的谈判样式非常困难。此外，倡导三边和多边进程者必须认识到，这一进程需要的不仅仅是改变第三国目前的立场，在这种情况下，两个超级核大国需要付出更高的代价：无论是在军事战略上，还是在政治上。到目前为止，多边核军备控制的想法没有产生任何建设性的东西。相反，由于其简单而产生欺骗性（deceptive simplicity），政治家和公众一般都很容易接受它，并因此不再反对终止双边军控进程，更不反对退出以前缔结的双边协定，如《中导条约》，或不延长现有条约如《新削减战略武器条约》等。①

中国学者对美国特朗普政府提议的三边军控也基本持否定态度，认为中国是否回应三边核军控是较为简单的问题。如果美国或者俄罗斯想通过谈判探讨大国间的战略稳定关系，中国当然可以参与。中国二十年

---

① Alexey Arbatov, "A New Era of Arms Control: Myths, Realities and Options" – Carnegie Moscow Center – Carnegie Endowment for International Peace, https://www.carnegie.ru/commentary/80172 2/12.

前曾经呼吁五个有核国家谈判签署“不首先使用核武器协议”，并在后来主持了核裁军词汇工作组，在更早之前则为《不扩散核武器条约》的无限期延长和后续审议大会成功召开，以及为顺利谈成《全面禁止核试验条约》做出很多贡献。鉴于有核国家核关系进入较为复杂阶段，且导弹防御能力、网络攻击能力、反卫星能力和先进常规武器发展也在深刻影响核威慑的效用，中美俄三国探讨战略稳定关系是有意义的，也是应该的，中国不会排斥这种多边讨论。但是，如果美国或者俄罗斯想推动核武器数量裁减，它们最好能发挥表率作用，先深度裁减各自的庞大核武库，然后再讨论中国的核武器裁减。在美俄各自拥有核武器6000多枚，而中国不足300枚的情况下，奢谈数量裁减既不专业也不应该。[①] 也有学者认为，理论上，美国和俄罗斯退出现有的军备控制机制将为中国提供机会，填补核超级大国腾出的领导地位的空白，但实际上美国和俄罗斯长达数十年军备控制的努力行将崩溃的现实，最终也将使中国相信，大国之间的军控实践是一次失败的演习，中国不值得再尝试。[②] 类似观点还有，在两个核超级核大国大幅削减其核武库之前，美俄中三方共同努力以减少全球核威胁并非没有任何价值。目前的紧迫问题是避免军备竞赛并减少核战争的风险。尽管达成正式的三边军备控制条约的可能性极低，但可以采取一些对等的单方面措施来建立信任，并为更好的理解和沟通打开大门，为未来的军备控制铺平道路。任何三方会谈都应从承认相互脆弱性开始，以便中国、俄罗斯和美国都了解力量平衡，并可以开始共同努力。核军备控制的目的是维持主要核大国之间的战略稳定，而不是巩固任何国家的全球主导地位。[③]

基于以上各国学者的分析，解读中国关于“不会参加任何三边核裁军协议的谈判”，其合理性至少包括以下三点：第一，政策上不对等。

---

① 樊吉社：“中美俄三边核军控，约吗?”，http：//www. m. aisixiang. com/data/117459. html.

② Zhao Tong，“China in a World with No U. S. – Russia Treaty – Based Arms Control”，https：//www. carnegietsinghua. org/2019/04/01/china – in – world – with – no – u. s. – russia – treaty – based – arms – control – pub – 78894.

③ Wu Riqiang，“Trilateral arms control initiative：A Chinese perspective”，https：//www. thebulletin. org/2019/09/trilateral – arms – control – initiative – a – chinese – perspective/.

中国的核政策在所有有核国中是最克制、最有利于战略稳定性的。中国的核政策是基于二次打击的“不首先使用核武器”政策，中国承诺无条件不首先使用核武器，无条件不对无核武器国家和无核器区使用核武器。中国也是五个法定有核国中唯一做出这一承诺的核国家。美俄的核政策都是基于“核战”的一次打击核政策，是以先发制人使用核武器为基础的政策。这两类政策相比较，显然是中国占据了道义与政策的制高点。中国的核政策多年来为防止大国核军备竞赛，保持全球战略稳定做出了巨大贡献，这一政策优势美俄均无法比拟。中国不首先使用核武器的政策决定了中国核武器的发展态势也远比美俄克制得多，所以中国现阶段不可能与美俄谈核裁军协议。

第二，数量上不允许。美俄的核武器数量仍占全球核武库的90%以上，按照核裁军向下平衡的原则，美俄核武器数量应先做到大幅度削减，其他有核国家包括中国才有可能跟进。在美俄核武器数量仍巨大的前提下，拉中国进行三边核裁军协议的谈判，基于什么样的数量来谈呢？正如中国官方立场所表述的：“我注意到国际军控界不少专业人士对此都有个疑问，美方究竟是想通过这样的谈判，把自己的核力量谈到中国的水平，还是把中国的核力量谈到美国的水平？在我印象中，基本还都是美国军控界专家提出这样的问题”。[①] 的确，正如前文所述，不少外方分析文章都有这样的质疑，认为“如果要实现均等化，美俄要么必须大幅削减自己的核武器持有量，要么让中国开始大规模核武器建设，以赶上美国和俄罗斯的数量”。[②]

第三，种类上不包含。按照美方提出的把中国纳入《新削减战略武器条约》的设想，首先应梳理一下该条约的限制内容。《新削减战略武器条约》条约是2010年美俄针对两国核武器数量及种类等情况制定的，削减的是美俄拥有的已部署的战略核弹头（operationally deployed strategic

① “外交部：美国想把中国的核力量谈到美国的水平？”https：//www. baijiahao. baidu. com/s? id = 1633725671184358769&wfr = spider&for = pc.

② “白宫又放风想拉中俄签新核军控协议，美媒自己都打鼓：行么？”https：//www. world. huanqiu. com/article/9CaKrnKk4qo.

nuclear warhead）。[①] 按照瑞典斯德哥尔摩国际和平研究所2013年以来出版的《SIPRI年鉴》，中国已部署的核武器数量为零；换言之，中国没有此类武器。[②] 美国科学家联盟最新发布的《全球核力量态势》报告中，中国的核武器也都是存储状态，没有《新削减战略武器条约》中所规定的部署的武器种类。[③] 2019年2月，美宣布启动退出《中导条约》进程，在退约还未正式生效时，针对美国是否可能重返条约的提问，美方提出如果重返，新的《中导条约》必须包括中国。[④] 对于美国想和中国谈限制中导的条约，正如中国谈判代表沙祖康所言，“对于中国来讲，中国没有它们意义上的中程导弹，中国所有的核武器都是战略性的，《中导条约》根本与我们没什么关系”。[⑤] 美国现在提出拉中国加入美俄双边关于削减战略武器条约的谈判，变双边为三边，一方面显得太随意，即使不考虑军控条约谈判的国内国际政治条件、政策选择等复杂因素，仅从达成条约的纯理论或纯技术可能性出发进行分析，目前或不远的将来也无法谈出个美俄中三边军控条约或新的三边以上的条约来，更何况军控谈判从来就不只是技术问题。另一方面，这也极可能是特朗普政府为美国不断退出军控条约而生硬制造出的借口。不管已有的军控条约与中国有没有关系，现在的美国政府就是要以“中国不参与，美国就退约”的荒唐逻辑行事。这样的政策或措施，只能视其为“毒丸”了，中国又怎么可能参与？

（四）基于“不首先使用核武器”建立全球战略稳定新框架

自核武器发明以来，除了美国为结束第二次世界大战而对日本使用

---

① New Strategic Arms Reduction Treaty（New START），https：//www. 2009 – 2017. state. gov/t/avc/newstart/c44126. htm.

② 斯德哥尔摩国际和平研究所：《SIPRI年鉴2013：军备·裁军和国际安全》，中国军控与裁军协会译，时事出版社，2014年版，第382页。

③ Status of World Nuclear Forces，https：//www. fas. org/issues/nuclear – weapons/status – world – nuclear – forces/.

④ “美国退出《中导条约》‘迁怒’中俄 孰是孰非三方各有说辞”，https：//www. news. un. org/zh/story/2019/08/1039641.

⑤ “沙祖康，《中导条约》到底怎么回事？伊核、朝核，路在何方？听军控专家沙祖康一一点评”，2019年7月8日《环球时报》，https：//www. world. huanqiu. com/article/9CaKrnKljmD.

过核武器以外，其他有核国家、特别是两个超级核大国都保持了克制，核禁忌在有核国中持续发挥强大作用，核武器的纯威慑作用依然突出。在大国核政策与核态势发展中，苏联曾于1982年的联合国裁军大会上做出过“不首先使用核武器”的承诺，虽然这一政策承诺在冷战后的1993年《俄联邦军事学说基本原则》里，调整为“对签署《不扩散核武器条约》的无核国家不使用核武器，除非无核国家与有核国家结盟”。[①] 这意味着俄罗斯结束了“不首先使用核武器”的承诺，但中国的“不首先使用核武器”政策一直保持下来。自20世纪60年代中国拥有核武器以来，即便在中国安全环境特别恶劣的时候，中国也没有打算改变其核政策，更没有考虑首先使用核武器。[②] 中国的核战略、核政策、核原则与力量发展态势一直保持比较稳定的状态，非常有利于大国战略稳定。中国并不追求战略力量与超级核大国平衡，但同时，中国必须保证可信的威慑能力。这种威慑一方面来自中国已经拥有的可靠的报复力量，另一方面也来自中国拥有的相关技术能力，这种技术上的平衡整体上有利于大国战略稳定。综上所述，在中国自卫防御核战略、“不首先使用核武器”政策指导下的“精干有效”核原则，确定了中国核力量的发展态势，符合中国的军事战略，满足中国国家利益需要，有利于保障无核国家安全，有利于促进有核国进一步核裁军，整体上也是中国对全球核不扩散进程做出的贡献。中国多年来在核领域的克制，证明了这一系列政策与原则的信誉并将继续坚持下去。

中国“不首先使用核武器”的政策，决定了中国发展自身核力量极其克制，并且在主观上不与两个超级核大国搞核军备竞赛，这在冷战期间和冷战后都对全球战略稳定做出了巨大贡献。如果五核国均对“不首先使用核武器”持积极态度，则可以极大地推动互信、降低各方发生误解误判的可能性，有利于危机稳定性与军备竞赛稳定性。因此，探讨新战略稳定框架，可以尝试研究五核国是否可以就无条件互不首先使用核

---

① 夏立平：“论俄罗斯核政策与核战略”，《俄罗斯东欧中亚研究》，2009年第3期，第67—74页。

② ［英］劳伦斯·弗里德曼著，黄钟青译：《核战略的演变》，中国社科出版社，1990年版，第323页。

武器达成政策宣示性质的多边声明或协议，继而分析大国采取“不首先使用”有哪些可行性，有什么困难，又有哪些利益等，最终为建立新战略稳定寻找一个具体的基础，且这样的基础不仅有利于战略稳定，而且整体上有利于推动大国关系的稳定。也有观点认为，鉴于美国政府官员与专家学者很难接受“不首先使用核武器”这一政策表述，各方也可以探讨新的表达方法，其实质内容也可以是尽可能降低核武器在国家安全战略中的作用，直到达成这样一种状态，即“核武器唯一的作用就是遏阻核攻击”，以此推动各方建立和保持战略稳定。

首先，主要核国家宣示“互不首先使用核武器”并非没有可能性。一直以来，美国政策界不相信中国的“不首先使用核武器”政策，也很难接受该政策概念。究其原因，两位美国专家顾克冈和刘易斯在其论文中给出了比较完整的解释，这也有助于中国学者加深对于美国相当一部分人思维方式的理解，特别是冷战时苏联的“不首先使用核武器”政策宣示对美国政策圈及学术界的负面影响。关于为什么中美两国的专家和官员讨论“不首先使用核武器”的理念时非常困难，两位专家这样解释：美国人认为，冷战时苏联试图在“不首先使用”的承诺上进行欺诈，即利用“不首先使用”离间美国与其欧洲盟国的关系。所以，当听到中国官员也谈论“不首先使用”时，美国及一些盟友也会想当然认为中国同样在试图用“不首先使用”的承诺进行欺诈，并威胁或离间像日本这样的美国盟国。换言之，当中国官员使用这一与冷战时苏联密切相关的政策表达时，许多美国人自然而然地就得出结论：今天的中国和以前的苏联一样。[①] 经历过冷战的人头脑中对“不首先使用核武器”有近似意识形态般难以消除的偏见，所以这样的提法会遇到障碍，这也是美国专家想让中方专家理解的。但冷战毕竟不能再在人类历史上复制一次，总要立足当下，面向未来。中美双方必须尽量避免冷战历史对彼此“意识形态化”的影响，从现在开始慢慢抛却冷战思维，接受在政策上可信而又可操作的双边或多边“互不首先使用”。更何况，美国政界和学界

① 顾克冈、杰弗里·刘易斯：“不首先使用核武器：中美核对话的困境与出路”，《外交评论》，2012 年第 5 期，第 95—101 页。

也一直有官员学者支持“不首先使用核武器”政策，甚至支持美国做出“不首先使用核武器”的政策宣示。[①]

近年来，美国领导人在核政策选择上最接近“不首先使用核武器”政策的，当属奥巴马。2016 年夏天，奥巴马甚至打算宣布“不首先使用核武器”政策，但法国、日本、韩国和英国游说反对改变美国的核原则。面对当时与俄罗斯和朝鲜不断升级的核紧张局势，美国的盟国担心“不首先使用核武器”的承诺可能被视为软弱。于是白宫软化了态度，这一政策宣示最终没能在奥巴马任内成功。[②] 自 2017 年以来，美国国内再次出现推动美国采取“不首先使用核武器”政策的呼声，并陆续有国会议员向美国会提出议案，建议美国制定不首先使用核武器的政策，但未获成功。[③] 2019 年美众议院军委会主席亚当·史密斯（Adam Smith）在一次国际会议上发言指出：“美国要制定不首先使用核武器政策，前提是将威慑作为拥有核武器的目的，而不是去考虑如何使用核武器。核武器越多，这个世界越危险，而核战争是没有赢家的。不首先使用核武器的政策，就是对核武器能够遏止对手使用核武器的威慑作用的认可。”史密斯还主张，美国应削减其核武库，而不是将其扩大。[④]

美国学者也提出降低首先使用核武器可能性的观点，如改善政治关系可以明显降低首先使用核武器的动机，在具体政策层面也就是可纳入

---

① 例如，Morton H. Halperin，“A Proposal for a Ban on the Use of Nuclear Weapons”，6 October 1961，http：//www. armscontrolwork. com/file－download/190/Halperin. pdf；Harold A. Feiveson and Ernst Jan Hogendoorn，”No First Use of Nuclear Weapons”，*the Nonproliferation Review*，Summer 2003；Scott D. Sagan，“the Case for No First Use”，*Survival*，Vol. 51 No. 3 June－July，2009，pp. 163－182. Michael S. Gerson，“No First Use—the Next Step for US Nuclear Policy”，*International Security*，Vol. 35，No. 2（Fall 2010），pp. 7－47 etc.

② Nina Tannenwald，“The Vanishing Nuclear Taboo? How Disarmament Fell Apart’，*Foreign Affairs*，https：//www. foreignaffairs. com/articles/world/2018－10－15/vanishing－nuclear－taboo

③ Joe Gould，Warren，Smith introduce bill to bar US from using nuclear weapons first，https：//www. defensenews. com/congress/2019/01/30/warren－smith－introduce－bill－to－bar－us－from－using－nuclear－weapons－first/.

④ 2019 年 3 月史密斯议员在卡内基国际核政策大会上的发言，他的主要观点还可参考 Joe Gould，Warren，Smith introduce bill to bar US from using nuclear weapons first，https：//www. defensenews. com/congress/2019/01/30/warren－smith－introduce－bill－to－bar－us－from－using－nuclear－weapons－first/.

军备控制步骤的层面，也提出了一些措施。这一层面的措施可以推动建立信任进程，也有重点考察首先使用核武器的不同驱动因素，作为应对措施，讨论如何避免首先使用的。[①] 也有学者认为，如果这种使用核武器的情形最可能源于对敌手首先使用核武器的恐惧，那么最有效的降低使用核武器动机的方法应包括提升核力量的生存能力，提升指挥和控制系统的抗打击能力，加强预警和改善危机交流渠道等。[②] 针对特朗普政府提出的三边核军控谈判主张，长期研究中美军控安全的学者再次建议认真对待中国的“不首先使用核武器”政策，认为“中国从来没有要求其他国家承诺不首先使用，将其作为谈判的先决条件，但是美国的不首先使用承诺将极大地改善中美核关系。这也会大大增加中国对美国意图的信心。由于几乎没有可以想象到的情况需要美国首先使用核武器，因此美国几乎不需要为此付出任何代价”。[③]

由此可以看出，尽管美国在自己的核战略与政策中采纳“不首先使用核武器”的政策仍面临比较大的困难，但也并非完全没有可能。作为政策尝试，五核国宣示“不首先使用核武器”的政策，达成宣示性质的多边声明或协议，应该有操作的可能性。得出这个结论基于几个最根本的理由：第一，全球化的时代背景下，国际安全环境已与冷战时期大不相同，大国关系与冷战时的大国关系也大不相同。即使美国推动大国关系竞争性加强，也不会从根本上改变大国关系的相互依存状态。这种相互依存最根本的安全保障仍是核武器不可使用，不能打核战争。在实现这一最根本安全保障的途径中，互不首先使用核武器的双边或多边宣示在政治上操作难度低且增进互信的效果明显，技术操作上不需要核查，

---

① Elbridge A. Colby&Michael S. Gerson, *Strategic Stability*: *Contending Interpretations*, http: //www. StrategicStudiesInstitute. army. mil/.

② Elbridge A. Colby&Michael S. Gerson, *Strategic Stability*: *Contending Interpretations*, http: //www. StrategicStudiesInstitute. army. mil/.

③ Gregory Kulacki, “China is Willing to Negotiate on Nuclear Arms, But Not on Trump's Terms”, https: //www. defenseone. com/ideas/2020/03/china – willing – negotiate – nuclear – arms – not – trumps – terms/164204/. 类似讨论还可以参见 Nina Tannenwald: It's Time for a U. S. No – First – Use Nuclear Policy, https: //www. tnsr. org/roundtable/its – time – for – a – u – s – no – first – use – nuclear – policy/.

值得各有核国家共同推动；也可以先尝试双边宣示，进而扩展到更多国家。第二，中国的“不首先使用核武器”的政策实践，决定了中国相对比较小的核武库和非常克制的核力量发展。如果中国的安全环境没有明显的恶化，中国必将保持这样的克制。这一点对于各方保持“互不首先使用核武器”的承诺至关重要。第三，美国在核力量和常规武器力量上均是全球之首，并且近年来公布的战略武器报告中，一度曾表示在认真考虑降低核武器的作用。如果当年美苏争霸时，苏联的常规力量优势成为其核力量“不首先使用”政策宣示不可信的原因，同时也成为所谓苏联离间美国与其欧洲盟国的理由，那么今天美国的常规力量全球第一，恰恰可成为其“不首先使用核武器”政策宣示的可信理由。第四，美国核力量过剩已是老问题，向下裁减是必然趋势。美国核力量基础设施普遍老旧，近年来已经到了需要全面更新换代的时候。如果保持现有核力量规模，将产生巨大花费，如果缩小规模，符合节约开支的需要。同时，为实现军力平衡发展，美国需要裁减核力量，将有限军费投入常规新兴领域力量的发展。美国目前的常规军力发展已是全球第一，为其裁减核武器提供巨大安全支持。同时，美国在研发新兴技术领域需要继续大量投入，从核力量建设中节省的投入，可以平衡开支，支持新型力量加速发展。

其次，“不首先使用”并不影响美国的“核保护伞”政策。并不是所有国家都支持美国的“核保护伞”即延伸威慑政策，但谈及“不首先使用”时，美方经常用其对盟国的“核保护伞”承诺作为理由，否定“不首先使用”的提议。这也成为美方眼中的最大障碍之一，即美国担心“不首先使用”会影响美国延伸威慑政策的可信度。有美国学者认为，美方对盟国有可能发展自己核力量的担心，以及来自美国盟国的反对，共同影响了美国采纳“不首先使用”政策的决心。[①] 奥巴马政府的《核态势审议报告》中关于有条件不首先使用核武器政策的阐述，既体现了美国核政策一定程度的进步，也同时反映出围绕不首先使用政策发

---

① Morihiro Hosokawa, “Are U. S. Troops in Japan Needed? Reforming the Alliance”, *Foreign Affairs*, Vol. 77, No. 4 July - August 1998. p. 5.

生的争议。

基于“互不首先使用”政策宣示或声明协议在实践中可能遇到的困难，而非评价延伸威慑或“核保护伞”政策本身的优劣，可得出以下分析结论，即“不首先使用”政策不会影响到美国延伸威慑政策的可信度与可靠性。一方面，“不首先使用核武器”政策本身，并不否定使用核武器报复或反击核攻击。[①]在美国的盟国受别国发动核打击的威胁时，美国可以威胁使用核武器进行报复，甚至是大规模报复，这足以阻止其他国家产生对美国的盟国进行核打击的念头。如果盟国遭受核打击的极端情况真的出现且美国无法及时制止，美国也有足够的能力对发动核打击的国家实施报复。另一方面，美国不断提升的、已经占绝对优势的常规武器能力同样可以为盟国提供延伸威慑。从 20 世纪 50 年代美国开始执行延伸威慑政策开始，美国就从来没有只依靠核武器对盟国进行延伸保护，反而是在使用常规武器执行这样的保护。国际社会对核禁忌的认同并不会因美国某一届政府核政策的进步或退步而有实质性变化，不使用核武器作为一种趋势将继续下去。延伸威慑政策的执行历史和现状都证明，这一政策与“不首先使用核武器”政策本身并不矛盾。而且，在美国财力有限的前提条件下，可以保持发展常规武器优先的政策，以常规武器执行延伸威慑或常规“保护伞”政策。随着美国常规力量的提升和常规武器的发展，“不首先使用”政策反而可以提高美国延伸威慑的可信度，因为常规武器的使用门槛显然比核武器低，常规武器的延伸保护作用具有可操作性，在实践上更可信。如果“不首先使用核武器”政策本身都不会影响美国的延伸威慑能力，各主要核国家之间双边或多边“互不首先使用核武器”的声明或协议就更不会影响美国的延伸威慑能力。

再次，“不首先使用核武器”的政策宣示，能够实质性降低核武器在国家安全战略中的作用，对大国战略稳定及改善全球安全环境都大有益处。从“原子弹不能乱摔”到“不首先使用”，中国的“不首先使用

---

① Scott D. Sagan，“The Case for No First Use，” pp. 167 – 169，https：//www. tandfonline. com/doi/abs/10. 1080/00396330903011545.

核武器”政策有其历史传承性。[①] 正如前文所述，中国的“不首先使用核武器”政策是指中国无条件地不首先使用核武器，即中国在任何时间、任何条件下都不会首先使用核武器，也不会对任何无核国使用核武器。中国宣布无条件不首先使用核武器的政策，反映出中国老一辈政治领导人超前的政治智慧，对核武器只能用来反击和防御的深刻认识，也反映出中国对常规武器所拥有的自信。这样的智慧与自信也在代代相传。“不首先使用核武器”政策既有利于中国的国家形象和力量建设，更有利于世界和平与稳定，所以中国多年以来一直坚定奉行这一政策，未来也不会放弃这一政策。五核国以双边或多边“互不首先使用核武器”的政策宣示、声明或协议为基础，以实质性限制核武器的使用为目标，以增进各国军事与安全互信为途径，建立战略稳定框架，对大国双边战略稳定和全球战略稳定都有明显益处。具体而言有以下几个方面：

一是增进军备竞赛稳定性。“互不首先使用核武器”的政策宣示，有利于促进现有的大国核力量保持稳定，避免潜在的军备竞赛。有核国的力量差距是特殊历史条件下的产物。如果将“互不首先使用核武器”政策作为建立战略稳定的基础，那么大国在建设核武库时均不需要考虑以先发制人为目的的核打击。一方面，中国会保持核政策的一贯性，在发展核武器上坚持防御性，继续维持一个数量比较小、只针对第一次核打击进行有效报复的核武库。这本身就是旨在保持中国核力量的现状，强化中国不会与其他有核国家进行核军备竞赛的政策。另一方面，虽然在可以预见的将来，两个超级核大国都不可能将其核力量裁至与中国一个数量级，但有了以该政策为基础的战略稳定框架，有利于各有核国消除对彼此增加核武器的担心。此外，有利于两个超级核大国减少对过剩（冗余）核武器的投入，也有利于推动美俄继续进行核裁军，最终弱化军备竞赛的诱因。

二是增进危机稳定性。如果从双边到多边的“互不首先使用核武

① 1960 年毛泽东主席在与美国记者斯诺交谈时就曾说过：“原子弹哪能乱摔呢？如果我们有，也不能乱摔，乱摔就要犯罪。”中华人民共和国外交部，中共中央文献研究室编：《毛泽东外交文选》，中央文献出版社、世界知识出版社，1994 年版，第 453 页。

器”政策宣示可以成立，则可极大提高危机稳定性。例如，如果中美围绕“互不首先使用核武器”的政策宣示建立战略稳定，双方均不必担心对方会对自己进行第一次核打击，可以避免误判，尤其是在发生军事与安全危机时，双方在控制危机升级为常规冲突的过程，不会因升级带来的一次打击的巨大压力而发生误判，从而消除发生危机时任何一方发动第一次核打击的可能性。与此同时，双方也不必把众多的核武器处于高戒备状态，可以显著降低误发射等事故几率。美国也不需要寻求核战的“战场决胜”能力，或将核武器用于非核目标。此举总体对避免危机更加有益。

三是巩固全球核不扩散机制。“互不首先使用核武器”的政策宣示展现了“不首先使用核武器”政策的优势，从根本上降低核武器的作用并保证相关国家不会发动先发制人的核打击，这不仅可以消除无核国家和核门槛国家对核威胁、核讹诈的顾虑，弱化其寻求自行发展核武器的意图，也会连带减少恐怖分子获取核武器的渠道，整体上有利于巩固核不扩散机制。

四是展示大国主动承担责任的态度。“互不首先使用核武器”的政策宣示，无论双边还是多边形式，不仅体现出大国为维持战略稳定主动承担责任的态度，更展示了世界上的主要核国家为此目标进行的实际行动。行胜于言，行动更值得依赖。同时，“互不首先使用核武器”作为宣示性政策，并不用各宣示国立即改变现行的核战略，但可以向有利于战略稳定的方向逐步调整进攻性的核战略，比如美国的“核作战”战略。

五是助力美俄两个超级核大国保持战略稳定。从政策内容上看，“不首先使用核武器”政策与美俄削减战略核力量的政策及相关谈判有高度的一致性，有利于提高俄美两国政策的可信性；同时，鉴于美国政府近年来不断退约，破坏现有的军控条约体系，其全球军控和核不扩散领域的主导地位已经受到严重质疑，特别是对同样为超级核大国的俄罗斯而言。“互不首先使用核武器”政策宣示有利于恢复美国的形象与信誉，客观上有利于美俄继续推动核军控与战略稳定的对话谈判，长远看有利于两国保持战略稳定。

六是增进中美战略与安全互信，扩大中美合作面，对稳定中美整体关系具有深远意义。对美国而言，如果率先达成中美“互不首先使用核武器”政策宣示，那将是一份具有双重保险性质的承诺。此承诺虽不需核查，但其隐含的实质内容却经得起核查。一方面，中国采取“不首先使用核武器”的政策，本身就不需要对包括美国在内的任何国家发动先发制人的核打击，也具体且可核查地限制了中国核力量发展不需要巨大的核武库，使得中美之间的核军备竞赛成为伪命题。另一方面，中美“互不首先使用核武器”再次确保美国不会对中国发动先发制人的核打击，在中美两国关系竞争性加强的今天，更需要这样的保障来防止中美走向对抗，促进中美在军事与安全领域建立信任措施（CBMS），保证中美战略稳定和两国关系全面稳定。

在建立新的大国战略稳定过程中，“互不首先使用核武器”双边或多边政策宣示会是一个很好的框架基础，这一愿景美好但不可能一蹴而就，需要各方共同付出极大的努力。鉴于大国关系本身的复杂性与多元性，建立双边及全球战略稳定关系，必定是个循序渐进、逐步成熟的过程，而且还有可能出现困难甚至倒退。考虑到前文提及的大国战略稳定可能面对的三个变化因素，即大国双边关系的对抗性增强；美国继续不加限制发展导弹防御系统和其他破坏战略稳定的能力，迫使其他国家在战略力量发展上有所调整；大国之间危机升级的可能性增高等。那么除了推动“互不首先使用核武器”外，各方还可采取其他有利于战略稳定的步骤：

一是在大国力量消长，国际战略格局的变化过程中，努力保持大国关系稳定的状态。各方需调整态度，拿出诚意，创造一个有利于战略稳定的国际安全环境与大国关系。

二是持续加强大国在地区核扩散、反核恐怖主义及核能、核安保领域的合作，并共同消除导致核扩散与核恐怖主义的政治根源。继续尊重现存的多边军控与不扩散条约体系，维护《不扩散核武器条约》的地位，支持《全面禁止核试验条约》生效等。

三是继续维持和加强核禁忌，持续坚决反对发展战略武器力量的边缘行为，包括核武器的小型化、部署常规战略性进攻武器等。

四是继续推动建立更多有效的军事与安全危机管理机制，并开辟新的危机稳定性磋商机制，就机制运行制定具体可行的措施。

五是创造条件，增加大国讨论战略稳定的沟通渠道，各方亟须就战略稳定的概念、术语及未来框架展开双、多边讨论，展开形式多样的官方、半官方与非官方讨论。从政界到学术界，全面推动就建立战略稳定的指导思想、实施方法和具体步骤进行广泛讨论，争取达成理论与实践共识。

六是尽快讨论外空、网络空间、人工智能、反导及常规战略打击力量对全球战略稳定的影响，防止新技术发展客观上导致军备竞赛的恶性循环，或引发更加灾难性的后果。同时，进一步讨论互不攻击核武器指挥控制系统及相关基础设施，避免引发恐慌，导致危机升级，给相关各国国家安全形成巨大压力，并防止在压力下被迫使用核武器。

七是就透明度问题进行深入讨论，对建立信任措施（CBMS）在当前安全环境下的作用与具体内容进行探讨。确立战略武器研发和使用的行为准则，例如规范战略武器的用途和使用方式等；各国应接受基于各自国家利益的透明度现状，停止强迫别国以自己国家的利益需求为基础展现透明。同时，各国应考虑到全球化的需要，考虑到透明本身也是达成威慑效果的需要，逐步普及在一些国家已形成机制的透明方式，分情况、分类别提高透明度。对于少核国来说，政策、技术与数量上的战略透明，并不影响战术层面所需要的模糊。

八是探讨未来新型国际军控秩序与大国战略稳定关系有可能出现的转变，包含但不仅限于以下三点：第一，从数量控制与削减主导的军控秩序向综合限制型军控秩序的转变，即战略武器数量限制与削减只是一部分内容，且不一定只涉及单项武器，有可能形成结构性限制与裁减。第二，从美俄双边军控为主向所有有核国参与的多边军控的转变；第三，从限制核武器向限制所有战略武器的转变。

缩略语

ABM Treaty　《美苏关于限制反弹道导弹系统条约》(《反导条约》)

SALT－I　《美苏限制进攻性战略武器的某些措施的临时协定》(《美苏第一阶段限制战略武器条约》)

SALT－II　《美苏限制进攻性战略武器条约》

INF Treaty　《美苏关于消除中程和中短程导弹的条约》(《中导条约》)

START－I　《美苏关于削减和限制进攻性战略武器条约》(《第一阶段削减战略武器条约》)

START－II　《美俄关于进一步削减和限制进攻性战略武器条约》(《第二阶段削减战略武器条约》)

SDI　战略防御倡议

SORT　《美俄削减进攻性战略武器条约》(《莫斯科条约》)

New START　《新削减战略武器条约》

NPT　《不扩散核武器条约》

CTBT　《全面禁止核试验条约》

FMCT　《禁止生产裂变材料条约》(禁产条约)

OST　《外层空间条约》

PPWT　《防止在外空放置武器和对外空物体使用和威胁使用武力的条约》

THAAD　战区高空区域防御系统

TMD　战区导弹防御系统

NMD　国家导弹防御系统

MIRV　分导式多弹头

SLBM　潜射弹道导弹

SLCM　潜射巡航导弹

ALCM　空射巡航导弹

LRSO　远程防区外核航导弹

CPGS　常规全球快速打击系统

MAD　相互确保摧毁

C^4I　指挥、控制、通信、计算和情报系统

IAEA　国际原子能机构

CD　裁军谈判会议

参考文献

一、中文参考文献

1. 中共中央文献研究室：《毛泽东文集》（第六卷），人民出版社，1999 年版。

2. 中共中央文献研究室：《周恩来文化文选》，中央文献出版社，1998 年版。

3. 中华人民共和国外交部、中共中央文献研究室：《毛泽东外交文选》，中央文献出版社、世界知识出版社，1994 年版。

4. 中国核工业总公司：《毛泽东与中国的原子能事业》，原子能出版社，1993 年版。

5. 中共中央文献编委会：《邓小平文选》（第三卷），人民出版社，1993 年版。

6. 中央军委办公厅编：《邓小平关于新时期军队建设论述选编》，八一出版社，1993 年版。

7. 中共中央文献研究室编：《邓小平年谱：1975 ~ 1997》（上、下），中央文献出版社，2004 年版。

8. 中共中央文献研究室、军事科学院编：《邓小平军事文集》（第三卷），军事科学出版社，2004 年版。

9. 中华人民共和国国务院新闻办公室：《2006 年中国的国防》，外文出版社，2006 年版。

10. 中华人民共和国国务院新闻办公室：《2008 年中国的国防》，外文出版社，2009 年版。

11. 中华人民共和国国务院新闻办公室：《2010 年中国的国防》，人民出版社，2011 年版。

12. 中华人民共和国国务院新闻办公室：《中国武装力量的多样化运用》，人民出版社，2013 年版。

13. 中华人民共和国国务院新闻办公室：《中国的军事战略》，人民出版社，2015 年版。

14. 中华人民共和国国务院新闻办公室：《新时代的中国国防》，人民出版社，2019 年版。

15. 全军军事术语管理委员会：《中国人民解放军军语》，军事科学出版社，2011 年版。

16. 肖天亮主编：《战略学》，国防大学出版社，2015 年版。

17. 军事科学院军事战略研究部编著：《战略学》，军事科学出版社，2013 年版。

18. 潘振强主编：《国际裁军与军备控制》，国防大学出版社，1996 年版。

19. 李彬：《军备控制理论与分析》，国防工业出版社，2006 年版。

20. 姚云竹：《战后美国威慑理论与政策》，国防大学出版社，1998 年版。

21. 朱明权、吴莼思、苏长和著：《威慑与稳定——中美核关系》，时事出版社，2005 年版。

22. 刘同舜、高文凡主编：《战后世界历史长编（1950—1951）》，上海人民出版社，1985 年版。

23. 李觉：《当代中国的核工业》，中国社会科学出版社，1987 年版。

24. 熊志勇：《中国与美国——迈向新世纪的回顾》，河南人民出版社，1995 年版。

25. 陶文钊、何兴强：《中美关系史》，中国社会科学出版社，2009 年版。

26. 刘金质：《冷战史》（上、中、下），世界知识出版社，2003

年版。

27. 谢光：《当代中国的国防科技事业》（上册），当代中国出版社，1992 年版。

28. 郑绍唐、曾先才：《中国当代著名科学家——于敏》，贵州人民出版社，2005 年版。

29. 东方鹤：《张爱萍传》（下卷），人民出版社，2000 年版。

30. 孙向丽：《核时代的战略选择：中国核战略问题研究》，中国原子能出版社，2020 年版。

31. 中共中央文献研究室：《周恩来年谱（1949—1976）》（中卷），中央文献出版社，1997 年版。

32. 李琦：《在周恩来身边的日子》，中央文献出版社，1998 年版。

33. 聂荣臻：《聂荣臻回忆录》（下册），解放军出版社，1984 年版。

34. 刘华秋主编：《军备控制与裁军手册》，国防工业出版社，2000 年版。

35. 刘杰：《知情权与信息公开法》，清华大学出版社，2005 年版。

36. 樊吉社：《美国军控政策中的政党政治》，社会科学文献出版社，2104 年版。

37. 李彬、赵通主编：《理解中国核思维》，社会科学出版社，2016 年版。

38. 徐光裕：《核战略纵横》，国防大学出版社，1987 年版。

39. 杨旭华、蔡仁照：《威慑论》，国防大学出版社，1990 年版。

40. 吕晶华：《美国网络空间战思想研究》，军事科学出版社，2014 年版。

41. 王辑思主编：《中国国际战略评论 2019》（上）世界知识出版社，2019 年版。

42. 国防科技名词大典——核能卷编委会：《国防科技名词大典——核能》，北京航空工业出版社、兵器工业出版社、原子能出版社，2002 年版。

43. 王绳祖主编：《国际关系史》（第九卷），世界知识出版社，1995 年版。

44. 罗英杰等：《俄罗斯国家安全战略研究》，时事出版社，2020年版。

45. ［美］约翰·刘易斯，薛理泰著：《中国原子弹的制造》，李丁、陈旭舟等译，原子能出版社，1990年版。

46. ［英］劳伦斯·弗里德曼：《核战略的演变》，黄钟青译，中国社科出版社，1990年版。

47. ［美］张少书：《朋友还是敌人？1948—1972年的美国、中国和苏联》，顾宁等译，中央编译出版社，2014年版。

48. ［美］小约瑟夫·奈：《理解国际冲突：理论与历史》，张小明译，上海人民出版社，2005年版。

49. ［美］詹姆斯·多尔蒂、小罗伯特·普法尔茨格拉夫：《争论中的国际关系理论》，阎学通、陈寒溪等译，世界知识出版社，2003年版。

50. ［美］麦乔治·邦迪：《美国核战略》，褚广有等译，世界知识出版社，1991年版。

51. ［美］威廉·伯尔：《基辛格秘录》，庞伟译，远方出版社，1999年版。

52. ［英］克里斯托弗·希尔：《变化中的对外政策政治》，唐小桦、陈寒溪译，上海人民出版社，2007年版。

53. ［美］威廉·多姆霍夫：《谁统治美国——权力、政治和社会变迁》，吕鹏，闻翔译，译林出版社，2009年版。

54. ［瑞］约瑟夫·戈德布拉特著：《军备控制导论》，中国国际战略学会军控与裁军研究中心编译，军事谊文出版社，2004年版。

55. ［美］理查德·N. 哈斯：《新干涉主义》，殷雄等译，新华出版社，2000年版。

56. ［美］约翰·刘易斯·加迪斯著：《长和平——冷战史考察》，潘亚玲译，上海世纪出版集团，2011年版。

57. ［美］托马斯·谢林：《军备及其影响》，毛瑞鹏译，上海人民出版社，2011年版。

58. ［美］托巴斯·谢林：《冲突的战略》，赵华等译，华夏出版社，2011年版。

59. ［美］迈克尔·多布斯：《午夜将至》，陶泽慧、赵进生译，社会科学文献出版社，2015 年版。

60. ［美］莫顿·贝科威茨：《美国对外政策的政治背景》，张禾译，商务印书馆，1979 年版。

61. ［美］罗伯特·F. 肯尼迪：《十三天：古巴导弹危机回忆录》，复旦大学历史系拉丁美洲研究室译，上海人民出版社，1977 年版。

62. 潘振强："关于重建全球战略稳定的理论思考"，《国际问题研究》，2002 年第 4 期。

63. 夏立平："论构建新世纪大国战略稳定框架"，《当代亚太》，2003 年第 2 期。

64. 胡礼忠："中国的核试验与中美核关系：中美学术界的相关研究评论"，《历史教学问题》，2008 年第 3 期。

65. 邓峰："艰难的博弈：美国、中国与朝鲜战争的结束"，《世界历史》，2010 年第 4 期。

66. 赵学功："核武器与美国对第一次台湾海峡危机的政策"，《美国研究》，2004 年第 2 期。

67. 李彬、聂宏毅："中美战略稳定性的考察"，《世界经济与政治》，2008 年第 2 期。

68. 鹿音："如何构建中美新型战略稳定"，《现代国际关系》，2012 第 10 期。

69. 李彬："中国核战略辨析"，《世界经济与政治》，2006 年第 9 期。

70. 楚树龙、应琛："中美长期关系的两根支柱"，《现代国际关系》，2013 年第 3 期。

71. 袁鹏："战略互信与战略稳定——当前中美关系面临的主要任务"，《现代国际关系》，2008 年第 1 期。

72. 王在邦："中美关系划时代转型的观察与思考"，《现代国际关系》，2015 年第 11 期。

73. 杨奎松："中苏边界冲突与中国对美缓和"，《党史研究资料》，1997 年第 12 期。

74. 陈东林：“核按钮一触即发：1964 年和 1969 年美国、苏联对中国的核袭击计划”，《党史博览》，2004 年第 3 期。

75. 刘中刚：“往来与曲折——新中国成立后中美军事交往实录”，《党史纵览》，2003 年第 3 期。

76. 詹欣：“美国对华核战略与 1969 年中苏边界冲突”，《中共党史研究》，2011 年第 11 期。

77. 詹欣：“美国情报部门对中国核武器计划的评估与预测”，《华东师大学报》，2007 年第 3 期。

78. 董爱国、高申：“军事透明：并非单纯的军事问题”，《环球军事》，2007 年第 11 期。

79. 三石：“俄罗斯对美斗争战略指导研究”，《外国军事学术》，2007 年第 2 期。

80. 程晓勇：“国际核危机及其控制——国外研究四十年述评”，《世界经济与政治论坛》，2009 年第 1 期。

81. 牛新春：“中美战略互信：概念、问题及挑战”，《现代国际关系》，2010 年第 3 期。

82. 王辑思、李侃如：“中美战略互疑：解析与应对”，北京大学国际战略研究中心，2012 年第 4 期。

83. 顾克冈、杰弗里·刘易斯：“不首先使用核武器：中美核对话的困境与出路”，《外交评论》，2012 年第 5 期。

84. 周宝根、李彬：“党派政治对冷战后的美国军控政策的影响”，《世界经济与政治论坛》，2002 年第 4 期。

85. ［美］托马斯·芬加，樊吉社：“中美关系中的战略稳定问题”，《外交评论》，2014 年第 1 期。

86. ［美］约翰·刘易斯，薛理泰：“中国军事战略方针及核战略之演变”，《领导者》，2011 年第 2 期。

87. 徐英瑾：“试论深度学习技术对人类社会持续发展所造成的风险”，《当代美国评论》2019 年第 1 期。

88. 秦亚青：“世界格局、国际制度与全球秩序”，《现代国际关系》，2010 年庆典特刊。

89. 樊吉社："中国核政策的基本逻辑与前景"，《外交评论》，2018年第5期。

90. 李彬、胡高辰："美国观阙中的中国核威慑的有效性"，《外交评论》，2018年第5期。

91. 何奇松："国际太空新秩序与中国的责任"，《世界经济与政治》，2016年第8期。

92. 李艳："网络空间国际治理中的国家主体与中美网络关系"，《现代国际关系》，2018年第11期。

93. 韩克敌："俄美的核力量、核战略与核谈判"，《俄罗斯东欧中亚研究》，2019年第6期。

二、英文参考文献

1. Thomas C. Schelling, *The strategy of conflict*, Cambridge: Harvard University Press, 1960.

2. Thomas C. Schelling and Morton H. Halperin, *Strategy and Arms Control*, New York: The Twentieth Century Fund, 1961.

3. Thomas Schelling, *Arms and Influence*, New Haven, CT: Yale University Press, 1966.

4. Thomas Schelling, *Surprise Attack and Disarmament*, Santa Monica, CA: RAND, December 10, 1958.

5. Peter J. Katzenstein, ed., *The Culture of National Security, Norms and Identity in World Politics*, New York: Columbia University Press, 1996.

6. Johan J. Holst and William Schneider, Jr., ed., *Why ABM? Policy Issues in the Missile Defense Controversy*, New York: Pergamon Press, 1969.

7. Glenn H. Snyder, *Deterrence and Defense: Toward a Theory of National Security*, Princeton, NJ: Princeton University Press, 1961.

8. Robert Jervis, *the Illogic of American Nuclear Strategy*, Ithaca, NY: Cornell University Press, 1984.

9. Scott D. Sagan, *Moving Targets: Nuclear Strategy and National Securi-*

ty, Princeton, NJ: Princeton University Press, 1989.

10. Paul K. Davis and Peter A. Wilson, *Looming Discontinuities in U. S. Military Strategy and Defense Planning: Colliding RMAs Necessitate a New Defense Strategy*, Santa Monica, CA: RAND Corporation, 2011.

11. Matthew Mowthorpe, *the Militarization and Weaponization of Space*, New York: Lexington Books, 2004.

12. James M. Acton, *Silver Bullet? Asking the Right Questions About Conventional Prompt Global Strike*, Washington, DC: Carnegie Endowment for International Peace, 2013.

13. National Research Council, *Conventional Prompt Global Strike: Issues for* 2008 *and Beyond*, Washington, DC: National Academies Press, 2008.

14. John Wilson Lewis and Xue Litai, *China Builds the Bomb*, Stanford, CA: Stanford University Press, 1988.

15. Caspar Weinberger, *Fighting for Peace*, New York: Warner Books, 1990.

16. Harold A. Feiveson, ed. *The Nuclear Turning Point: a blueprint for deep cuts and de – alerting of nuclear weapons*, Washington D. C.: Brookings Institution Press, 1999.

17. Jonathan Ray, *Red China's "Capitalist Bomb": Inside the Chinese Neutron Bomb Program*, Washington, D. C.: National Defense University Press, 2015.

18. Desmond Ball, *Politics and Force Levels: The Strategic Missile Program of the Kennedy Administration*, Berkeley, CA: University of California Press, 1980.

19. Rose Gottemoeller, "Arms Control in a New Era", edited by Alexander T. J. Lennon, Contemporary Nuclear Debates—Missile Defense, Arms Control, And Arms Races in the Twenty – First Century, London: the MIT Press, Cambridge, Massachusetts, 2002.

Paula Stern, Water's Edge, Domestic Politics and the Making of American Foreign Policy, Westport: Greenwood Press, 1979.

20. Henry Kissinger: *Does America Need a Foreign Policy?*, Simon & Schuster New York, 2002.

21. James Mulvenon, David Findelstein, ed. *China's Revolution in Doctrinal Affairs: Emerging Trends in the Operational Art of the People's Liberation Army.*

22. Wu Riqiang, "China's Anxiety About US Missile Defence: A Solution", Survival, Vol. 55 No. 5, October – November 2013.

23. Fred Charles Ikle, Can nuclear deterrence last out the century? ", *Foreign Affairs*, 1973 (2), 51.

24. Keir A. Lieber and Garyl Press, "The Rise of U. S. Nuclear Primacy", *Foreign Affairs*, Vol. 85, No. 2 (March/April 2006).

25. David Shambaugh, "China Engages Asia", *International Security*, Vol. 29, Issue 3, winter 2004.

26. Fred Kaplan, *the Wizards of Armageddon*, Stanford, CA: Stanford University Press. 1991.

27. Gregg Herken, *Counsels of War*, Oxford, UK: Oxford University Press, 1987.

28. Albert Wohlstetter, "The Delicate Balance of Terror," *Foreign Affairs*, Vol. 37, No. 2, January 1959.

29. Jeremi Suri, "America's Search for a Technological Solution to the Arms Race: The Surprise Attack Conference of 1958 and a Challenge for 'Eisenhower Revisionists," *Diplomatic History*, Vol. 21, No. 3, Summer 1997.

30. Thomas Schelling, "Reciprocal Measures for Arms Stabilization," *Daedalus*, Vol. 89, No. 4, Fall 1960.

31. Henry A. Kissinger, "Arms Control Inspection and Surprise Attack", *Foreign Affairs*, Vol. 38, No. 4, July 1960.

32. Herman Kahn, On Escalation: Metaphors and Scenarios, Baltimore, Maryland: Penguin Books, 1968.

33. Thomas Scheber, "Strategic Stability: Time for a Reality Check," *International Journal*, Vol. 63, No. 4, Autumn 2008.

34. Frank P. Harvey, "The Future of Strategic Stability and Nuclear Deterrence," *International Journal*, Vol. 58, No. 2, spring 2003.

35. David A. Rosenberg, "The Origins of Overkill: Nuclear Weapons and American Strategy, 1945 - 1960," *International Security*, Vol. 7, No. 4, Spring I983.

36. Marc Trachtenberg, "Preventive War and U. S. Foreign Policy," *Security Studies*, Vol. 16, No. 1, January - March 2007.

37. Andrew F. Krepinevich, Jr., "The Pentagon's Wasting Assets: The Eroding Foundations of American Power," *Foreign Affairs*, Vol. 88, No. 4, July/August 2009.

38. Keir A. Lieber and Daryl G. Press, "The End of MAD? The Nuclear Dimension of US Primacy", *International Security* Vol. 30, No. 4, (Spring 2006).

39. Kurt Gottfried and Richard Ned Lebow, "Anti - Satellite Weapons: Weighing the Risks," *Daedalus* 114, No. 2, spring 1985.

40. Brian Weeden, "Anti - satellite Tests in Space: The Case of China," *Secure World Foundation*, August 16, 2013.

41. Rajeswari Pillai Rajagoapalan, "India's Changing Policy on Space Militarization: The Impact of China's ASAT Test," *India Review* 10, No. 4, October - December 2011.

42. Dennis M. Gormley, "Sixty Minutes to Strike: Assessing the Risks, Benefits, and Arms Control Implications of Conventional Prompt Global Strike," *Security and Peace*, No. 1, 2014.

43. Henry Kissinger, "The Search for Stability", *Foreign Affairs*, July, 1959.

44. Richard M. Nixon, "Asia after Vietnam", *Foreign Affairs*, Vol. 46, No. 1, Ocober 1967.

45. Mark Schneider, "The Nuclear Doctrine and Forces of the People's Republic of China," *Comparative Strategy*, Vol. 28, No. 3 (July/August 2009).

46. Michael S. Chase, Andrew S. Erickson, and Christopher Yeaw, "Chinese Theater and Strategic Missile Force Modernization and Its Implications for the United States," *Journal of Strategic Studies*, Vol. 32, No. 1 (February 2009).

47. Pan Zhenqiang. "China Insistence on No – First – Use of Nuclear Weapons", *China Security*, autumn 2005 Issue No 1.

48. Yao Yunzhu, "Chinese Nuclear Policy and the Future of Minimum Deterrence", *Strategic Insights*, 2005, 4 (9).

49. Paul H. Godwin, "China's Nuclear Forces: An Assessment," *Current History*, September 1999.

50. Hillary Clinton: "America's Pacific Century", *Foreign Policy*, November, 2011.

51. Li Bin, "Tracking Chinese Strategic Mobile Missiles", *Science & Global Security*, Vol. 15, No. 1, 2007.

52. Richard L. Garwin, "Holes in the Missile Shield", in Sanford Lakeoff eds., Strategic Defense in the Nuclear Age, Appendix, *Scientific American*, November 2004.

53. Gregory Kulacki, Jeffrey Lewis, "NFU in Sino – US Nuclear Dialogue: Diemma and Way Out," *Foreign Affairs Review*, Volume No. 29, Issue No. 5, 2012.

54. Harold A. Feiveson and Ernst Jan Hogendoorn, "No First Use of Nuclear Weapons", *the Nonproliferation Review*, summer 2003.

55. Scott D. Sagan, "the Case for No First Use", *Survival*, Vol. 51 No. 3 June – July, 2009.

56. Michael S. Gerson, "No First Use—the Next Step for US Nuclear Policy", *International Security*, Vol. 35, No. 2 (Fall 2010).

57. Morihiro Hosokawa, "Are U. S. Troops in Japan Needed? Reforming the Alliance", *Foreign Affairs*, Vol. 77, No. 4 July – August 1998.

58. James J. Wirtz, "Nuclear dis armament and the end of the chemical weapons 'systen of restraint'", *International Affairs*, Vol. 95, No. 4, 2019.

59. Wu Riqiang，“Living with Uncertainty：Modeling China’s Nuclear Survivability”，*International Security*，Vol. 44，No. 4（Spring 2020）.

三、网络资源

1. 中华人民共和国外交部网站
2. 中华人民共和国国防部网站
3. 新华网
4. 人民网
5. 环球网
6. 中国网
7. 搜狐网
8. 新浪网
9. http：//www. defense. gov
10. https：//www. whitehouse. gov
11. http：//www. house. gov
12. https：//www. congress. gov
13. https：//www. jcs. mil
14. http：//www. foia. cia. gov
15. https：//www. armscontrol. org
16. https：//www. thebulletin. org
17. https：//www. warontherocks. com
18. http：//www. rand. org
19. https：//www. foreignaffairs. com
20. https：//www. foreignpolicy. com
21. http：//www. belfercenter. org
22. https：//www. fas. org
23. https：//www. csis. org
24. https：//www. carnegie. ru

附　录

附录：关于中华人民共和国履行《不扩散核武器条约》情况的国家报告

《不扩散核武器条约》2020年审议大会第三次筹备委员会
2019年4月29日至5月10日，纽约

1. 根据2010年《不扩散核武器条约》（下称《条约》）审议大会行动计划要求，五个《条约》核武器国家在2019年1月30日举行的五核国北京会议上商定，沿用2013年达成的共同框架，向条约2020年审议大会提交国家报告。我们在起草国家报告所用框架中使用共同标题分类，并据此提交相关信息，同时框架涵盖条约三大支柱：核裁军、核不扩散及和平利用核能。

2. 中国坚持和平发展道路，积极推动构建人类命运共同体。中国高度重视《条约》在国际核裁军与核不扩散领域的基石地位，为实现防止核武器扩散、推进核裁军进程、促进和平利用核能三大目标做出了不懈努力。中国将继续以实际行动践行共同、综合、合作、可持续的新安全观，坚定维护《条约》的权威性、有效性和普遍性，为维护国际和平与安全做出应有贡献。

3. 根据《条约》2000年和2010年审议大会的相关要求，中华人民共和国政府就履行《条约》情况说明如下：

一、报告与核裁军有关的国家措施

4. 中国在核战略方面展示了最大限度透明，在核力量发展上保持了极大克制，在核武器使用方面采取极为慎重态度。从拥有核武器的第一天起，中国就倡导全面禁止和彻底销毁核武器，并一直将自身核力量规模限制在维护国家安全所需的最低水平。中国始终恪守在任何时候和任何情况下不首先使用核武器的政策，明确承诺无条件不对无核武器国家和无核武器区使用或威胁使用核武器。中国将继续为实现建立无核武器世界的最终目标做出应有贡献。

（一）与核武器有关的国家安全政策、指导原则及活动

5. “核战争打不赢，也打不得。”从人类前途命运的角度看，这是不能触碰的底线。核战争没有最后的胜利者，只会给人类带来巨大的灾难。中国发展核武器是在特殊的历史时期为应对核威胁、打破核垄断、防止核战争被迫作出的历史性选择。中国发展核武器不是为了威胁别国，而是为了防御和自卫，维护国家的安全。在中国拥有核武器的第一天，中国政府即发表声明，郑重建议召开世界首脑会议，讨论全面禁止和彻底销毁核武器问题。

6. 承诺不首先使用核武器能够降低核武器威胁、减少核战争危险和防止核武器扩散，是走向全面彻底核裁军和实现无核武器世界的重要步骤。中国始终恪守在任何时候和任何情况下都不首先使用核武器的承诺，这本身就是核裁军的一个实际行动。拥有核武器几十年来，无论是在“冷战”时期面临核威胁与核讹诈的时候，还是在“冷战”后国际安全环境发生巨大变化的情况下，中国始终恪守这一承诺，今后也不会改变。

7. 中国承诺无条件不对无核武器国家和无核武器区使用或威胁使用核武器。1995 年 4 月，中国发表声明，重申无条件向所有的无核武器国家提供消极安全保证，并承诺向这些国家提供积极安全保证。2000 年，中国与其他核武器国家发表联合声明，重申了中国 1995 年在联合国安理会第 984 号决议中做出的安全保证承诺。应乌克兰和哈萨克斯坦的要求，中国分别于 1994 年 12 月和 1995 年 2 月发表了向两国提供安全保证的政府声明。2015 年 4 月中国批准《中亚无核武器区条约》议定书。中国主张国际社会尽早谈判缔结向无核武器国家无条件提供消极安全保证的国

际法律文书，支持日内瓦裁军谈判会议尽早就此开展实质性工作。

8. 中国坚定奉行自卫防御的核战略，以保证国家免受外来核攻击为基本使命，并确定了与之相适应的核武器作用、核武器使用、核力量规模、核武器戒备状态和核军控等政策。中国发展核力量一直非常克制，始终维持在维护国家安全需要的最低水平，从不与其他国家比投入、比数量、比规模。中国不参加任何形式的军备竞赛，不为别国提供核保护伞，不在别国部署核武器。中国的核武器都是战略性的，在核武器使用方面采取极端谨慎的态度。

9. 维护国际和地区的战略平衡与稳定，有助于降低核战争风险，中国主张核武器国家共同为此做出努力。一是倡导共同安全，明确战略稳定目标。核武器国家应当摒弃冷战思维和零和观念，放弃以先发制人为核心的核威慑政策，遏制核军备竞赛冲动，停止发展和部署全球反导系统，降低核武器在国家安全政策中的作用，以切实减少核战争风险。二是持续增进互信，筑牢战略稳定根基。核武器国家应加强核战略与核政策对话，客观看待彼此战略意图，尊重彼此安全关切，妥善管控分歧，防止战略误判引发意外和危机，避免大国竞争成为自我实现的预言。三是信守规则和承诺，维护战略稳定框架。中国鼓励美俄继续通过谈判协商解决分歧，争取保留《中导条约》，推动《进一步削减进攻性战略武器条约》延期。同时，核武器国家应共同维护和加强《条约》审议进程，坚持循序渐进核裁军原则。四是加强沟通交流，凝聚战略稳定共识。核武器国家应从战略力量、政策取向、战略互信等角度，循序渐进地讨论战略稳定内涵和要素，逐渐凝聚共识，扩大利益汇合点。

（二）核武器、核军控（含核裁军）及核查

10. 中国按照精干有效的原则建设战略核力量，适应军事科技发展趋势，确保防护、快反、突防、毁伤和精确打击能力，确保核武器安全性、可靠性、有效性，确保战略威慑与核反击能力，慑止他国对中国使用或威胁使用核武器。中国所进行的核武器现代化改造完全是为了确保核武器的安全与安保、可靠和有效。火箭军目前是中国战略威慑的核心力量，装备东风系列弹道导弹。

11. 中国已缩减核武器基地。早在 20 世纪 80 年代，中国就主动关闭了在重庆市建设的816军用核材料生产基地。该基地挖掘于深山之中，停建时已完成85%的工程量，累计投资7.46亿元人民币，它的停建彰显了中国主动克制核力量发展的决心。1987年，中国政府作出了撤销青海核武器研制、试验、生产基地的决定。经过集体整治后，青海基地已经整体移交当地政府安排利用。上述基地遗址现均已对外开放参观。

12. 中国一向高度重视核武器管理安全、使用安全和有效控制问题。自拥有核武器之日起，中国积极采取一系列切实有效措施，确保这支数量有限的核力量一直保持在绝对安全和绝对可靠的状态。中国有严格的法规制度和可靠的技术手段，对核武器储存、运输、训练等环节实行全流程安全管理。中国为防止核导弹的非授权发射和事故发射，除了从法规制度和战备等级制度上有明确规定外，还从装备技术角度采取了很多特殊的技术安全措施。中国重视涉核部门、机构和部队的核安全文化建设，不断强化涉核人员的核安全意识和责任感。中国的核武器没有出现过任何安全和安保问题。

13. 中国核力量的指挥权高度集中，部队行动必须极端严格、极端准确地按照中央军委的命令执行。中国核力量平时保持适度戒备状态，按照平战结合、常备不懈、随时能战的原则，加强战备配套建设，确保能有效应对战争威胁和突发事件。在国家受到核威胁时，根据中央军委命令，提升戒备状态，做好核反击准备，慑止敌人对中国使用核武器；在国家遭受核袭击时，对敌实施坚决反击。

14. 中国积极参与国际核军控努力。中国一直倡导全面禁止和彻底销毁核武器，所有核武器国家应该切实履行《条约》第六条规定的义务，公开承诺不寻求永远拥有核武器。核裁军应采取公正合理、逐步削减、向下平衡的步骤。拥有最大核武库的国家，在核裁军方面负有特殊、优先责任，应该继续以可核查、不可逆和有法律约束力的方式，大幅削减其核武器，为最终实现全面、彻底核裁军创造条件。在条件成熟时，所有核武器国家都应加入多边核裁军谈判进程。

15. 多年来，中国在联合国大会投票支持“建立一个无核武器世界”“核裁军”“禁止使用核武器公约”和“缔结关于保证不对无核武器国家使用或威胁使用核武器有效国际安排”等重要核裁军决议。

16. 中国积极推动核武器国家就不首先使用核武器缔结多边条约，于 1994 年 1 月向其他四个核武器国家提交了“互不首先使用核武器条约”草案，并积极谋求与其他核武器国家在双边或多边基础上承诺互不首先使用核武器。

17. 中国支持日内瓦裁军谈判会议达成全面、平衡的工作计划，就核裁军、对无核武器国家安全保证、禁止生产核武器或其他核爆炸装置用裂变材料条约和防止外空军备竞赛等重要议题开展实质性工作。

18. 中国坚定支持《全面禁止核试验条约》宗旨和目标，国内履约筹备工作取得重要进展。中国一直恪守暂停核试验承诺，支持条约早日生效及为促进该条约生效所做的各项国际努力，参加了历届促进条约生效大会，并积极支持安理会和联大一委有关决议。2018 年 1 月，中国外交部长王毅在北京会见来访的《全面禁止核试验条约》组织筹备委员会临时技术秘书处执行秘书泽博，重申了中国对条约的坚定承诺。中国向《全面禁止核试验条约》组织筹委会按时足额缴纳了分摊的会费。

19. 近年来，中国境内禁核试监测台站批量通过核证验收，成为条约核查机制建设的亮点。中国承担了 11 个监测台站和 1 个放射性核素实验室的建设。到目前为止，除北京次声台站正在进行选址工作外，其余设施均已建成。2016 年 12 月以来，兰州放射性核素台站、北京放射性核素台站、广州放射性核素台站、海拉尔基本地震台站、兰州基本地震台站相继通过核证验收。中国境内台站批量通过核证验收具有里程碑意义，体现了中国对条约核查机制建设的坚定支持。

20. 中国积极支持并深入参与《全面禁止核试验条约》组织筹备委员会临时技术秘书处工作，参加了所有筹委会及其下属工作组会议，全面参与国际监测系统、国际数据中心、现场视察操作手册等指导文件谈判工作，积极参加条约组织筹委会临时技术秘书处组织或支持的旨在提高国际监测系统监测能力、促进签约国履约能力的各种国际活动，包括研发和完善现场试验惰性气体氩和氙移动快速测量设备、国际数据中心逐步启用计划路线图的讨论和评估，并选派专家担任筹委会核查工作组任务负责人、积极派员参与第三轮现场视察代理视察员培训等，为条约核查机制建设贡献了中国智慧，为维护条约严肃性、公正性做出了中国贡献。

21. 中国与条约组织筹委会临时技术秘书处保持良好合作。2016 年 5 月，双方在北京联合举办“第四次东亚地区国家数据中心研讨会”。2016 年 10 月，双方合作在北京举办“禁核试科学家研讨会”。放射性核素试验室参加了临时技秘处组织开展的历次样品国际比对工作和相关技术研讨会，并积极推进实验室的核证验收进程。

22. 朝鲜 2016 年 1 月 6 日、2016 年 9 月 9 日和 2017 年 9 月 3 日进行核试验后，中国境内的兰州基本地震台站、海拉尔基本地震台站、北京放射性核素台站、广州放射性核素台站和兰州放射性核素台站及时向国际数据中心提供了相关监测数据。

23. 中方一贯对“禁产条约”持积极态度，认为在裁谈会内根据“香农报告”（CD/1299）谈判并达成一项相关各方均参与的“禁产条约”，有助于促进核裁军进程，防止核武器扩散，维护国际和平与安全。裁谈会作为唯一多边裁军谈判机构，是谈判“禁产条约”的唯一适当场所。中国支持裁谈会达成一项全面、平衡的工作计划，以便据此立即开展包括“禁产条约”谈判在内的实质性工作。

24. 中国积极参与裁谈会有关附属机构就“禁产条约”相关问题开展的有益讨论，相信这也将为裁谈会未来工作恢复活力打下基础。中国建设性参与了联合国“禁产条约”高级别专家筹备组，为推动筹备组按照有关决议授权开展工作并协商一致达成报告做出了贡献。专家组已完成使命，相关讨论应回到裁谈会轨道，通过设立附属机构聚焦相关技术问题。

25. 中国重视并积极开展核军控核查研究，建设性地参与了根据联大第 71/67 号决议成立的联合国核裁军核查政府专家组工作，支持专家组严格遵循相关联大决议授权开展工作，并为专家组协商一致通报工作报告做出贡献。中国认为，充分而有效的核裁军核查措施是最终全面禁止和彻底销毁核武器的重要技术保障，对确保核裁军条约的有效执行、建立缔约方互信及增强条约可靠性意义重大。同时也要看到，核裁军核查敏感复杂，需要考虑诸多因素，尤其是必须结合具体的核裁军条约考虑才有意义。

（三）透明与建立信任措施

26. 中国一贯认为，意图和政策的透明最有现实意义。中国坚定走和平发展道路，奉行自卫防御的核战略，不会首先使用核武器，任何国家都不会受到中国核武器的威胁，这是最具实际意义的透明。核透明应遵循“各国安全不受减损”的重要原则，充分考虑各国面临的安全环境，由各国根据国情自愿实施。因此，各国必须充分考虑彼此在核战略和核力量方面的不同，接受在透明度和侧重点上存在差异。中方会继续本着上述原则，在核透明方面采取必要举措，包括与其他四个核武器国保持核政策对话。

27. 中国先后于1995年、2003年和2005年发布了《中国的军备控制与裁军》《中国的防扩散政策和措施》和《中国的军控、裁军与防扩散努力》三份军控白皮书，并在1998年至2010年期间，又先后发布了7份《中国的国防》白皮书。2013年，中国发布了《中国武装力量的多样化运用》白皮书。2015年，中国发布了《中国的军事战略》白皮书。在上述文件中，中国对本国的核战略、核武器的作用、核武器使用政策、核力量发展、核力量指挥控制、核武器戒备状态等做出了明确的阐述。

28. 中国在建立信任措施方面采取了一系列行动。中国积极谋求与其他核武器国家互不将核武器瞄准对方。1994年9月，中国与俄罗斯签署联合声明，宣布两国互不将战略核武器瞄准对方。1998年6月，中国和美国元首宣布互不将各自控制下的战略核武器瞄准对方。2000年5月，中国、法国、俄罗斯、英国、美国五个核武器国家在其发表的联合声明中宣布，它们的核武器不瞄准任何国家。2009年，中国和美国元首在联合声明中重申不将各自核武器瞄准对方的承诺。同年，中国与俄罗斯签署《中俄通报发射弹道导弹和航天运载火箭协定》，自签署以来，该协定履行良好。2016年6月，中国和俄罗斯元首在北京共同发表《关于加强全球战略稳定的联合声明》。中国与美国在双边战略对话框架下，就核政策等战略性问题保持沟通交流。

29. 中国高度重视五核国合作机制，同其他四核国就建立信任措施和履行《条约》等问题保持对话与磋商。中国于2018年7月接任五核国合作机制协调员，努力推动五核国合作恢复生机活力，并于2019年1月

30 日在北京成功举办年度正式会议。中国还在会间举行由五核国与会代表与学术和新闻机构代表共同参加的公开活动，促进相互理解与信任。此外，中国以协调员身份牵头举办了五核国与“防扩散与裁军倡议”对话会等活动。

30. 五核国北京会议围绕“加强五核国协作，维护《不扩散核武器条约》机制”的会议主题，就核政策与核战略、核裁军、核不扩散等问题进行了深入、坦诚交流，达成一系列重要共识。第一，五核国承诺共担国际和平与安全责任。五核国都认识到当前国际安全环境面临严峻挑战，维持良好大国关系对解决全球战略性问题至关重要，同意客观看待彼此战略意图，加强核政策与核战略交流，增进战略互信并维护共同安全，全力防止因误解和误判引发核风险。五核国还承诺维护现有国际军控体系，遵守所有国际军控协议，重申有关无核安保承诺，包括积极安保和消极安保。

31. 第二，五核国承诺共同维护《不扩散核武器条约》机制。五核国强调《不扩散核武器条约》是国际核不扩散体系基石，也是国际安全架构重要组成部分，承诺全面完整执行条约，并促进条约的普遍性。五核国将遵循“各国安全不受减损”原则，推动核裁军取得更大进展，循序渐进实现无核武器世界目标。五核国认为“禁止核武器条约”背离并损害《不扩散核武器条约》，重申一致反对立场。五核国确认将通过政治外交手段解决核不扩散问题，促进和平利用核能国际合作，支持东南亚、中东地区国家建立无核武器区的努力。五核国还同意向 2020 年《不扩散核武器条约》审议大会提交国家报告，共同推动审议大会取得成功。

32. 第三，五核国承诺继续利用五核国合作平台保持对话协调。当前国际安全形势复杂深刻演变，大国互动事关国际安全环境、国际秩序走向、国际社会信心。五核国同意保持战略性对话，加强核政策与核战略交流，在《不扩散核武器条约》审议进程中加强协调。各方支持中国牵头开展五核国核术语工作组第二阶段工作，欢迎英国 2020 年举办下次五核国正式会议。五核国积极推动国际社会开展开放和建设性对话。

33. 五核国作为安理会常任理事国和《不扩散核武器条约》承认的核武器国家，本着相互尊重和坦诚务实态度进行深入交流，并达成多项共识，明确合作方向，体现了大国协调合作应对国际安全挑战的积极态度，有利于增强国际社会对国际安全环境的信心。会议有助于推动五核国在战略安全领域凝聚共识，以大国协调代替大国竞争，以合作共赢代替零和博弈，为促进世界和平稳定做出积极贡献。

34. 2019 年 1 月 31 日，五核国在北京与国际学术机构、媒体及部分无核武器国家驻华使馆官员举行对话会，向各方通报了五核国北京会议有关情况。此外，中国在裁谈会向各方通报了五核国北京会议情况。

35. 五核国于 2011 年成立“核术语工作组”，在中方的牵头协调下，就核裁军、核不扩散、和平利用核能领域的关键术语和定义进行深入讨论，并于 2015 年《条约》第九次审议大会期间在纽约正式发布《五核国核术语表》。2019 年 1 月，五核国北京会议的共识之一，就是各方支持中方继续牵头启动“核术语工作组”第二阶段工作。中国已于 2019 年 2 月在北京举办该工作组第二阶段工作首次会议，讨论了核术语清单，明确了工作规划和任务分工。各方均承诺致力于向《条约》2020 审议大会提交新的成果。

36. 五核国关于核术语的讨论绝非一个简单的技术性问题，其意义在于通过讨论，增进共识、消除误解、增加互信、防止误判。因此，这也是一项核政策透明措施，是五核国落实《条约》审议成果的一个重要务实举措，充分体现了五核国致力于推进条约审议进程、履行条约义务的政治意愿。作为牵头国，中方高度重视五核国核术语工作组工作，将为实现上述工作目标而不懈努力。

（四）其他相关事项

37. 反导问题事关全球战略平衡与稳定，与核裁军进程密切相关。中国认为，应秉持共同、综合、合作、可持续的安全观，摒弃以所谓“导弹威胁”为由发展和部署全球反导系统的非建设性做法，通过政治外交手段解决导弹扩散问题。

38. 《中导条约》对于缓和国际关系，推进核裁军进程，乃至维护全球战略平衡与稳定具有重要的历史和现实意义。中国希望有关国家切实承担起在核裁军问题上的首要和特殊责任，通过对话解决分歧，回到遵守《中导条约》的正确轨道上。中国反对《中导条约》多边化。中国坚定不移地奉行防御性国防政策，中方发展中导进一步印证了中国在发展核武器问题上的克制态度。中国所有陆基中短程导弹全部部署在境内，完全是防御目的，不对任何国家构成威胁。因此，渲染“中国威胁”，要求中国入约没有道理。

39. 中国积极推动防止外空武器化和外空军备竞赛多边进程。2008年2月，中俄共同向裁谈会正式提交“防止在外空放置武器、对外空物体使用或威胁使用武力条约”草案（CD/1839），并积极推动裁谈会就此开展讨论。2014年6月，中俄共同向裁谈会提交了该草案更新案文（CD/1985）。2017年，中俄推动联大通过决议，成立“防止外空军备竞赛”政府专家组，讨论防止外空武器化国际法律文书实质要素，为裁谈会早日启动有关谈判预做准备。中国对个别国家独家阻挡专家组通过报告深表遗憾。中国支持外空透明与建立信任措施，作为联大相关决议共同提案国，为2013年联合国“外空透明与建立信任措施”政府专家组报告达成做出积极贡献。中国与俄罗斯、美国共同建议裁审会于2018年开始的审议周期增加外空议题，就有助于实现防止外空军备竞赛目标的透明与建立信任措施提出建议，并积极推动相关工作取得进展。

二、报告与核不扩散有关的国家措施

40. 中国坚决反对核武器扩散，主张全面、忠实、平衡履行《条约》各项义务，加强以《条约》为基石的国际核不扩散体系的权威性、有效性。中国一贯严格履行国际核不扩散义务，全面完整执行安理会相关决议，积极参与国际防扩散合作。多年来，中国本着高度负责的态度，逐步建立了完善的防扩散和出口控制体系，无论是在国内管理，还是在出口控制方面，中国政府均采取了严格的管制措施，确保相关法规得到有效执行，为维护国际核不扩散体系做出重要贡献。中国积极参与地区热点核问题的政治解决进程，为促进国际和地区的和平与安全发挥应有作用。

（一）保障监督

41. 保障监督是国际原子能机构的重要职能，对防止核武器扩散具有重要意义。中国重视保障监督在确保和平利用核能方面的作用，支持加强机构保障监督工作的效率和有效性。中国同时也认为，保障监督机制应以确保公正性和客观性为前提。

42. 中国于1984年加入国际原子能机构，明确承诺履行《国际原子能机构规约》规定相关保障监督义务。1985年，中国宣布将本国部分民用核设施自愿提交机构进行保障监督。1988年，中国与国际原子能机构签订了《中华人民共和国和国际原子能机构关于在中国实施保障的协定》。1998年12月，中国签署关于加强国际原子能机构保障监督的附加议定书，并于2002年3月正式完成该附加议定书生效的国内法律程序，是附加议定书最早生效的核武器国家。

43. 中国积极支持和配合国际原子能机构相关保障监督措施。目前，中国提交保障监督的候选核设施共有26项，包括压水堆、重水堆、研究堆、高温气冷堆、铀浓缩厂、核燃料元件生产线等设施。2017年机构选择对在建的高温气冷堆示范工程实施保障后，中方与机构共同努力，研究开发针对这种新的商用堆型的保障监督实施方案，是对机构保障监督技术提升的有力推动。

44. 2007年，中国加入国际原子能机构成员国核保障支助计划，正式承担起国际原子能机构关于保障核查的手段和方法的研究与发展工作，推荐专家免费为机构服务，支持机构开展保障概念研发项目，按期高效完成机构核材料分析等任务。

45. 中国高度重视保障监督专业人力资源开发。成立“国家原子能机构—国际原子能机构核保障与核安保联合培训中心”，专门组织保障核查监督、核材料衡算与控制、核出口管制等领域的培训活动，2018年积极组织专家参加机构核保障大会并作学术报告，2019年4月专门组织核保障国内学术研讨会，保障和提升相关人力资源储备及技术水平。

（二）出口控制

46. 中国对核出口实行严格控制和管理，并制定了明确的核出口三原则，即仅用于和平目的、接受国际原子能机构的保障监督、未经中方同意不得转让给第三方。

47. 1991年，中国宣布，在连续基础上向国际原子能机构通报中国向无核武器国家出口、或从无核武器国家进口大于1有效公斤核材料的情况。1993年7月，中国正式承诺，在自愿基础上，向机构通报所有核材料的进出口、核设备及相关非核材料的出口情况。

48. 1996 年 5 月，中国承诺不向他国未接受国际原子能机构保障监督的核设施提供帮助，包括不向该国核出口、不同该国开展人员交流与技术合作。

49. 中国政府本着依法治国的原则，不断完善和加强核不扩散出口管制的法制建设，加大力度确保有关防扩散政策的有效实施。自 20 世纪 90 年代中期以来，中国逐步建立起涵盖核、导弹、生物、化学等相关敏感物项和技术及所有军品的完备的出口控制法规体系。

50. 1987 年，中国政府颁布了《核材料管制条例》，对核材料实行许可证制度，明确规定了核材料监督管理部门和职责、核材料管制办法、核材料许可证的申请、审查和颁发、核材料账务管理、核材料衡算、核材料实物保护及相关奖励和惩罚措施等。

51. 1997 年 9 月，中国颁布《核出口管制条例》，规定不得向未接受国际原子能机构保障监督的核设施提供任何帮助；核出口由中国国务院指定单位专营；中央政府对核出口实行许可证制度。条例规定更加严格的核出口审查制度，对违规行为采取严厉处罚措施，并制定了全面详细的管制清单。

52. 1998 年 6 月，中国颁布《核两用品及相关技术出口管制条例》，对核两用品及相关技术出口实行严格管制，对有关出口实行许可证管理制度，并确立了出口经营者登记制度、出口审批程序和违规行为的处罚办法等。

53. 2001 年 12 月通过的《中华人民共和国刑法》修正案将非法制造、买卖、运输放射性物质的行为定为犯罪，并予以刑事处罚。2002 年 2 月，中国政府颁布了《核进出口及对外核合作保障监督管理规定》。

54. 2006 年 11 月，中国完成对《中华人民共和国核出口管制条例》的修订。2007 年 1 月，完成对《中华人民共和国核两用品及相关技术出口管制条例》的修订。2015 年、2018 年，两次完成《核出口管制清单》《核两用品及相关技术出口管制清单》的修订工作。

55. 2012 年 4 月，为加强核进出口管理，中国制定了《核进口政府承诺管理办法》，中国国家原子能机构与美国核军工管理局合作出版了

《核出口管制清单技术指南》。2013 年中国国家原子能机构出版了《核进口政府承诺管理工作手册》。这些举措对提高核进出口相关人员的核专业知识水平、强化核出口管制执法起到积极作用。

56. 中国的核出口控制目前已采用了国际通行的出口经营登记制度、最终用户和最终用途证明、许可证管理制度、以防止核武器扩散为根本出发点的审批原则、清单控制办法、全面控制原则等，实现了与国际惯例接轨。

57. 中国重视现有多国出口控制机制在防扩散领域，特别是防止核武器扩散方面发挥的重要作用。中国于 1997 年、2004 年分别加入“桑戈委员会”和“核供应国集团”，同“导弹及其技术控制制度”保持接触和交流。中国的《核出口管制清单》和《核两用品及其相关技术出口管制清单》涵盖了“桑戈委员会”和“核供应国集团”控制清单中所有物项和技术。《中华人民共和国导弹及相关物项和技术出口管制条例》管制清单与“导弹及其技术控制制度”的附件基本一致。

58. 作为“核供应国集团”成员，中国积极参与集团相关工作，坚决维护国际核不扩散体系的有效性、完整性和权威性。中国派团积极参与集团全会、咨询组非正式会、技术专家组会等集团各类会议，以建设性态度处理“非 NPT 缔约国”加入集团问题。2016 年以来，根据全会授权，在“非 NPT 缔约国加入集团的技术、法律和政治问题”议题下，中国积极参与了相关问题的讨论。

（三）核安全

59. 中国政府以建设持久和平、普遍安全的世界为目标，积极践行理性、协调、并进的核安全观，在持续加强自身核安全能力建设，强化政治投入和国家责任的同时，积极开展核安全国际合作，推动构建公平、合作、共赢的国际核安全体系。

60. 中国政府积极加入核安全有关公约并严格履行核安全国际义务。1989 年，中国加入《核材料实物保护公约》，2008 年批准了《核材料实物保护公约》修订案，进一步按公约要求完善了国家核安全体系。中国参加了《制止核恐怖主义行为国际公约》的制定，2010 年 8 月完成了该公约的国内批准程序。中国严格履行联合国安理会有关决议，切实防范非国家实体获取敏感核材料。中国积极支持和参与国际社会为加强放射源管理所做的努力，支持《国际原子能机构放射源安全和安保行为准则》。

61. 中国强调核安全国家责任，建立了一套与中国核工业发展相适应的国家核安全体系。1987 年制定并发布了《中华人民共和国核材料管制条例》，1990 年 9 月 25 日起实施了《中华人民共和国核材料管制条例实施细则》，1994 年中国国家原子能机构发布了《核材料国际运输实物保护规定》，1997 年出台了《核电站安全保卫规定》，2013 年发布了《核材料许可证申请文件编写内容与要求》《核设施出入口控制》等 7 份导则。2015 年颁布实施了《国家安全法》，明确要加强核设施、核材料和核活动的核安保工作。《反恐怖主义法》和《核安全法》相继在 2016 年和 2018 年生效实施，《核安保条例》正在制订中。这些法规和技术导则的实施，为提高中国的核安全能力提供了有力保障。

62. 中国大力推动核安全能力建设，不断加大对老旧核设施实物保护系统升级改造的投入，新建核设施严格按照国际最新标准建造核安保系统，开展核材料衡算以及核安保关键技术攻关，组织核安保实战对抗演练。加强核安全队伍建设，组建了国家核安保技术中心，依托该中心每年为核设施营运单位提供核安保培训近千人次。

63. 中国积极减少敏感核材料使用，已完成国内两座微型研究堆的退役以及一座微型研究堆低浓化改造项目。中国重视这一领域的国际合作，愿意就此向有需要的国家提供力所能及的帮助。

64. 中国加大核安全投入，已取得了积极成果。2017 年，国际原子能机构受邀对中国开展了国际实物保护咨询服务（IPASS），机构专家组根据国际最新理念、最高标准和最佳实践，对中国核安保法规框架、监管体系、核设施实物保护系统进行了系统、深入的第三方独立评估。机构专家组对中国在核安保政府监管及能力建设方面取得的成果给予了充分肯定，列举了一系列可向其他成员国推广的良好实践经验。

65. 中国积极参加核安全峰会进程，为推动国际社会凝聚核安全共识做出重要贡献。中国国家领导人出席全部四届核安全峰会，习近平主席在 2014 年海牙核安全峰会和 2016 年华盛顿核安全峰会上，提出以理性、协调、并进为原则，发展与安全并重、权利和义务并重、自主和协作并重、治标和治本并重的核安全观，倡导构建公平、合作、共赢的国际核安全体系，并就促进核安全国际合作提出五项务实合作倡议，努力打造核安全命运共同体。

66. 中国积极采取措施落实核安全峰会成果，深入参与国际核安全合作。中国重视核安全能力建设，与美国合作于2016年3月建成国家核安保示范中心，配备国际一流的核材料分析、核安全设备测试、响应力量演练等方面的设备和技术力量，是亚太地区乃至全球规模最大、设备最全、技术最先进的核安全交流与培训中心。中心建成两年来，为本国及地区国家提供大量核安全交流与培训。中国严厉打击核材料非法贩运，不断加强门户口岸的检查和探测能力，与美国合作建成中国海关辐射探测培训中心，并与俄罗斯、哈萨克斯坦等国开展了多项合作。

67. 中国积极参与“核安全问题联络小组”相关工作，并担任小组地区能力建设与合作牵头国。2018年4月，中国与美国联合在北京举办“核安全地区能力建设与合作研讨会”，为各方搭建交流平台，分享最佳操作实践，探讨务实合作途径。中国将继续在小组地区能力建设与合作上发挥牵头作用，为加强核安全能力建设、促进能力建设国际合作提出“中国方案”，做出“中国贡献”。

68. 中国是“打击核恐怖主义全球倡议”创始伙伴国，支持“倡议”在打击核恐怖主义方面发挥独特作用，将继续深入参与“倡议”各项工作。2018年10月，中国与“倡议”联合在北京举办“大型公共活动反核恐与核应急研讨会”，通过交流互鉴和开展桌面演练活动，增进了各方对相关工作的了解。中方将继续依托国家核安保示范中心和海关辐射探测培训中心等平台举办类似活动，协助伙伴国提高反核恐能力。

69. 中国积极推进双边核安全合作。2015年9月，中美两国元首宣布建立核安全年度对话机制，迄今已举行三次对话。2016年3月，中美两国元首发表《中美核安全合作联合声明》。2016年10月和2017年11月，中美分别举行首次和第二次打击核走私磋商，并于2018年7月在中国国家核安保示范中心联合举办面向中亚国家和蒙古国的打击核走私区域研讨班。中国并积极探索与其他各国开展核安全交流与合作，于2018

年2月与俄罗斯举行首次核安全对话。

70. 中国积极向发展中国家提供核安全援助。近年来，中国每年都同机构合作在华举办主题多样的核安全培训班和研讨会，并通过技术讲解和人员培训等方式，向本地区国家提供了力所能及的帮助。中国已连续多年向机构核安全基金捐款，用于亚太地区国家核安全能力建设，并向机构捐赠自主研发的核安全设备。

（四）无核武器区

71. 中国认为，建立无核武器区对推动核裁军与防止核扩散、促进地区及世界的和平与安全具有重要意义。中国一贯支持无核武器国家根据本地区实际情况，在自行协商、自愿协议基础上建立无核武器区，并恪守无条件不对无核武器国家和无核武器区使用或威胁使用核武器的承诺。

72. 中国已签署和批准了所有已开放供签署的无核武器区条约议定书，包括《拉丁美洲和加勒比禁止核武器条约》第二附加议定书，《南太平洋无核区条约》第二、第三号附加议定书，《非洲无核武器区条约》第一、第二号附加议定书，《中亚无核武器区条约》议定书。中国还加入了《南极条约》《关于各国探测及使用外层空间包括月球与其他天体活动所应遵守原则的条约》《禁止在海床洋底及其底土安置核武器和其他大规模杀伤性武器条约》。

73. 2017年2月，中国派代表团参加《拉丁美洲和加勒比禁止核武器条约》开放签署五十周年纪念活动，重申中国将恪守承诺，严格履行相关义务。

74. 中国一贯坚定支持建立中亚无核武器区，已于2015年4月完成《中亚无核武器区条约》议定书的批准和交存工作。中方愿不断深化同有关国家在这一问题上的合作，共同维护条约及议定书的宗旨与目标，促进中亚地区及世界的和平与安全。

75. 中国支持东盟国家建立东南亚无核武器区的努力，并为推动东盟与五核国就相关条约议定书取得一致，发挥了建设性作用。目前，中国与东盟已解决《东南亚无核武器区条约》议定书所有遗留问题。同时，中国积极推动五核国与东盟国家重启磋商，争取早日签署议定书。

2019年1月30日，在五核国北京会议上，各方同意由中方牵头与东盟国家沟通，就议定书问题重启磋商。中国正就此与东盟轮值主席及相关各方展开积极协调，争取尽早取得新的进展。

76. 中国支持建立中东无大规模杀伤性武器区，充分理解阿拉伯国家在此方面的合理关切。在当前形势下，建立中东无大规模杀伤性武器区，有利于防止大规模杀伤性武器扩散，缓和中东地区紧张局势，增进地区及世界和平与安全。中国对2018年联大通过的“召开建立中东无大规模杀伤性武器区会议”决定投了赞成票，支持该会议顺利召开并取得进展，并为此做出积极努力。中国呼吁有关各方加大外交协调，采取务实举措，争取尽快就建立中东无大规模杀伤性武器区相关安排达成一致。中国愿继续为此做出积极贡献。

77. 中国尊重蒙古国的无核武器地位，支持历届联大通过的相关决议。2000年，中国与其他四个核武器国家发表共同声明，承诺向蒙古国提供无核武器国家安全保证。2012年，中国与其他四个核武器国家再次发表声明，重申支持蒙古国的无核武器地位及对蒙的安全保证。中方愿继续与各方一道，共同维护蒙古国的无核武器地位。

（五）遵约及其他有关问题

78. 中国一直在相关领域严格履行有关防扩散国际义务和责任。中国遵守国际原子能机构和联合国安理会等相关国际机构就遵守防扩散义务制定的规则和通过的决议。

79. 中国重视《条约》在国际核不扩散体系中的基石性作用，呼吁尚未加入《条约》的国家尽早以无核武器国家身份加入，也支持国际社会在妥善处理分歧的基础上，就组化应对退约措施和适当提高退约门槛所做的努力。

（六）对防止核武器扩散的其他贡献

80. 中国始终以高度负责任的态度处理防扩散问题，积极参与国际防扩散合作，为推动有关地区核问题的解决做出积极努力。中国主张，各国应摒弃零和博弈和冷战思维，充分尊重各国合理安全关切，消除核武器扩散根源。各国应致力于维护国际核不扩散体系的权威性和有效性，摒弃实用主义和双重标准做法，在现有国际法框架内，通过政治与外交手段和平解决核武器扩散关切。

81. 在朝鲜半岛问题上，中国始终坚持实现半岛无核化，坚持维护半岛和平稳定，坚持通过对话协商解决问题。针对半岛形势持续紧张，螺旋式上升的情况，为标本兼治，彻底解决半岛问题，中国提出朝鲜暂停核导试验和美韩暂停大规模联合军演的“双暂停”倡议和并行推进无核化和建立半岛和平机制进程的“双轨并进”思路，并积极推动落实。2018 年以来，在中方及有关各方共同努力下，半岛形势由对立紧张转向对话缓和，初步实现“双暂停”，正向“双轨并进”方向迈进。新形势下，中国希望朝美双方继续保持和开展对话，切实尊重和照顾彼此合理关切，共同致力于推进朝鲜半岛无核化和构建朝鲜半岛和平机制。中方愿同有关各方保持密切沟通，继续发挥建设性作用，为最终实现半岛无核化和持久和平不懈努力。

82. 在伊朗核问题上，中国始终致力于推动对话谈判，寻求有利于国际核不扩散体系及中东和平稳定的解决方案，坚定维护多边主义和国际规则。中国、美国、俄罗斯、英国、法国、德国及欧盟与伊朗于 2015 年 7 月在维也纳达成伊核问题全面协议。中国深入参与全面协议执行进程，包括牵头推动伊拉克重水堆改造项目取得显著进展。中国积极支持国际原子能机构根据授权开展对伊监督核查，为机构相关活动提供了总计 780 万元人民币捐款。面对 2018 年以来伊核问题形势重大变化，中国积极推动各方从大局和长远出发，共同维护和执行全面协议。王毅国务委员兼外交部长于 2018 年 7 月、9 月两次出席伊核问题外长会议，就维护和执行全面协议提出系列主张，强调维护和执行好全面协议，就是维护联合国安理会的权威，维护国际协议的严肃性和权威性，维护多边主义和国际法基本准则，维护国际核不扩散体系及中东和平稳定。中国敦促各方做出正确政治判断，营造执行全面协议的良好环境，履行各自承担的义务，确保协议得到有效落实，通过对话协商解决分歧。中国愿本着客观、公正和负责任态度，致力于促进伊核问题政治外交解决进程，同时坚定维护自身正当合法权益。

三、报告与和平利用核能有关的国家措施

83. 中国支持各国、特别是发展中国家和平利用核能的权利，认为不应以防扩散为借口，损害各国这一权利。中国重视核能对社会、经济发展的促进作用，推动核能和平利用的技术研究与产业开发应用，积极参与并支持为促进世界核能发展及和平利用核能的国际合作，履行了相关国际义务。

（一）促进和平利用核能

84. 中国致力于建设和谐美丽的国家，推动核能为建设美丽中国发挥积极作用。半个多世纪以来，中国已发展形成了符合自身国情的核工业体系，使得核能在能源、医学、工业、公共安全等领域得到广泛应用，促进了社会发展。

85. 核电作为绿色、低碳的清洁能源，对于满足中国能源需求、调整能源结构和应对气候变化有着重要作用。中国在安全高效的原则下稳步推进核电建设。截至目前，中国大陆投入商业运行的核电机组共计45台，总装机容量为4590万千瓦，在建核电机组11台、装机容量1218万千瓦，筹备建设核电机组15台，装机容量1660万千瓦。中国是当前在建核电规模最大，核电发展最快的国家，也是首个商业运营三代核电机组的国家，为福岛核事故后世界核能复苏发挥了重要作用。

86. 中国坚持“闭式循环”核燃料发展路线，基本形成完整的核燃料循环体系；核燃料供应可满足已投运核电站的燃料需求；国内核电厂所需燃料元件制造已基本实现自主化；自主开发的反应堆乏燃料后处理中试厂已通过热试；两个中低放射性废物近地表处置场已经建成，正在开展高放射性废物深地质处置设施有关工作。

87. 中国在核电设计、建设、运行方面积累了丰富的经验和技术，在此基础上，积极推进更安全、更先进核能技术的研发和应用。自主三代核电技术的“华龙一号”已在国内外开工建设，进展顺利。示范快堆工程已开始建设，高温气冷堆示范工程有望今年完工。自主研发的泳池式低温供热堆完成演示，为寒冷地区提供安全、清洁的供热提供了新的选择。聚变工程试验堆研发取得积极进展。

88. 中国积极推动核技术的开发和应用，形成了较为完整的产业体系，年产值已突破3000亿，年增长率保持在20%左右。核技术已在工业、农业、医学、环保、公众健康、公共安全等领域得到广泛应用。在农业和食品安全方面，中国科学家培育的突变植物品种占全球总数量的近1/4；农产品辐照加工总量近20万吨，约占全球总量的1/3。核科学技术已成为改造、革新传统农业和促进农业现代化的重要手段。在生命健康方面，中国医用直线加速器应用迅速普及，目前已有近2000台，核医学显像手段发展迅速。在公共安全领域，探测技术已广泛用于航空、铁路、海运，公路的货运安全检查。中国研制的安检设备远销海外。在环境保护等领域，核技术广泛应用到环境污染监测和三废处理。

89. 中国重视在核不扩散前提下与致力于发展核能的国家分享经验，已与30多个国家签订了政府间和平利用核能合作协定。以此为基础，中国与这些国家开展了包括人员互访、设备和技术引进、经贸往来等广泛的交流与合作，实现了互利共赢。这些合作都接受国际原子能机构严格的保障监督或在机构技术合作项目下开展。

90. 作为世界上最大的发展中国家，中国十分重视与其他发展中国家合作，并致力于向其他核能新兴国家及有意和平利用核能的国家提供力所能及的帮助。目前，中国设立了原子能奖学金，面向核能新兴国家每年资助学生来华学习核科学技术。

91. 中国政府积极支持为促进核技术发展及和平利用核能的多边合作和交流。已加入亚洲核合作论坛、“全球核能合作伙伴关系项目”、《第四代核能系统国际论坛框架协议》，签署了第四代核能系统国际核能宪章、《国际热核聚变实验堆联合实施协定》，与经济合作与发展组织核能署签订了《关于在和平利用核能领域合作的联合声明》。

（二）通过国际原子能机构向其他成员国提供的技术援助

92. 在《国际原子能机构规约》框架下，中国支持并积极参与了国际原子能机构的技术合作活动。中国每年向机构及时足额缴纳技术合作基金捐款，并在获得机构援助的同时，也从人力、物力和资金等方面，支持机构的技术合作活动。

93. 截至2018年5月，中国共向机构技术合作基金捐款4600万美元，接受其他国家学者来华进修科访和培训3000余人次，向发展中国家派出专家服务2000余人次。在技合基金捐助方面，2017年中国向机构技合基金捐款达640多万欧元，居成员国第三位。

94. 中国积极举办和平利用核能国际会议，为各国代表共谋核能发展，探讨核能合作提供了平台。2015 年以来，中国已成功举办“世界核能发展论坛”“世界核妇女大会”“国际核工程大会”“ 国际核电运维大会”等大型国际会议。中国大力支持国际原子能机构技术合作工作，2018 年即承办召开了 11 个会议。

95. 2017 年 8 月和 2018 年 12 月，中国在国际原子能机构框架内与有关国家合作分别完成加纳微堆低浓化、尼日利亚微堆低浓化改造工作。通过技术改造，一方面降低了微堆的防扩散风险，另一方面加强了微堆安全性，为有关国家更好地开展和平利用核能活动贡献了自己的力量。中国愿在已有的成功模式基础上，协助其他国家开展微堆低浓化改造工作。

（三）核能安全与民用核能的责任

96. 中国核能发展始终秉持“安全第一，质量第一”的方针，采取严格有效的安全措施，建立了完善、有效的核安全法规体系、监管体系和应急体系，加强基础设施建设。截至目前，中国所有机组均保持了良好的安全运行记录，主要运行性能指标达到国际先进水平。

97. 中国建立了核能安全相关法规体系并不断完善。中国已颁布实施《核安全法》《中华人民共和国放射性污染防治法》《中华人民共和国环境保护法》《中华人民共和国民用核设施安全监督管理条例》《中华人民共和国核材料管制条例》《核动力厂设计安全规定》等多项法律法规。同时，中国还制定了《核安全与放射性污染防治“十三五”规划及 2025 年远景目标》，正积极推进《原子能法》立法工作。

98. 中国一贯重视核应急管理工作。先后颁布了《中华人民共和国核电厂核事故应急管理条例》《国家核应急预案》《核电厂核事故应急预案演习管理规定》等法规和部门规章，并于 2013 年 6 月颁布了修订版的《国家核应急预案》。目前，中国已组建了国家级核应急专业技术支持中心和国家级核应急专业救援分队。

99. 中国注重提高公众对核能的科学认识。中国政府和企业积极向公众宣传核能安全、核应急政策法规和核科技基础知识，增强了公众对核能安全的信心。通过新闻发布会，核安全信息公开平台、社会责任报告、安全发展白皮书及开放日等形式，使相关信息披露更加公开、透明。

100. 中国一直努力推动建立有关核损害赔偿制度。新实施的《核安全法》首次以法律形式对核损害赔偿做出了明确规定，这充分体现了中国政府以人为本的执政理念，以及对核损害责任问题的高度重视。

后　记

本书以我2016年的博士学位论文为基础，也是我从事军控安全研究以来的阶段性研究成果，用时五年，终于完成。

我对战略稳定问题的关注大致从21世纪初开始，那时我刚刚获得硕士学位，也刚刚接触到学术研究。硕士毕业后我在国防大学外事机关工作几年，积累了一些实践经验，又回归到自己热爱的教学研究工作，在国防大学战略研究所从事国家安全与军备控制研究。战略研究所的军控安全研究有比较长的历史积淀和国际影响力，这为我后来的战略稳定研究提供了良好的平台。2010年，我完成在瑞典安全与发展政策研究所有关不扩散的客座研究后，历时三年参加美国乔治亚理工学院与蒙特雷国际问题研究院的联合项目：战略稳定评估项目（POSSE），该项目让我初步了解到美国、俄罗斯及欧洲各国军控专家对大国战略稳定问题的理解。

从事军备控制与防扩散研究，大国始终是主角，在近年来关于大国军控安全政策与核力量态势的学术讨论中，战略稳定明显受到关注。这个发端于冷战初期的核时代标志性概念，在当今大国竞争的轮回中，依然引人注目。回顾历史，美苏（俄）两个超级核大国在战略稳定领域的理论探讨乃至深度博弈，为战略稳定概念在当今时代的发展提供了经验与教训。正如托马斯·谢林在1961年的著作中所言：尽管现在人们对军备控制的认识还是模糊的，但是军备控制使我们的军事战略出现了大有希望的发展。军备控制的基础是明确承认大国之间并不完全是对抗的关系。这一结论今天仍可视为对大国战略稳定的基本定位。

冷战时的美苏两国关系及其所处的安全环境，尚且可以避免两个大国的正面对抗，今天，冷战已经结束整整30年，虽然大国关系又在经历严峻的不确定性挑战，但无论如何，人类社会过去没有发生核战争，现在和将来也有强烈的意愿避免核军备竞赛与危机升级，从而导致核战争，这很大程度上得益于战略稳定带来的观念变化与机制保障。

从 2008 年开始，我陆续参与了一些军队的核政策研究工作，也曾多次参与中美两军战略稳定议题的一轨对话，对于战略稳定如何在实践层面发挥作用有了一定的亲身经历，这更加坚定了我对军控专业的执着，以及对大国保持战略稳定的信心。如果说，在大国竞争主导的国际战略环境中，谈论建立全新的大国战略稳定过于理想的话，那么，至少我们可以对原有的战略稳定框架进行积极调整，让其能够适应当今的时代。这多少有点像熬一锅老汤，汤里有陈年的老食材，也不断接纳新食材，小火慢炖，最后产生了熟悉的新味道。这样的过程可能最大限度保留“老”的优势，又包容“新”的尝试。对于熬汤如此，对于构建未来战略稳定体系，大致亦如此。

军控安全研究属于“小众”专业，在国内的研究圈子并不大，前辈提携后辈，代代相传。无论是我刚刚入行，还是在撰写博士学位论文以及完成书稿的过程中，都得到许多前辈与同仁的指导、帮助与鼓励。这里虽然无法用名单一一列出，但温暖的记忆会长久保留。

首先要感谢的是我的博士生导师姚云竹将军，她对我的专业指导和教诲，她的宽容和乐观都让我获益良多。其次，在我入行初期，国防大学战略研究所的老所长潘振强将军对我进行了悉心指导，让我少走了不少弯路。时任战略研究所副所长，现任国家安全学院副院长的唐永胜将军，对我进行军控安全研究也给予极大支持。同时，感谢原外交部军控司胡小笛大使，谢谢他对我不成熟的学术观点给予肯定与鼓励，推荐我研读《苦寒的拂晓》，让我长久受益。感谢中央军委国际军事合作办公室原副主任李际将军，对研究人员信任有加，并为我参与军控安全实践提供了宝贵的一线平台。

还要感谢中国工程物理研究院的胡思得院士、伍钧研究员、孙向丽研究员，中国国际战略研究基金会的张沱生研究员、符晓研究员，清华大学的李彬教授，中央党校的樊吉社研究员，现代国际关系研究院的郭晓兵研究员、中国人民大学的吴日强副教授，中国军控与裁军协会的李长和大使、前秘书长黎弘、陈凯和现任秘书长李驰江等，他们都是我学术道路上难得的良师益友，相当一部分也是“麻辣烫”的共同爱好者。在这样的研究群体中，一定是充满乐趣的。最后，特别感谢时事出版社原副社长苏绣芳，感谢她为我的书稿出版所付出的努力。

记忆不断闪回，在这个春日连花香都弥漫着幸运与感恩的味道。最后，谢谢我的家人，在实现学术理想的道路上，没有什么力量能比家人的支持理解更让我感到内心的强大。书稿完成时，我家的小 Luca 也三岁了，感谢你照亮了我的人生，让我相信美好，享受今天，更期待未来。

图书在版编目（CIP）数据

战略稳定：理论与实践问题研究/鹿音著．—北京：时事出版社，2021.6

ISBN 978-7-5195-0416-8

Ⅰ.①战…　Ⅱ.①鹿…　Ⅲ.①美国对外政策—研究②对外政策—研究—俄罗斯　Ⅳ.①D871.20②D851.20

中国版本图书馆 CIP 数据核字（2021）第 063191 号

出版发行：时事出版社
地　　址：北京市海淀区彰化路 138 号西荣阁 B 座 G2 层
邮　　编：100097
发行热线：（010）88869831　88869832
传　　真：（010）88869875
电子邮箱：shishichubanshe@sina.com
网　　址：www.shishishe.com
印　　刷：北京良义印刷科技有限公司

开本：787×1092　1/16　印张：17.75　字数：264 千字
2021 年 6 月第 1 版　2021 年 6 月第 1 次印刷
定价：98.00 元